中华人民共和国成立70周年
The 70th Anniversary of the Founding of
The People's Republic of China

1949 — 2019

日本人70名が 見た 感じた 驚いた 新中国70年の変化と発展

笹川陽平　島田晴雄　近藤昭一　西田実仁
伊佐進一　小島康誉　池谷田鶴子 など70人著

段 躍中 編

日本僑報社

目次

第一章

中華人民共和国成立70周年に寄せて

第二章　中国滞在を通して見た中国の変化と発展

第三章　中国留学を通して見た中国の変化と発展

中华人民共和国成立70周年
The 70th Anniversary of the Founding of
The People's Republic of China

第一章

中華人民共和国成立70周年に寄せて

（掲載は受付順）

中華人民共和国成立70周年に寄せて――――高久保 豊

日中交流に込める私の思い

中華人民共和国成立70周年を迎えるに当たり、心よりお祝いを申し上げます。悠久の歴史において中国と日本との間に膨大な人々の往来がありました。この佳き節目に中国の変化と発展を振り返ると、その道のりは簡単ではありません。指導者たちの舵取りはもちろん、じつに多くの人々が懸命に力を尽くし、その膨大な積み重ねがあって今日があることに思いを寄せたく存じます。

私にとっての中国は、懐の深さと温かさであり、ひたむきさでした。一個人のささやかな体験を述べつつ、将来へ向かう夢とともに、僭越ながら若干の所感をまとめることに致しました。

高久保 豊
（たかくぼ ゆたか）
日本大学商学部教授

1964年生まれ。1991年、慶應義塾大学大学院商学研究科後期博士課程単位取得退学。1992年、日本大学商学部助手。2004年より教授、現在に至る。留学生と日本人学生の共同研究の指導に力を注ぐ。一般社団法人日本勤労青少年団体協議会会長、公益財団法人アンタレス山浦財団理事、日本日中関係学会理事、東アジア経営学会国際連合（IFEAMA）常任共同事務局長を歴任。業績は『現代アジアの企業経営』（中川涼司と共編著、ミネルヴァ書房、2017年）ほか。

中華人民共和国成立七十周年を迎えるに当たり、心よりお祝いを申し上げます。悠久の歴史において中国と日本との間に膨大な人々の往来があり、この佳き節目に一個人のささやかな体験しか語り得ないことをご寛恕たまわりつつ、将来へと向かう夢とともに、僭越ながら若干の所感をまとめることに致しました。

自分にとって中国とは何か。江戸時代創業のハンコ屋で生まれ育った私は、和綴じの『説文解字』を眺めるのが子供の頃から好きで、東京・晴海の中国物産展で両親に買ってもらった習字の筆・紙や鉛筆に興味を持ちました。藤堂明保先生のＮＨＫテレビ中国語講座で発音の口真似をし、『人民中国』を初めて購読したのもその頃です。中国とはもう半世紀近い関係といえるかもしれません。

明確な転機となったのは一九八九年から一年間の北京大学留学でした。それから毎年二〜三回訪中し、本稿の執筆が二〇一九年五月四日ですから、三十年間で六十回以上になります。その間、大学で初めて受け持った科目は「中国経営論」。その後も一貫して私の研究テーマです。まさに「没有中国、就没有今天的我（中国なくして今日の私はいない）」と言えるほどお世話になりました。今後三十年かけて恩返ししていくと百周年になり、その日の到来が大いに楽しみです。

北京に長期滞在したのは一九八九年九月後半から約一年間でした。ドクター二年生だった当時、運よく慶應義塾派遣の交換留学生試験に合格し、北京大学経済学院経済管理系企業管理専業の高級進修生として学ぶ機会を得たのです。

この頃、日本の友人たちは私の北京滞在を心配しましたが、私の父と指導教授の野口祐先生は「今こそ行くべき」と背中を押してくれました。そして慶應に留学中の若い中国人研究者たちが勧めてくれた北京大学での指導教授が厲以寧先生でした。「私の修士論文は『ＡＩ（人工

1990年、北京大学にて厲以寧教授（左）と

知能）をめぐる経営学的分析』で、先生のご専門は経済学。大丈夫ですか？」とたずねると、「そんなことは気にせず、この先生にくっついていくべきだ」というのです。不勉強の私には理解できないまま、北京へと向かいました。それが良かったのかもしれません。

いよいよ厲以寧先生のもとに挨拶に伺った初日のこと。先生は三冊の本を下さり、「一か月に一回、個人指導。いいですね」。その後、何度も先生のご自宅で手作りの料理をご馳走になりました。こんなもったいない環境なのに、先生から見ると「高久保君は計算機の『専家』で、経済学は初心者」でした。実際コンピュータの専門家でもない私を、こう言って立ててくださったのです。

気持ちを切り替え、私は先生が教壇に立つ六学年下の学部生向けの授業に出ることにしました。先生は「留学生は最前列」と言って特等席を指定され、休み時間ごとに「話は速くないか」とか、「北京は寒いからもっと厚着を。私は六枚だ。見てごらん」とか、生活面でも温かく声を掛けてくださいました。

当時は知りませんでしたが、ちょうど私が留学していた頃、厲以寧先生は門下の大学院生たちと精力的に共同研究をされていたようです。一九九一年に『繁栄への戦略選択』（厲以寧・

孟暁蘇・李源潮・李克強著、経済日報出版社）という著作が刊行されましたが、その二十二年後に共著者の一人である李源潮氏は国家副主席を務め、李克強氏は新中国成立七十周年を迎える現在、国務院総理として国の舵取りを担っています。先生は当時さぞ御多忙だったことでしょう。そのようななか、初心者の留学生に対しても懇切丁寧な指導をしてくださったのです。

さて、話題を二〇一二年に移します。この年の九月一四日から一六日まで、北京二十一世紀飯店で、日中関係をめぐる「北京シンポジウム」が開催されました。百名を超える来場者で、日本からも十数名が出席しました。その最終日、厲以寧先生が講演をされるというのです。

九月一六日、ご講演前の朝、別室でお会いしました。「高久保君、来たな。（予稿集に載せた私の中国語の文章を）読んだぞ。二〇〇三年は（北京大学光華管理学院の）訪問学者だったな。」先生は以前から私に「君の日本語論文は読まないぞ。私には読めないからな。でも中国語で書けば読んでやるぞ」とおっしゃっていましたので、こうしてこの日の朝、先生が私の拙い予稿に目を通して下さったことを知り、やっと二十数年来の「宿題」が提出できた思いでした。

いよいよ先生の講演です。自己紹介も前置きもなく、いきなり「第一点、××××」からレクチャーを始めました。その二十三年前、先生の授業を最前列で何回も聴きました。当時と変わりません。うれしくなりました。まるでそのときの生徒に返ったような気持ちで、ノートを十四ページも取りました。

感動したのは、中国人来場者に向かって「日本は中国経済の発展にこれだけ貢献しました」「日本は大事な国です」とのお話を、事例を挙げながら語られたことです。涙が出そうになりました。講演の題目は「中国経済の現状」でしたが、それだけではないメッセージを参加者に伝えてくださったのです。

厲以寧先生は改革・開放政策が始まるまでの間、大変な苦労を重ねられました。その後、株式制導入を提唱して中国経済の発展に大きな貢献を果たされ、その一方で数多くの詩詞を創作されています。八十歳を超える先生は、身体を張ってエールを送って下さったのではないでしょうか。「日本ファンを中国に。中国ファンを日本に。」そうはおっしゃりませんでしたが、私にはそのように聞こえました。そして、日本人と中国人がお互いに先方のホームグラウンドで受け入れられる雰囲気をつくることがどれほど大切なことか、痛感しました。

こうして今年、新中国成立七十周年を迎えます。簡単なことではありません。指導者たちの舵取りはもちろん、じつに多くの人々が懸命に力を尽くし、その膨大な積み重ねがあって今日があることに思いを致したく存じます。私にとっての中国は、懐の深さと温かさであり、ひたむきさでした。それが将来への夢につながることは、今も変わりません。厲以寧先生との出会いはそのなかのひとコマです。そして、どなたもそれぞれ日々の暮らしの中にそれぞれの感動をされてきたことと思います。この大きな流れのなかで、それぞれの生きた日々を入念に描写するならば、どれだけたくさんの情熱がそこに注がれ、紡がれ、今に至っているのか。本当にありがたいことと思わざるを得ません。

嬉しいことに、若い人々が確実に育っています。私のゼミナールの学生たちも熱心に学んでいます。そのなかに中国人留学生もたくさんいます。三年後、五年後、十年後を目指し、国情や文化の違いを尊重し、夢を抱いて研鑽を積んでいます。このような環境に居られる自分は幸せです。とはいえ、いったい自分に何ができるだろうか。厲以寧先生のようにはなれないけれども、お互いに励まし、励まされながら、学生たちと夢を共有しつつ、毎日を大事に過ごしていきたいと願ってやみません。

以上のエピソードを紹介し、新中国成立七十周年の中国へのお祝いを心より申し上げます。

中華人民共和国成立70周年に寄せて——高橋 豪

飛躍の時代と
私の体験と考察

私は平成生まれの若輩者で、中国が歩んできたこの70年のほんの一端しか知らない。それでも、とりわけ発展のスピードが速い21世紀に入ってからの時期に学生時代を迎えた自分だからこそ感じたこともある。ここまでダイナミックな発展を遂げられた要因が、自分がこれまで見聞きしたものの中にないかを考えた。一つは、最先端のものはすぐに取り入れる思い切りの良さ。また、したたかなパワーを持った若者が多いのも事実だ。中国で出会った多くの同年代が、「国をよくしたい。国を背負って立ちたい」「そのためにすべきことは何か」、という向上心を持っていた。新中国成立70周年の中国にお祝いを申し上げるとともに、更なる飛躍を遂げていくよう切に願っている。

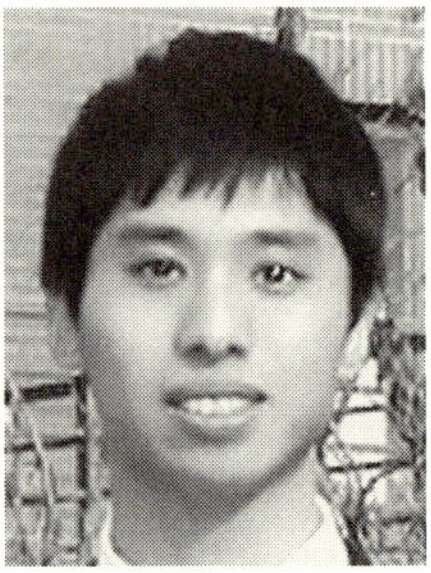

高橋 豪

（たかはし ごう）

新聞記者

1995年、神奈川県生まれ。早稲田大学法学部に在籍中、北京大学国際関係学院に留学。2018年に卒業後、新聞記者として京都、徳島で勤務。訳書に『時価総額アジア1位 テンセント帝国を築いた男 馬化騰』（共訳、日本僑報社、2018）。ライフワークにしたいのは、中国の世界遺産を制覇すること。全55件中、残すところあと12件。

中華人民共和国成立七十周年にあたり、謹んでお祝いを申し上げる。私は平成生まれの若輩者で、中国が歩んできたこの七十年のほんの一端しか知らない。それでも、とりわけ発展のスピードが速い二十一世紀に入ってからの時期に学生時代を迎えた自分だからこそ感じたこともある。節目の年という機会に、私のわずかばかりの体験と考察を、ここに記したい。

私の学生生活のスタートは、長江のほとり、上海に近い化学繊維会社の企業城下町で迎えた。二〇〇一年九月から一年半、地元の小学校で学んだ。朝八時から夕方五時まで、漢字や計算、漢詩の教養などをみっちり習う、濃密な学びの場だった。帰宅しても、山ほどある宿題に取り組んでいたのを覚えている。右手の中指にできたペンだこは、十年以上残り続けた。

住んでいたのは街の住居エリア。区画整理された団地が広がっていて、町中を走り回っていた三輪リキシャが主な移動手段だった。近場であれば一律二元。よくそれで街の市場に通った。好物の「油条（揚げパン）」や「焼餅（しょっぱいパイ）」が目当てだった。なぜか印象に残っているのが、キュウリが一かご〇・五元だったこと。今では町中探しても、そんな値段で買えるものはないはずだ。

高校までは日本で過ごしたが、中国には何度も訪れた。北京五輪、上海万博が間にあり、インフラ整備が急ピッチで進められていくのを目の当たりにした。行く頻度はおよそ一～二年に一回。上海の地下鉄は、行く度に路線の数が増えていく。「こんなビル、こんな施設あったっけ」という発見も。さほど様変わりしない東京の街にいるときと比べて、何が起きているのか知りたいと好奇心がくすぐられる、刺激的な体験だった。

「長いことその環境に身を置けば、もっと新しい気づきがあるはず」。大学一年の私は、こうした思いから留学を決意した。二〇一五年九月から一年間、北京大学で学んだ。北京大学は、国内の受験戦争を勝ち抜いたほんの一握りの学生が集まる場。小学一年の時からあれだけハードな学習を続けてきた同級生が、一つの学校単位に過ぎないことを考えると、北京大学生がどれほど優秀か想像せずにはいられなかった。「一帯一路」がうたわれ、中国が諸外国との結びつきを強めている時期でもあり、東南アジアなどからも留学生が集った。皆が目をギラつかせて切磋琢磨していた。「少しでも中国から学び取って本国に還元してやろう」。そんな気概が伝わってきた。

ショッピングから出前、鉄道の切符購入まで、すべて電子マネー機能が備わったスマホ一つで事足りるようになったのも、ちょうど留学に行っていたあたりの時期だった。小学生で住ん

上海のリニアモーターカーに乗車した小学生時代の筆者(右)

だ時とは生活の様子が全く違った。長い歴史からしてみれば、「わずか」十年余り。ここまでダイナミックな発展を遂げられた要因が、自分がこれまで見聞きしたものの中にないかを考えた。

一つは、最先端のものはすぐに取り入れる思い切りの良さ。北京大学のキャンパス内では、留学を始めた当時、見慣れない黄色い自転車があちこちにあった。聞くと、学生が始めたベンチャーがシェアサイクルの実証実験をしているのだという。解錠、支払いはスマホ一つででき、ちょっとした移動に便利。町中に広がればいいなと思っていた。留学期間の後半の一六年になると、北京ではそこら中で黄色い自転車に乗っている人を見かけるようになった。旅行で訪れた地方都市にも、シェアサイクルの波は広がっていた。信じられないスピード感だ。

また、したたかなでパワーを持った若者が多いのも事実だ。「国をよくしたい。国を背負って立ちたい」「そのためにすべきことは何か」。中国で出会った多くの同年代が、そんな向上心を持っていた。留学で痛感した日中の大学生の一番の違いだ。中国の大学生は、やっとの思いで大学に入れても、それで当たり前のように就職へ一直線という訳ではないようだ。典型的な学歴社会のため、大学院に受かるために猛勉強する。インターンシップ、ボランティア活動も必ずと言っていいほど必要で、奉仕の精神や組織を回す経験を培う。彼らのような若者が、今の時代もこれからも、中国の原動力になっていくのだろう。

とはいえ、小学生の時に見たような昔ながらの市場の風景は都市部でも残っている。「油条」がスマホ決済で買えるようになったと言うのが、ふさわしいのだろうか。古き伝統を残しつつ、新しいものを積極的に受容していくさまをたとえたつもりだが、あまりにも多層的な今の中国を一言で表そうとすること自体、現実的ではない話だ。

周りの同年代の日本人には、ビジネス、文化などのジャンルにおいて様々な形で中国と関わりながら、少しでもわかりやすく紐解こうと奮闘する人も多い。同じように中国の若者と切磋琢磨した経験を持ち、彼らから刺激を受けて、負けまいという気持ちで共通している。学会が日中関係の学生懸賞論文を主宰するなど、成果を発表する場も整えられてきている。

私もそんな一人である。「中国で見てきたような、世の中がめまぐるしく変わっていく様子を自分の言葉で多くの人に伝えたい」。そういう思いが募って、記者という職業に憧れるようになった。ジャーナリズムの世界に足を踏み入れて二年目、これからも初心を忘れないために、折に触れて学生時代の中国での原体験を思い出したい。

最後になったが、再び新中国成立七十周年の中国にお祝いを申し上げるとともに、更なる飛躍を遂げていくよう切に願っている。

私と中国

私は30数年以上中国と交流してきました。慶應義塾大学の教授として島田ゼミを持った時には、大学では珍しくゼミの合宿を中国など海外で行うという異例の試みを繰り返しました。私は千葉商科大学の学長時代、学生諸君の中国への意識を高めるために入学式の学長式辞を中国語で試みました。また、短期ホームステイを体験しました。私は日本の若い事業家をグローバルな経営者として育てるために、「島田村塾」の皆と共に湖南省を訪ね、湖南大学で2回ほどそれぞれ40分ほど中国語で講演をさせて戴いたことが忘れがたい思い出です。

中華人民共和国成立70周年に当たり、中国経済のより一層の発展とともに、世界への文化発信、文化交流も一層盛んになっていくことを期待します。

島田晴雄

（しまだ はるお）

首都大学東京理事長

65年慶應義塾大学経済学部卒業、70年同大学大学院経済学研究科博士課程修了、74年ウィスコンシン大学にてPh. D取得。日本の経済学者。

現在、首都大学東京理事長、慶應義塾大学名誉教授。日本フィルハーモニー交響楽団理事長。米国MIT訪問教授、富士通総研経済研究所理事長等を歴任。2001年9月より5年間内閣府特命顧問。

主な著書に『日本の雇用——21世紀への再設計』（筑摩書房）、『日本再浮上の構想』（東洋経済新報社）、『日本経済 勝利の方程式』（講談社）、『日本の壊れる音がする 今なら、まだ間に合う』（朝日新聞出版）、『岐路 3.11と日本の再生』（NTT出版）など。

私は学問場において多くの中国人に出会いました。新中国成立七十周年に当たって、これらの人々の人柄や努力、及び仕事への取り組みの真剣さなどを記して、私の体験した中国を皆様と共有するとともに、中華人民共和国成立七十周年のお祝いを申し上げます。

私が初めて中国を訪問したのは、三十数年前のことになります。私が所属する研究所が訪中研修団を作り、北京から南京沿岸地方まで、労働事情などを調査するために訪中しました。中国各地で総工会の人々に迎えられ、意見交換などをしました。

私たちが北京を訪ね、郊外の万里の長城や紫禁城を見学し、紫禁城の近くにある西太后の料理で名高いレストランで夕食会をすることになりました。訪中団の団長であった私は、夕食会の冒頭に中国語で挨拶をしたいと中国の同僚の教えを請いました。バスの中で一時間以上、数行の挨拶文の練習をし、それを暗記したつもりで宴会の冒頭で発言しました。大変な拍手がわき起こりましたが、皆異口同音に、「言ったことの意味は全くわからなかったけれども団長の勇気に拍手した」と褒めてくれました。それが私と中国語の最初の出会いです。

その後、何度か調査などで中国を訪ねる機会があり、慶應義塾大学の教授として島田ゼミを持った時に、大学では珍しくゼミの合宿を中国、韓国、台湾で行うという異例の試みを繰り返しました。国際派のゼミとして知られた島田研究会にゼミ生として中国から洪涛君と欧陽延軍さんが参加しました。この頃から足掛け三十年、私は中国、韓国、台湾、ベトナムなどアジアの大学を組織して、国際学生討論会（ＧＰＡＣ：Global Partnership of Asian Collages）運動を進めてきましたが、年を追うごとに中国の学生諸君の語学力が急速に高まるのを実感したことが強い印象として残っています。人々の言語能力の高さは社会の発展の状況を反映していると考えられます。急速な経済発展を遂げている中国の現状を目にして、日本も中国についてもっと関心を寄せる必要があるのではないかと感じるようになりました。

こうして、二〇〇七年から十年近く、私は千葉商科大学の学長を担当しました。千葉商科大学は上海の立信会計学院（現在の上海立信会計学院会計金融学院）と密接な協力関係を結んでおり、双方とも長い歴史を持っており、創立八十周年記念には学長として相互に訪問した懐かしい思い出があります。それまでの交流はもっぱら中国の学生諸君を受け入れるだけでしたが、私は相互交流を進めるべきと唱えて、千葉商科大学の学生を中国に送り込む戦略を立てました。

そのためにはまず、日本人の学生に中国への関心を高め、中国語を学ぶ意欲を高める必要があります。私はその時すでに七十歳を超えていましたが、学生諸君の意識を高めるために入学式の学長式辞を中国語で試みました。これは中国からの留学生だけでなく日本人の学生にも強いインパクトを与え、やがてそれは中国の大学と千葉商科大学の学生が四年間の在学で両方の学位を取るというダブルディグリー制度として開花しました。

日本人学生に中国語を学ばせる上で、稀有の努力をされたのが施敏先生です。彼女の温かく、強力で、きめの細かい指導は大きな成果を挙げました。私も若者と同様に中国語を学びたいと思い、施敏先生の教えを請いましたが、それはまず施敏先生の選んでくれた中国で人気のある歌を歌うことから始めました。それから作文をし、中国語を読むという練習ですが、私はいつのまにか机の上の学習では足りないと思い、施敏先生に中国にホームステイをアレンジしてくれないかとお願いしました。彼女は教え子である歓歓さんの実家を紹介してくれました。

歓歓さんの実家は上海の事業家の典型的な富裕層の御家庭でした。私は現役の学長なので長期休暇はとれず、上海で四日間時間を過ごすのが限度でしたが、その四日間で様々な会話を歓歓や家族の皆さんとしたことを毎晩片言で記録し、日本に帰ってからそれを文章にして、iPadを使って中国語に翻訳しましたが、それは四日間で千行にもなっていました。施敏先生が私の粗訳を正しい中国語に直して下さり、美しい発音でレコーディングもして下さいました。私はそれを「千行会話集」と名付けて、何百回も朗読し、ほぼ暗唱するまでになりました。その後、さらに硬い論文形式の文章もたくさん作って勉強しました。

一方、ラウンドテーブル・ジャパンという国際会議で、大変視野の広い熱心なジャーナリストであり、教育者でもある段躍中先生に出会いました。彼はたまたま千葉商科大学の講師もしておられたので、大変親しくなり、彼の講義の教室で彼に頼まれて中国の歌を歌いましたが、それはただちに「日本の歌う学長」として中国全土にその動画がネット配信されました。

段躍中先生は中国湖南省の出身で、北京に出てジャーナリストになりましたが、やがて日本に来ている奥様を追って、来日されました。彼は日中の相互理解と日中の若者の交流を目指しており、池袋の街角で「漢語角」を十数年も社会活動として続けています。

特筆すべきは彼は中国全土の日本に留学したことのない学生諸君に「日本語作文コンクール」というコンペを毎年開催し、今年で十五年目になります。毎年数千人の中国人がそのコンペに応募し、優勝者を段先生が日本に招いています。このようなことは本来、日本政府がすべ

「島田村塾」の若い事業家と共に湖南省を訪ねた（撮影 段躍中）

きことと思いますが、それを中国人の一民間人がやろうとしている先生の努力に、私は限りない敬意を感じます。

私は日本の若い事業家をグローバルな経営者として育てるために、「島田村塾」という事実上の大学院のような教育をしていますが、彼らと共に段先生の故郷の湖南省を訪ね、湖南大学で二回ほどそれぞれ四十分ほど中国語で講演をさせて戴いたことが忘れがたい思い出です。講演会には二百五十人ほどの中国人の学生が参加してくれましたが、私は中国語のヒアリングが困難なので、質問は日本語か英語でしてくれるようお願いしました。彼らは結果的に見事に三ヶ国語を操って素晴らしい講演会になりました。この事実をみて、私は中国が人材の教育に大変な注力をしていることを痛感しました。

そうした経験もあり、私は今、自分のブログを三カ国語で書いています。まず日本語では、「世界情勢」（http://www.haruoshimada.net/izumi/）と名付けて、世界各国の経済政治情勢などを私なりに解説しています。英語では「Japan Topics」（http://www.haruoshimada.net/blog/）と名付けて日本の様々な政策課題などを海外に紹介しています。中国語では「島田中文説」（http://www.haruoshimada.net/chineseblog/）と名付けて、自由なテーマでエッセイを書いています。御興味のある方はこれを見て戴ければと思います。

しばらく前に私が慶應義塾大学の教授であったころ、中国の留学生として洪涛氏と欧陽延軍女史が私のゼミに在籍したことに触れましたが、二十数年経って両氏が私を日本に訪ねてきました。彼らは長年の御無沙汰を謝した上で、島田村塾の学生を中国に連れて来られれば大歓迎をすると言われました。洪涛氏は上海で今や中国有数の工具メーカーの社長として大成功し、欧陽延軍女史は北京でベンチャー投資家として大活躍をしています。彼らは島田村塾のグループが中国の土を踏んだら出国するまで一銭も使わせないと大歓待をしてくれました。私はこれほど温かい心で師の恩に報いろうという経験をさせてもらったことに、中国人の温かさと深さに感動した次第です。私の短い中国経験の中で御縁のあった中国の方々は本当に皆、素晴らしい方々です。

二〇一八年に上海を起点にグローバルな活躍をしている徐迪旻氏が私を訪ねて来られ、日本で私が行っている経営者の勉強塾「島田塾」の発展形を上海で開催しようと提案してこられました。名前は「島田義塾」です。その最初の活動が二〇一八年一二月の上海交通大学における日本研究センターでのセミナーでした。セミナーでは米中貿易戦争をテーマに私が一時間半日本語で講義をし、その後一時間づつ同時通訳を入れて、大学の教授の皆さんとのパネル討論、また会場を埋めた聴衆の皆さんとの質疑応答で、三時間半にわかる熱い討論会でした。中国の方々の熱烈な興味と問題意識に強い印象を受けました。

以上のように、出会った中国の方々の真実の姿をもって新中国成立七十周年の中国に自分の感服を述べてきました。私の中国との関係はささやかなものですが、中国との交流を通じて感ずることは、中国を訪ねた時に通訳をしてくれる人は例外なく中国人であり、日本の方に通訳をして戴いた経験はまだありません。その背景には戦後数十年間、日本は教育援助の意味もあって中国の若者を多数日本に奨学生として招いたことがあります。中国は日本にとってかけがえのない隣国であり、また超大国でもあるので、日本はそうした文化力にもっと力を入れ、中国人が日本語を話すのに勝るとも劣らないよう中国語を理解し、中国文化を理解する日本の若者を多数育てるべきだと思います。そこでは日本がこれまで巨額の資金を使って中国の留学生を招いたように、発展してきた中国は日本の若者を多数中国に招き、中国の理解を促進すべきではないかと考えます。

中華人民共和国成立70周年に寄せて――――小椋 学

見つめ直そう 隣国の友人を

今から30年近く前の小学校の地理の教科書には「日本はアジアで唯一の先進国である。」と書かれていた。あれから世界は大きく変化した。中国では経済が急速に発展し、国内総生産（GDP）は既に日本を超えて世界2位になった。

「百聞は一見に如かず」という諺がある。この文章が皆様にとって、中国人と交流したり、中国を訪れるきっかけになったら幸いである。

小椋 学

（おぐら まなぶ）

大学教員

立正大学大学院地球環境科学研究科博士前期課程を修了後、株式会社ゼンリンデータコムに入社。法人営業担当として、インターネット地図や訪日外国人向けの多言語地図などの提案営業を行った。

その後、韓国・高麗大学と中国・北京語言大学に留学し、現在は中国南京市にある南京郵電大学外国語学院日本語科の講師。南京の観光地を紹介したガイドブック『私が薦める南京の観光地』を作成するなど日中交流のための取り組みも行っている。

中華人民共和国成立七十周年にあたりお祝い申し上げる。皆様は中国に対してどのような印象をもっていらっしゃるだろうか。東アジアの大国、人口が多い国、経済が発展してきた国、卓球が強い国、電子マネーが発達した国など、一人ひとりが持つ中国の印象は異なっているかもしれない。今後の日中友好を願い、私は中国人との交流経験と中国に対する印象の変化をご紹介したいと思う。

私が使った小学校の地理の教科書には「日本はアジアで唯一の先進国である。」という一文が書かれていた。今から三十年近く前だが、当時は確かにそのとおりだったのだろう。日本がアジアで一番の経済大国だという認識はその時生まれた。地理は私が好きな科目だったので、今でもまだ記憶に残っている。その地理の授業では、中国は一番人口が多い国で、一人っ子政策を行っていることや、日本と同じように漢字を使い、仏教を信仰していることなども学んだが、一番印象に残っているのは、自転車通勤の写真だった。

中国の写真のように、こんな大勢の人が道幅いっぱいに広がって、「ちゃり通（自転車通勤）」することは日本では考えられなかったし、何だか楽しそうだなというのが私たちの感想だった。日本ではできないことができるという羨ましさと道路を自由に走れるという解放感が感じられた。

ところで、社会は常に変化している。この三十年近くの間に日本では経済が大きく停滞したが、中国では経済が急速に発展し、国内総生産（ＧＤＰ）は既に日本を超えて世界二位である。これだけ大きく変化しているのだから、私たちの認識も現状に合わせて変えていかなくてはならない。だが、私たちの認識は以前のままで、現状と異なっていることが多い。その一例が「日本はアジアで唯一の先進国である。」という認識である。普段中国との接点がない日本人が中国について知るのはテレビや新聞、インターネットのニュースなどである。自分が見るのと他人が見るのでは感じ方が違うのはもちろんのこと、ニュースは時間や文字数など限られた条件の中で伝えられるため、情報の取捨選択も行われている。そのため誤解が生じやすく、何が本当なのか自分で判断することは困難である。

「百聞は一見に如かず」という諺がある。この諺は『漢書』から引用されたものであるが、日本人でも知らない人はいないだろう。何が本当なのか、何が現実なのかは、やはり自分の目で見て判断しなければ分からないというのが私の考えである。私は今でこそ中国の大学で講師をしているが、中国との関わりを持つようになったのは二〇一三年以降であり、中国語の勉強を始めたのは二〇一四年になってからである。つい最近まで中国語も知らなかった私が、なぜ今中国で働いているのか。その大きな変化の鍵となったのは、中国に対する私の認識の変化だった。そして、その私の認識を大きく変化させてくれたのが韓国の高麗大学で出会った中国人留学生達である。当時、私は高麗大学韓国語文化教育センター（現在の韓国語センター）に所属する語学留学生であった。ここで勉強する留学生の七割以上が中国人であったため、中国人と日常的に交流することになった。その頃の私は中国語が話せず、中国のこともほとんど知らなかった。私が韓国語の単語の意味を日本語で書いたのを中国人留学生が見て、だいたい意味が分かると言うのを聞いて、なんだか不思議だなと思ったこともあった。韓国語を一緒に学ぶ仲間として、気軽に話しかけてくれるし、友好的でとても親しみやすかった。日本と中国は社会制度等が異なるが、中国人留学生からは特に大きな違いは感じられなかった。また、中国人留学生は知らない人に対しても自分から積極的に話しかけられるし、韓国語の言い間違いを恐れずに話すことができた。その結果、友達も多くなり、韓国語の上達も速かった。私は中国人留学生から語学勉強のコツを学んだ。こうしているうちに、今まで知らなかった中国人の印象はだんだん良くなっていった。

一方で、意外だったのは、日本人と中国人、韓国人の学生を比べた時に、一番お金持ちで裕福な生活をしている人が多かったのは、中国人だったことだ。私はいつも節約しながら生活していた。私が出会った他の日本人留学生も同じだった。韓国人は地方からの出身者も多く、安い下宿で生活し節約している人が多かった。ところが、中国人留学生はお金持ちだと言えるような学生が少なくなかった。彼らは広くて綺麗な寮で生活し、ｉＰｈｏｎｅの新しい端末が発売されればすぐ購入した。休みになれば海外旅行に行ったり、高級なレストランで食事をしていた。私は中国人と日本人の学生の間にそのような差があるとは思ってもいなかった。このことから、中国の経済はとても発展していることに気づいた。

中国人との交流が深まるにつれて、私もいよいよ中国語を勉強してみようかという気になった。中国語と韓国語は単語の発音が似ているものが多いと言うし、中国人に囲まれたこの環境を生かさないのはもったいないと思ったからだ。そして何より中国に対する印象が良くなり、将来に渡って交流をしていきたいと思うようになったからである。

最初は高麗大学で夜間に開設された中国語の授業に参加した。先生は韓国人で、学生も私以

2013 年韓国民俗村にて高麗大学の中国人留学生達と

外は全員韓国人だった。授業を通してようやく覚えた「私は日本人です（我是日本人）。」を中国語で言ってみたところ、中国人留学生には全く伝わらず、がっかりしたが、私に根気よく発音を教えてくれた。その時は中国留学やその先の仕事のことを想像することすらできなかったが、今振り返ってみると、こうした中国人留学生との交流があったからこそ、一歩一歩前進することができたのだと思う。

さて、私は幸い中国人との良い出会いに恵まれたが、普段中国との接点がない人の場合は、どうしたら良いだろうか。実は日本にいても身近なところに中国との接点がたくさんある。中国人の観光客も留学生も年々増え続けており、中国人は身近なところにいる。池袋の公園では毎週日曜日に漢語角（日曜中国語サロン）が行われており、そこに行けば日本語を話せる中国人と直接に交流することができる。他にも孔子学院や中国語教室等で中国を知ったり、中華街に遊びに行くのも良い。また、SNSを通して中国人留学生と友達になって、中国語や中国文化を教えてもらったり、日本語を教えてあげたりするのも良いだろう。このように、自分の目で見て中国を知ろうとすることが本当のことを知る第一歩だ。

最後に孔子の言葉をもって結びとしたい。「衆之を憎むも必ず察し、衆之を好むも必ず察す（衆悪之必察焉、衆好之必察焉）。」これは、みんなが悪いと言っても必ず自分で見て判断し、みんなが良いと言っても必ず自分で見て判断しなければならないという意味である。授業のスピーチである学生がこんな事例を紹介した。

「ある転校生が私たちの学校にやってきた。みんなはその転校生は悪いやつだから付き合わないほうがいいと言った。私は最初遠くからその転校生を見ていた。その結果、転校生は全然悪い人ではないことが分かった。それから私たちは友達になり、楽しい学校生活を送った。」

中華人民共和国成立七十周年を機に、もう一度隣国の友人を見つめ直してみて欲しい。あなたの勇気が日中友好の架け橋となることを願ってやまない。

中華人民共和国成立70周年に寄せて——古市雅子

中国とともに歩んできた23年

北京に来て、20年以上になる。この国の変化と発展を、この国の人たちとともに経験してきた。13億のなかのほんのわずかな、でも数えきれないほどの人たちと出会い、時を過ごし、喜怒哀楽を共にした。そうした人たちとの出会いがあったからこそ、私はまだここにいるのだと思う。また私が北京で大きな影響を受けたのは、この国の人だけではない。中国で生まれ育った日本人に出会ったことで、外国人として北京で暮らす自分のことを、客観的に見つめることができた。

古市雅子

（ふるいち まさこ）

北京大学外国語学院日本言語文化系副教授

東京生まれ。日本の高校を卒業後、1996 年から単身北京大学中文系に留学。学部、修士を経て2008 年北京大学中文系比較文学与世界文学専攻博士課程修了。文学博士学位取得と同時に北京大学にて教鞭をとる。北京大学外国語学院日本言語文化系副教授、北京大学外国語学院明治大学マンガ図書館分館館長兼任。主な著書に『満映電影研究』（中国九州出版社）、訳書に『中国文化読本』（中国外研社）、『李徳全』（日本僑報社）など。最近は日中のポップカルチャーなども研究している。

新中国成立七十周年を迎える中国に謹んでお慶び申し上げるとともに、中国で出会った人たちに感謝の気持ちを伝えたい。

北京に来て、二十年以上になる。たった一人の海外は初めてだった。留学生としてやってきて、大学を卒業したら、帰国するつもりでいた。それが気づいたら大学院に進学し、卒業し、そのまま教壇に立っている。すでに人生の半分以上の時間、そして新中国成立から三分の一ちかい時間を、ここ北京で過ごしている。

鄧小平の訃報にクラスで黙祷を捧げ、香港返還の時はテレビの前で小旗を振り、北京オリンピックでは寮のまさに目の前をマラソン選手が走り抜けた。この国の様々な出来事を、この国の人たちとともに経験してきた。十三億のなかのほんのわずかな、でも数えきれないほどの人たちと出会い、時を過ごし、喜怒哀楽を共にした。そうした人たちとの出会いがあったからこそ、私はまだここにいるのだと思う。

そもそも私が留学に来たのは、のちの北京大学副学長である何芳川先生がいたからだ。北京大学に留学経験をもつ祖父が何芳川先生に出会ったことが、北京に留学する直接のきっかけとなった。私がアメリカに留学している次女にそっくりだと言って（本当にそっくりな写真があった）、ご夫婦で、実の娘のようにかわいがってくれた。

北京に来たばかりの頃は、少しの中国語と下手な英語でしか会話ができなかったが、よく自宅で食事をごちそうになり、「娘が大好きな本だから楽しめると思う」、と小説を貸してもらったり、友人との旅行計画を話して「危なすぎる」と怒られたり、生活のこまごましたことから進路まで、様々な相談にのってもらった。家についたら必ず「無事についた」と報告なさいと言われていたが、自転車で寮に帰る途中、ハチに刺されてパニックになり、引き返したこともある。毎学期こっそり成績をチェックされていたらしいことは後から知った。ある日、いつものように夕食に呼ばれると、「実は副学長になった」と言われたけれど、まだ学部生で中国語もたどたどしかった私はすぐに気が利いた言葉も言えず、つまらなそうな顔をされたことが今でも心に残っている。

その何芳川先生が亡くなられた時は本当にショックだった。日本に帰りたいな、となんとなく思うことはあったが、その時は実の家族を失ったような喪失感に、「家に帰りたい」と心から思った。何芳川先生ご夫妻が家族のように暖かく見守り支えてくれなければ、私は一人の寂しさや異国の生活に耐えられず、早々に帰国していたかもしれない。

何芳川先生ご夫妻と（2003年頃）

何芳川先生が、比較文学を研究したいならこの人しかいない、と紹介してくれたのが、厳紹璗先生である。日本の漢籍研究、日本の神話を中心とした文学発生学、日本の中国学研究など、日中比較文学研究で右に出るものはいない。心から敬愛する指導教官である。厳先生の指導のもと研究に励んだ大学院生活が、私の学生生活で一番楽しい時間だった。様々な国の文学や文化を研究する学生が集まる比較文学研究所で、中国人学生と一緒に授業を受け、討論し（私は中国語を理解するのがやっとでほとんど聞くだけだった）、一緒にお酒を飲んだりカラオケに行ったり、学会のスタッフとしてみんなで準備に走り回ったりした時間は、中国社会に受け入れてもらっている、と初めて実感できた瞬間で、今でも大切な思い出だ。

厳紹盪先生は定期的に学生を集めて食事会をしてくれたが、それがいつも楽しみだった。上海出身の先生は、北京の冬は寒すぎると言って冬になるとセーターやジャンパーを何枚も重ね着し、もこもこしながら歩いていた。自由で明るい雰囲気の研究室で、平易な言葉で話してくれるので普段は気軽に接することができたが、いざ論文の日本語訳を頼まれると、思索と教養にあふれた格式のある文章にいつも苦戦した。思考が袋小路にはまっていると一言ですべての霧を晴らしてくれることも多く、敏感なテーマを選んだせいで、博士論文の結論をどうすべきか頭を抱えていたときに、さっと書き加えた一文ですべてが解決した瞬間は今でも忘れられない。明確なアシスタントという役目は当時まだなかったように思うが、学部生の授業に出席し、先生の代わりに黒板を消したり、授業の手伝いをするのがいつも少し誇らしかった。

厳紹盪先生は北京大学中文系学術委員会委員長まで勤めて退職し、今は郊外で静かに暮らしておられるが、居間の本棚の目立つ場所に私の本が収まっていたことが、最近、最もうれしかったことのひとつである。

私が北京で大きな影響を受けたのは、この国の人だけではない。中国で生まれ育った日本人に出会ったことで、外国人として北京で暮らす自分のことを、客観的に見つめることができた。一人は李香蘭こと、山口淑子さんである。北京でたまたま自伝を読んで、同じ年齢で同じ場所にいながら、こんなにも違う人生を歩んでいる人がいたということに衝撃を受け、そこから興味を持ち、李香蘭を大学院八年間の研究テーマの中心にした。当時のことを調べるほど、あの戦争は過去のことではなく、自分が北京にいることも、歴史の流れの結果であるということに否応なく気付かされた。

山口淑子さんにはぜひお会いしたい、インタビューしたいと願っていたが、幸いにも在学中にそのチャンスを得ることができた。当時すでに八十才を超えていたはずだが、セットされた髪、マニキュアの塗られた爪、想像以上に小柄だけれど、よく通るきれいな声で、「女優オーラ」というべきか、「政治家の迫力」というべきか、圧倒されてしまい初めて会った時のことはあまり覚えていない。その後、北京に戻ってからも電話やFAXでやり取りをし、自宅へも遊びに行き、フィルムセンターにしかないはずの出演作品のコピーや、当時のパンフレットなど、貴重な資料を提供して頂いた。

よく中国語で話をしたが、今は話せる人がほとんどいない、新中国成立以前の北京語だったのだろう、私は聞いたことがない単語も多かったし、山口さんが私の使う単語をわからないことも多かった。「せっかく中国語を勉強しているんだから、総理大臣の通訳ぐらいできるようになりなさい」と言われたが、四、五ヶ国語を操る山口さんに言われるのは本当にプレッシャーだった。「学生さんにちょうどいいと思って」と大小のスパンコールと、裏地に繊細なバラ模様のレースがついたとても華やかな手編みのカーディガンをもらい、女優の学生生活とはこういうものか、と驚いたこともある。時代に翻弄されながらも力強く生き抜いた山口淑子さんに知り合えたことは、今の私の大きな原動力となっている。

そして私が中国研究において大きな影響を受けたのが、京都大学名誉教授、竹内実先生である。晩年は、毎年のように北京大学を訪問されていて、そのたびに日本人が数人集まり、さながら小さなサロンのようにさまざまな話を聞いた。山東省で生まれ、大学進学のために日本に行ってから、中国に来られない時期もあった竹内先生は、北京にいる私たちのことをどこかうらやましく感じていたように思う。竹内先生に会うと、外国人として中国に住む自分はこの国をどのように捉え、向き合うべきか、そして研究者として自分が何をするべきか、いつも考えさせられた。

『毛沢東　その詩と人生』を手に詩人としての毛沢東論を聞いた時は感激したし、茶道、武者小路千家の「北京支部」と称してお茶も教えてもらっていた。『中国文化読本』（中国外語教学与研究出版社）の監訳として私の訳文に赤を入れてくださったのが、もしかしたら竹内先生の最後の仕事だったかもしれない。先生の書く文章に憧れていた私にはとても大きなことで、先生との作業を通して実に多くのことを学んだ。竹内先生は、私の中国研究の指針である。

新中国成立七十年。これからも、歴史は続いていく。多くの出会いがあって、私は今もここにいる。私が出会うことができた、十三億のなかのほんのわずかな、でも数え切れないほどの大切な人たちが、これからもこの国で笑顔で生きていけるよう、心から願っている。

中華人民共和国成立70周年に寄せて――池谷田鶴子

北京で見た開国大典のパレードから70年

新中国誕生に立ち会えた9歳の日本人少女

新中国の誕生に関わった日本人の第二世代の一人として、新中国成立70周年を迎えたことを嬉しく思います。

1949年1月、北平（現在の北京）は無血解放となり、私がいた学校は3月に保定市よりトラックで北平に入城し、中国人民解放軍河北軍区政治部八一学校と改名されました。当時9歳だった私が同年の10月1日に開国大典を見たことは、少女時代のもっとも記憶に残っている出来事のひとつです。その日、私たち子どもは学校から近い府右街の出口、長安街に面した牌楼のところで、軍と民衆のパレードを見学する機会に恵まれたのでした。

あれから70年の年月が経った今、新中国誕生に立ち会えた瞬間の思い出をここに記すとともに、新中国成立70周年を心からお祝い申し上げます。

池谷田鶴子

（いけや　たづこ）

医師
公益財団法人日中医学協会理事

1940年中国張家口にて生まれる。1952年八一学校卒業。翌年4月に日本に帰国後、都立新宿高等学校に入学。1965年順天堂大学医学部卒業、インターン1年。翌年同大学皮膚科学講座入局。1987～2012年非常勤講師を務める。

1975年11月より日中の医学の各分野の交流に参加。1983～84年稗田憲太郎の遺族として胡耀邦氏に接見。2007年中曽根康弘元首相率いる『日中青年世代友好代表団』に参加し訪中。2011年中国人民解放軍 医学科学技術委員会 神経内科専業委員会より『特別貢献賞』及び『終身成就賞』を受賞。

現在は（公財）日中医学協会理事、（公社）日本皮膚科学会功労会員、（一社）日本医真菌学会功労会員。順天堂大学国際交流センター運営委員。

日中両国は、よく言われることですが隣国同士であり、仮にお互いが気に食わないといっても引越しができるわけではありません。そのため私たちは、現実を直視し、相互理解を強化していかなければならないと考えます。

一九三八年一二月、ともに内科医であった父・津沢勝と母・喜代子は、結婚後すぐに中国の河北省にある張家口に出向となり、私は張家口で生まれました。そして両親は終戦後八路軍の医療に従事したのです。そして両親は終戦後八路軍の医療に従事したのです。

八一学校は一九四七年に八路軍の聶栄臻司令の計らいで、娘の聶力も含め、子ども達の教育を考えて創立された全寮制の学校です。私が入学した時は河北省阜平県易家荘にあり、生徒は百人足らずでした。解放戦線の状況によりあちこちに移動しました。

一九四九年一月に北平は無血解放となり、三月に学校は古賢村を離れ、保定より米国製のトラックで北平に入城しました。

北平は「北京」と呼ばれるようになり、私が学んでいた学校も中国人民解放軍河北軍区政治部八一学校と改名されました。

1952年卒業生記念撮影。4列左より3番目が李敏氏（毛沢東国家主席の長女）、9人目が筆者

解放戦争はまだ進行中でしたが、北京の解放と同時に解放軍の指揮部が入城し、各部隊の指揮者も北京に来ることになりました。その家族や子どもたちも一緒だったので学校の問題が急務となり、学校は全軍制の子弟学校に変わっていきました。その時、同じ学年だけでも劉太行（劉伯承の子）、王兵（王震の子）、羅小青（羅瑞卿の子）、董良浩、董良沢（董必武の子）、葉正光（葉挺の子）などの元帥や将軍の子弟と一緒になりました。当時は親が誰であるといったことはあまり意識しませんでしたし、私の周囲の子どもたちも同じでした。

授業のカリキュラムは常に改善が加えられ、教員も優秀な者を招いていました。生活面でも辺校長は子どもたちを喜ばすことを色々と企画し、実

2007年8月25日八一学校52年卒クラス会。中央先生方と筆者。1列右より董良浩、王好為、雷蓉、葉正光、劉太行、羅箭の諸氏

現すべく努力をされていました。女性軍人の服もカーキ色であってもワンピースになり、私たちに支給された服も変わりはじめ、一年に三回支給されていました。

一九四九年一〇月一日（当時九歳）に開国大典を見たことは、もっとも記憶に残っている出来事のひとつです。その日、私たち子どもは学校から近い府右街の出口、長安街に面した牌楼のところで、軍と民衆のパレードを見学する機会に恵まれたのでした。それは人生でなかなかめぐりあえないことであり、同級生の安達兄弟（静岡県立静岡がんセンターの安達勇とその弟安達猛）も行っている筈ですが、他に日本人でこうした経験をした

という話は聞いていません。中華人民共和国の開国大典、この人類史上に残る素晴らしい瞬間を、まさか自分が当事者の一人として見ることができるとは思いもよりませんでした。今でも天安門広場を行進していたパレードの盛大さと人々の興奮の様子が鮮明に脳裏に浮かびます。

こうして、新しい中国の誕生を迎えました。

2018年11月6日52年卒のクラス会で李敏氏と談笑する筆者

2010年4月24日聶栄臻記念館にて。前列中央右が聶力氏

翌年からは学校にも共産主義青年団、少年先鋒隊が創立され、メーデーと国慶節は朝早くに起き、紙で作った花を手に持って、天安門広場のパレードに参加しました。

四年生の時に同じクラスになった李敏（毛沢東国家主席の長女）とは、五年生になってからは寄宿舎で七ヶ月もの間、隣のベッドで一緒でした。彼女は穏やかで口数の少ない少女でした。後年、会った折には、おばあちゃん同士で色々当時のことを語り合いました。

中国で過ごした毎日の生活の中で、私は鍛えられ、育てられました。私が日本人であることに対して気を使っていただき、いじめや嫌がらせはほとんど受けることは無かったのです。早朝と夜に自習時間があり、基礎学力はしっかり身に着いたと思います。

宿舎では五年生のときは十数人が一部屋で、六年生になったときは三人が一部屋でした。年齢や性格の異なる者が互いに助けあい、協調することを学びました。土曜日の午後に食堂の前で包子や餃子を包むのは生徒の役割で、それは週一の楽しみでもありました。帰国後、いよいよ生活に困ったときは餃子屋になればよいと本気で考えていました。土曜や日曜の自由時間は西単の新華書店や西単商場や映画館に行ったり、また貸本屋で漫画を借りるのも楽しみの一つだったのです。

一九五二年七月、十二歳で小学校を卒業し、学校の推薦で北京師範大学付属女子中学に入学出来ました。レベルの高い学校での授業はすべて新鮮に感じられて、先生方が輝いて見えました。しかし、わずか半年後の一九五三年四月下旬、私たち一家は天津の近くの塘沽港から高砂丸に乗って日本の舞鶴に帰国したのであります。

小学校時代に一緒に寄宿舎で生活した級友たちは今でも格別な親しみがあり、同窓会やクラス会にも数回参加しました。八一学校は習近平国家主席をはじめ、卒業生として優秀な人材を多数輩出しました。二〇一七年三月に八一学校は創立七十周年を迎え、私たち日本の卒業生も招待されて式

2010年4月のクラス会には胡徳平氏も特別参加して下さいました。釣魚台にて。前列左5人目より安達猛、安達勇、李敏、胡徳平、筆者、王兵、吉田進、筆者長女の諸氏

典に参加することが出来ました。この学校は一九六四年に北京市に移管するまでは解放軍の学校でした。現在は重点学校となり、各種の設備は素晴らしく、教職員も優秀な方々を揃えているようです。私の思い出の寄宿舎は今はもう残っていませんが、ここで学べる子どもたちは幸せだと心から感じます。

以上のように、七十年前の中華人民共和国成立という歴史的瞬間の思い出をここに記すとともに、新中国成立七十周年を心からお祝い申し上げます。

中華人民共和国成立70周年に寄せて――中山孝蔵

縁が縁をつなぎ、世代を超えた大きな輪に

中華人民共和国成立70周年にあたり、私は自ら中国の著しい発展を体験して興奮を覚えている。向上心の高い中国の友人に刺激され、困難を乗り越えて大学院で修士号が取得できた。そして趣味のアマチュア無線も存分に楽しむことができ、これ以上のない喜びと感謝の気持ちを中国に抱いているのは言うまでもない。

さらに、娘家族（4歳の孫も）は娘婿の中国赴任により北京で暮らしている。このことは、私にとって日本と中国を結ぶ縁が次の世代にバトンタッチされ、さらに大きくなったという意味しているのである。

中山孝蔵

（なかやま こうぞう）

1953年東京の下町で生まれる。1971年ソニー株式会社入社、2000年～2010年に2度の中国（北京・上海・無錫）勤務を経験。担当業務は認証技術、リスク管理。2010年～2019年4月中国日本商会勤務。趣味はアマチュア無線、写真、ソフトテニス、卓球。

中華人民共和国成立七十周年にあたり、五月に仕事を終え中国から日本に戻ってきたばかりの私は、自ら中国の著しい発展を体験して興奮を覚えている。向上心の高い中国の友人に刺激され、困難を乗り越えて大学院で修士号が取得できた。そして趣味のアマチュア無線も存分に楽しむことができ、これ以上のない喜びと感謝の気持ちを中国に抱いているのは言うまでもない。

一九九九年晩秋、当時勤務していたS社では中国の製品認証（当時のＣＣＩＢ認証制度）でトラブルを抱えていた。責任者として中国当局に対策書を抱えて出張せざるを得ない状況にあった。そんな時、本社の先輩から「中山、俺の代わりに中国へ行ってくれ。ＯＫしてくれないと俺が飛ばされる」と懇願された。即断で断らなかったことが脈ありと見なされ、三年間の中国赴任の予定がS社も退職して通算十六年半を中国で過ごした。そして二〇一九年五月に中国での仕事を終えて日本に戻ってきた。

二〇〇〇年当時の北京はタクシーの色は赤が殆ど、車の床が錆びて穴が開き走行中に足元から砂利道が見えたり、ドアが開かずタクシーの窓から脱出せざるを得なかったりしたこともあった。着任して挨拶に行った時には、歓迎の言葉の後に「中国四千年の歴史の中で、日本が進歩していたのは最近の百年に過ぎない」と強烈な一言を言われた。そこに物事に対する中国の考え方の違いと今後の中国発展に対する熱い信念を感じた。

それにもかかわらず、私の中国生活は決して順調にスタートしたわけではなく、しばらくして水虫になり歩くのが苦痛な状態に。医者はストレスが原因だと言った。中国語で知っている言葉はニーハオとシェイシェイだけ。しかも妻と子供を帯同した赴任なので、この国で頑張るしかなく退路は無かった。それは子供たちも同じだった。日本人学校の授業参観では、先生の質問に答えられずにいつまでも立っている我が子の姿に涙が止まらなかった。猿が自宅の屋根の上でひなたぼっこし、鹿が庭をピョンピョンと横切る神奈川の自然豊かな地域で生まれ育った子供たちにとって北京の生活は一八〇度の別世界だった。

そんな中国で最初に感じたのは、市民の目がキラキラと輝いて吸収力が旺盛で、日本が失ってしまった探求心と情熱がみなぎっていたことだ。最初の赴任を終え帰国してから自分の仕事の専門的な内容（リスク管理、認証制度）を学術的に学びたくなり、仕事の合間に大学院へ通うことにした。それは中国勤務時に仲の良い中国人マネージャーが北京大学の大学院に通いだ

北京オリンピック特別局運用メンバーと記念撮影

したことが影響したからだろう。

そんな時、二度目の中国赴任命令が出た。大学院での勉強は続けたかったので、週末になると勤務地の上海・北京から日本の新潟まで通い修士課程を終了した。中国から新潟まで通学した伝説の学生の事を入学説明会で毎年話していると、最近大学関係者から教えてもらった。

思い返すと中国がＷＴＯ加入を決めた頃、本社へ送ったレポートの中で、日本はＷＴＯ加入を中国の市場開放しか見ていないが、例えば標準化においては、これを機会に中国は世界の先進国となるべく着々と人材の育成・募集など行っている。市場開放がＷＴＯ加入の第一目的ではない。中国は世界に飛び出してくる。中国スタンダードが世界標準になる事を目指し、専門家の養成を行っている。中国を見る認識を改めるようレポートを書いたのを覚えている。当時、私のレポートへの反応は少なかった。

二〇〇〇年当時の中国は上海の浦東は高層ビルからちょっと歩けば舗装していない道、北京の地下鉄もわずか二路線だけだった。その後の、中国の進歩・成長については、ここで書く必要はないだろう。中国のダイナミックな成長を肌で感じ生活できたことは自分の人生にとって貴重な体験の何物でもない。

そして、もう一つの日本では味わえなかった貴重な体験は、私のライフワークのアマチュア無線。ライセンスが必要という特殊な趣味であるアマチュア無線だが、中国で多くの友人と交流することが出来た。アマチュア無線の楽しみ方の中にコンテストがあり、中国のクラブチームの一員として参加し、多くの時間を中国人と共有して楽しむことが出来た。アマチュア無線の国際的なコンテストは四八時間という長時間で、交代しながら無線機の前でマイクを握り交信を行い、その交信数を競う。チーム競技なので日本との交信に適した時間帯が私の出番だ。私の交信内容を聞いた局が、「すごく日本語がうまいオペレーターがいる。誰だろう。」とネットで評判になり、その携帯画面をクラブチームのメンバーが笑いながら伝えてきたこともある。

日本では「同じ釜の飯を食う」という言葉があるが、長時間の試合なので同じ食事をしながら外国人は私だけという時間は貴重な体験。そして中国トップレベルのチームで一緒に戦って上位入賞も何度か経験した。これは日本にいては得ることができなかった喜びである。中国に限らず、海外でエンジョイするためには、地元の人たちと明るく溶け込むことが必要だと思う。日頃の交流が中国情報を伝えるアマチュア無線家として知られることとなり、日本のアマチュア無線雑誌に中国情報の掲載や中国国際放送局に何回か登場する機会も得ることが出来た。熊本市と桂林市は友好都市という関係で、熊本市のアマチュア無線団体が五年ごとに桂林を表敬訪問している。前回訪問時に無線のライセンス取得作業をサポートした経緯から、二〇一九年一一月の桂林訪問団に加わりませんかと声もかかった。

私への中国赴任を説得したS社の本社上司は、「行く前から戻る居場所なんか考えるな。人間として大きく成長できるチャンスと考えろ」と迷っている私の尻を叩いた。あれから二十年近く経って、その言葉の意味が分かってきた。

新中国成立七十周年に当たり、私は以上のように、中国の著しい成長の様子とともに自らの中国に対する感謝の気持ちを述べてきた。そして日中両国の交流について次のような自分なりの心得で締めくくりたい。言葉だけや儀礼的な友好ではなく、お互いが肌と肌でぶつかり、心から尊敬しあう事で、相手の長所と言える部分を取り組むことができる、それがお互いに発展する友好だろう。始めて赴任した二〇〇〇年の春、仲の良い中国人マネージャーは「中山さんが中国に来たのは縁」と語った。縁が縁を結び、人生を返せと迫った娘は娘婿の中国赴任が決まった事で娘家族（四歳の孫も）は北京で暮らしている。日本と中国を結ぶ縁は次の世代にバトンタッチされ、さらに大きくなった。

中華人民共和国成立70周年に寄せて——**大串麻美子**

肌で感じた1999～2019年の中国の発展

20年前、新中国成立50周年の1999年、私は北京に住んでいました。思い返せば、その頃から北京や上海といった中国の大都市が現代的な都市へと変貌し、1999年以前か以後かと分けられるくらい、生活も質的に大きく変わり始めたように思います。

そして2019年、中華人民共和国成立70周年を迎えました。中国はGDP世界第2位を達成し、世界で押しも押されもせぬ大国へと成長を遂げました。この流れを20年前に想像できたでしょうか。

30年後に中華人民共和国成立100周年を迎える頃には、息子もちょうど50歳。日本と中国がどのような未来を迎えるのか見守りつつ、二カ国の両方の人々のために活動を続けていけたらと思います。

大串麻美子
（おおぐし まみこ）

1970年3月、東京生まれ。1996年実践女子大学大学院（美術史学専攻）卒業。1996年から2008年まで北京に住む。北京在住中に中国人と結婚、三児を北京で産む。現在は東京で三人の子供たちと暮らしている。

二十年前、中華人民共和国成立五十周年の一九九九年、私は北京に住んでいました。場所は公主墳。天安門前を東西に抜く大通り長安街から、まっすぐ西へ行ったところです。

中華人民共和国成立五十周年記念パレードが行われた一〇月一日は、長安街を東から西へと進んだパレードを子供を抱いて見送りました。なかなか圧巻の眺めだったと記憶しています。

その時抱っこしていた子供は北京で生まれた長男です。

私は一九九六年に中国の男性と結婚して、一九九九年の初めに長男を北京で産みました。

あれから二十年経ち、二十歳になった彼は今、日本の大学に通っています。

思い返せば、新中国成立五十周年の一九九九年は方向転換の年だったのではないでしょうか？　北京や上海といった中国の大都市が現代的な都市へと変貌し、一九九九年以前か以後かと分けられるくらい、生活も質的に大きく変わり始めたように思います。

そして北京では、二〇〇八年のオリンピックで更に現代的な都市建設が進みました。新中国成立六十周年の二〇〇九年では、一九九九年から十年かけて進行してきた変化が完成に近づいて、現代中国の発展が決定的になったのではないかなあと感じています。

そして更に十年かけた二〇一九年までに、中国はＧＤＰ世界第二位を達成し、世界で押しも押されもせぬ大国へと成長を遂げました。

今こうして自分が暮らしている様子……これを当時の自分が想像することは、とてもできないでしょう。


さて、話を二十年前に戻します。

一九九九年当時、北京で仲良くしていた日本人のおばあちゃんがいました。

一九五〇年代、中国人（台湾出身）の旦那さんと北京に専門家として渡って来られた方です。『北京週報』という中国共産党機関紙の日本語翻訳部の重鎮だった旦那さまと、大躍進時代、文化大革命時代と乗り越えられました。私が一九九〇年代後半にお付き合いを始めた頃には、もう旦那さまはお亡くなりになられていましたが、おばあちゃんは元気に北京で一人暮らしをされていました。

おばあちゃんには、北京で暮らす楽しみをたくさん教えていただきました。

日本のものがなかなか手に入らない時代からずっと中国で暮らして来られたおばあちゃんは、

北京で日本人が生きていくということのエキスパート。ここで手に入る食材で、日本人の口に合う料理を知り尽くしていました。

ドジョウが売ってる市場を教えていただいたこともありました。ごぼうも時々、薬として売っているのが手に入るので、タイミングが合えば、北京で柳川を作ることもできたのです。

そのほか、たとえば北京では、秋に美味しい生の甘栗が手に入るのですが、その栗の下ごしらえや保存方法を教えていただいたり、栗ご飯の炊き方を教えていただきました。または子持ちししゃもの南蛮漬け、サワラの西京漬など、大連港から時々冷凍で内陸北京にやってくる海産物の扱いと食べ方など、色々教えていただきました。

子育ても、おばあちゃんから受け継いだ智慧に大きな影響を受けました。おばあちゃんの意見は、親の考えで子供をいじくりまわさない、子供には自分の人生を切り開く力があると信じることでした。

なぜ旦那さんが亡くなっても、故郷の日本に帰らず、身寄りもない北京にいるのか?という理由について、おばあちゃんは「私（たち）は、中国にずっと尽くしてきた。それを中国政府も知ってるし、苦楽を共にしてきたご近所さんもみんな知っている。そしてここで暮らす分には、すごく恵まれていて、日本に帰る理由はない。何より、自分たち夫婦の歩みを知っている人がたくさん暮らす北京に留まる方が、私は幸せなのよ。自分が誇りを持って暮らせるのは、ここ中国なの」と言っていました。

新中国成立と共に歩んできたおばあちゃんらしい選択でした。

私の人生は、おばあちゃんとはまた違う道になっていますが、おばあちゃんからいろんなことを教わっていくうちに、いろんな影響を受けたのだなあと、今更ながら思います。

育児についても、子供の選択を信じ、その子の未来を切り開く力を信じて、親としての自分はサポート役として日々できることをするという姿勢は、おばあちゃんからそのまま受け継いだものだと思っています。

中国と自分との関わりもいつのまにか三十年をすぎました。

一九八〇年代後半に初めて中国を訪れた時に、中国とこんなに深く関わる人生になるとは、どうして想像できたでしょうか？

しかし私は中国をもっと知りたいと思い、中国と関わる道を選択しました。どうして?と聞かれても「そこに中国があったから」としか言いようがないのですけれど、日本人も中国人も、長い間隣同士の国として関わり合ってきた同士です。そしてこれからも隣同士である事に変わりはありません。それならば一緒に幸せになろう！　これを理想ではなく、現実の取り組みとしたい。そのためには大海の中の一滴かもしれないですけれど、一人の人間として日本と中国の間でできることをしよう、お互いに幸せになるような働きかけをしよう、そう思ってきました。だから人間同士、いろいろなことがあったとしても、そうありたいと願う気持ちは今も昔も変わりません。そしてこれからもこの気持ちが変わる事はおそらくないでしょう。日本も中国も、一緒に幸せになる道を探していこう！　それが、日本の片隅に生まれて、日本で普通に育った私が、いつのまにか中国に関わるようになってから、なぜかずっと抱いている思いです。

三十年後、中華人民共和国は成立百周年を迎えますね。その時中国は……そして日本と中国はいったいどんな社会になっているでしょうか？　我が家の息子はちょうど五十歳。彼はどんな大人になっているでしょうか。その時はわたしもおばあちゃんになってますが、願わくばまだまだ元気にしていたいものです。その時には何かしら、中国と日本の間で、二カ国の両方の人々に喜ばれるような活動を、少しでもできていたら嬉しく思います。そしてすっかり大人になった子供達、彼らの姿も見守っていたいものです。

そういえば先日DNA検査をしたら、私の祖先は二千年前は中国に住んでいたという結果が出ました。驚くよりも「やっぱり」という思いが先に立ちました。私にとって中国は、外国というよりは祖先の故郷だったのです。もう名前も知らない、どんな人だったのかもわからない祖先の人々は、かつて中国から日本にやってきました。日本人も中国人も結局、同じ人間です。だから同じ人間として、良いおつきあいをしていく。だから今、小さなことかもしれませんが、目の前にある、自分に出来ることをやっていきます。

日々の小さなことに取り組みつつ、三十年後の中華人民共和国成立百周年を楽しみに待ちます。「千里の道も一歩から」とつぶやきつつ。

中華人民共和国成立70周年に寄せて――――大久保 勲

日中の先人たちの努力を忘れてはならない

日中国交正常化と中国の発展

私は日中国交正常化前の1971年から、北京に勤務することができ、周恩来総理にお会いする機会も得た。

1949年の中華人民共和国成立から、日本と中国は長期にわたり国交が無かったが、そうした中で、日中双方で多くの人たちが国交正常化のためにたいへん努力されたことを知った。

中華人民共和国成立70周年に際して、日中両国の先人たちの努力を忘れずに、両国が一衣帯水の隣国として手を繋ぎ、今後も共に発展していくことを祈る。

大久保 勲

（おおくぼ いさお）

福山大学名誉教授、日中協会顧問

1961年、東京外国語大学中国語科卒業。東京銀行（現・三菱UFJ銀行）入行。40年間のうち30年間、中国ビジネスに従事。1971年1月から3年間、日本日中覚書貿易事務所駐北京事務所随員、のち代表。北京には、合計3回、10年間勤務。東京銀行北京事務所長、中国部長、東京三菱銀行駐華総代表を歴任。2001年福山大学教授、経済学部長を経て、名誉教授。2010年より4年間、福山大学孔子学院長。2012年、“孔子学院先進個人”受賞。日中協会、中国研究所、日中関係学会、中国経済経営学会各顧問。

今年、中華人民共和国成立七十周年を迎えたたことを心からお祝い申し上げる。

私は、幸いにも日中国交正常化前の一九七一年一月から国交正常化後の一九七四年一月まで、北京にあった日本日中覚書貿易事務所駐北京事務所に勤務することができた。赴任に先立って、一九七〇年一〇月から、当時虎の門にあった日中覚書貿易事務所で、代表の岡崎嘉平太先生からご指導いただくことが出来た。

一九四九年一〇月一日に中華人民共和国成立してから、日本と中国は長期にわたり国交が無い状態が続いた。そうした中で、日中双方で多くの人たちが国交正常化のためにたいへん努力されたことを知った。その中に、松村謙三先生、高碕達之助先生、岡崎嘉平太先等がおられた。

一九七一年一月、私達は北京に赴任する前に、松村先生のご自宅にご挨拶に伺った。松村先生は、自民党代議士であったが、日本が中国との関係を正常化しない限り、アジアの平和も世界平和もあり得ぬ、という強い信念を持って努力しておられた。

一九六二年九月、訪中の際に行われた周総理と松村先生との会談で、日中両国はその政治体制は異なっていても、漸進かつ積み重ね方式で両国関係の正常化を図ろうという大前提のもとに、新しい貿易構想が合意された。ついで、同年一一月高碕達之助先生を団長とする訪中団が行って、実務協定の交渉が行われ、覚書が調印された。

この貿易案を、中国側とりわけ周恩来総理がたいへん歓迎され、周総理は廖承志先生を周総理の代理とされた。この貿易は廖承志、高碕のイニシアルをとってＬＴ貿易と呼ばれた。ＬＴ貿易は、後に覚書貿易のMemorandum TradeからＭＴ貿易と呼ばれた。

松村先生は一九七〇年まで、前後五回訪中された。一九七〇年の第五回訪中は車椅子で行かれた。出発に当たり、羽田空港で「私は歳はとりましても日中の正常化を進めていくという熱意は、誰にも負けません。日中関係の打開は、私の終生の念願です」と挨拶された。松村先生の元秘書で、自民党代議士だった田川誠一先生は、「八七歳の老人が三日がかりで、北京まで行くというこの気力には、命を懸けた執念というものがうかがえる」と記しておられる。松村先生は、日中国交正常化の実現を見ることなく、一九七一年八月、満八八歳で長逝された。

私達は、今日の日中関係があるのは、一九五〇年代から、松村先生等を含めて、多くの先人たちのご努力があったことを決して忘れてはならない。

私達の北京赴任に当たり、岡崎先生は、北京での最も大切な任務は、中国を見ること、知ることと言われた。岡崎先生は、「中国をいかに理解するかということは、特に日本にとって重大な問題である。中国に対していかに処するかの問題は日本にとって更に重大である」と言っておられた。

岡崎先生が、今から五十年近く前に言われたことが、まさに今の時代にも当てはまる。私は、岡崎先生に一九七〇年から一九八九年九月に突然、長逝されるまで薫陶を受けることが出来たことを心から幸せに思っている。

私は東京銀行（今の三菱ＵＦＪ銀行）職員だったので、銀行員として四十年間務めた中で、三十年間は中国と直接かかわり、合計十年間、北京に駐在した。貴重な経験をたくさんすることが出来た。一九七一年一〇月二五日の、中国の国連復帰が決まった日に、周総理にお会いした。日本政府は中国の国連復帰に反対していたわけで、大きな歴史の流れを理解することの大切さを肝に銘じた。一九七一年一二月二〇日に、周総理は岡崎先生を団長とする覚書代表団と会見した。その時、殆ど末席にいた私に周総理から声がかかり、周総理と直接対話することが出来た。スミソニアン多角的通貨調整直後だった。まだ国交正常化前だったが、周総理は、日中両国が米国の影響を避けることが出来るように、日本円と人民元で、両国間の貿易決済をし

1994年、人民大会堂にて。当時の朱鎔基副総理と筆者（左）

ようと提案された。周総理の度量の大きさに驚いた。これは翌年（一九七二年）八月、日中国交正常化前に実現した。

東銀は一九八〇年二月に、外国銀行として世界で最初の北京駐在員事務所を開設することが出来た。これは一九九五年七月の外国銀行として世界で最初の北京支店開設につながった。

一九七八年一二月二三日、上海で宝山製鉄所の起工式が行われた。寒風吹きすさぶ中での新日鉄稲山さんの中国へ協力しようという熱のこもったスピーチを聞いた。同日夜中に、東銀は中国銀行から二〇億ドルのシンジケート・ローン組成を依頼された。このローンは一九八五年に期限到来したため、再度契約した。日本の銀行六七行が参加したローンであった。中国の外国での起債も、最初に東京市場で行われた。一九八二年一〇月、宝山、大慶への資金協力総額三千億円のうち、七百億円の民間借款が調印された。

一九八九年七月、私は岡崎先生を訪問して、一時間ほどお話を伺った。その二か月後に突然、長逝された。一九九四年五月、東銀は米国のＪＰモルガン、ドイツのドレスナー銀行と組んで、発電所建設資金として、中国政府向け融資を行った。この時私は、いまＡＩＩＢ総裁として活躍しておられる金立群さんと、円滑な調印式実施のために協力し合った。

中国の国家指導者では、周総理のほかに、特に朱鎔基総理が印象に残っている。国家経済委員会副局長、上海市長、副総理、総理となるまで、何度もお会いする機会があり、名前も覚えていただくことが出来た。人民元切り下げ必至とみられていた時に、切り下げを断固回避された。

ちょうど四十年間務めた銀行を離れてから十三年間、大学教授として、学生たちに中国経済について教え、毎年夏休みには、学生を連れて中国に行った。中国に行った学生たちは例外なく中国が好きになった。二〇一〇年には、福山大学の孔子学院長として中国語を教え、学生だけでなく、社会人を含めて中国理解を深めていただけるように鋭意努めた。二〇一二年、〝孔子学院先進個人〟として表彰され、当時の劉延東国務委員から銀メダルを掛けていただいた。

中華人民共和国成立七十周年に際して、中国と一衣帯水の日本は、中国の現状を客観的かつ冷静に理解し、これから中国との関係をどのようにすべきか、改めて前向きに真剣に考えて対処しなければならない。そのことが日本の将来にとって極めて重要である。

中華人民共和国成立70周年に寄せて――――園生悠太

北京の月に想いを馳せて

僕は大学一年生の夏休みを中国で過ごし、留学生活の中で中国のスケールの大きさ、歴史の奥深さを感じた。そして日中交流会を通じて多くの友達を作り、かけがえのない時間を彼らとともに過ごした。

国際社会において中国の存在感が増しつつある今こそ、中国で学ぶ時なのだ。はるか昔、阿倍仲麻呂が長安でそうしたように、北京の空に浮かぶ月を見上げながら、僕はそう思った。

新中国成立70周年にあたり、今年20歳になる僕は、自ら「体験した中国」「感動した中国」を記録し、皆さまと共有するとともに、隣国の一青年として中華人民共和国成立70周年を心からお祝い申し上げる。

園生悠太

（そのお ゆうた）

1999年東京生まれ。幼い頃から世界を公平に見たいという思いが強く、16歳にしてアフリカ・中東などを一人旅、タンザニアでは1カ月間、教育ボランティアに従事した。そしてその経験を生かし「国際ボランティア大賞2016」でスピーチし、史上最年少で全国大会優勝。現在は慶應義塾大学経済学部2年生。2019年9月からは中国政府奨学金を得て清華大学（北京）に一年間留学する。

「明年再见吧！」

僕はそう言ってタクシーに乗り込んだ。みんな懸命に手を振ってくれている。僕もそれに応えて大きく手を振る。車が動き出した。たった一カ月ではあるが、すっかり見慣れた母校がみるみるうちに離れていく。

僕はこの夏、何を得ただろうか。これからどこに向かえばいいだろうか。窓から見える満月を眺めながらふと物思いにふけった。

中国に語学留学しようと決めたのは、大学一年生の四月だった。中国は世界第二位の経済大国であり、人口がとても多い。中国語を話せるようになれば将来きっと役に立つだろうし、自分も第二外国語は中国語を選んだ。そして何より、周りの友人達がみんな英語圏に留学する中で、敢えて中国語圏に留学をするのはカッコ良い。ただそれだけの単純な理由で、一年生の夏休みを中国で過ごすことに決めた。

しかし、いざ飛行機が北京国際空港に着いた時、僕は大きな不安に駆られたのを覚えている。よく考えたら、たった一カ月で中国語がモノになるはずはない。それならこの夏の経験は自分の将来にどのように役立つのだろうか。中国への語学留学よりももっと良い選択肢が他にあったのではないか。……しかし、来てしまったからには中国で充実した夏休みを過ごしたい。そんな思いだった。

空港から出ると、早速タクシーのおじさんに捕まった。「Where? Where?」「我想去北京語言大学。」「哦，你说汉语呢，真不错！」初めて中国語を喋った瞬間だった。結局その後、相当ぼったくられるわけだが（笑）、自分の中国語が通じたという喜びが大きかった。

大学に着き、留学生活が始まると、驚くほどあっという間に時が過ぎていった。中国に来るまで話したことすらなかった中国語は、日常会話ならほとんど問題のないレベルまで上達した。天安門広場や故宮、長城などの観光地を訪れては、中国のスケールの大きさ、歴史の奥深さを感じた。そして何より、日中交流会を通じて多くの友達を作り、時には遊び、時には歴史や文化に関して徹底的に議論し、かけがえのない時間を彼らとともに過ごした。彼らとは、来年長期留学をすることで北京で再会しようと誓うまでになった。

僕はこの夏、北京での留学生活を通して何を得ただろうか。もちろん中国語は上達したが、

留学で出会った仲間たちとの最後の晩餐

より重要なものがあった。それは、「中国と日本がいかに密接で、切っても切り離せない関係にあるか」を肌身で実感できたことである。お店は日本の商品で溢れているし、街中でＪ-ＰＯＰの曲を聞くこともしばしばある。

自分にとって中国は、「好き嫌い」という一元的な基準で判断しうるものではなく、まさに自分の一部でもある、ということが認識できた。同時に、来年必ず中国に長期留学し、より深く中国のことを理解したいと思うようになった。

日中関係の構築において留学生が果たした役割は計り知れないものがある。古くは遣隋使、遣唐使から始まり、日本が中国を手本に様々なものを学び文化を発展させたことは言うまでもないが、中国もまた留学生を通して日本から多くを学んできた。

　明治維新後、アジアでいち早く近代化を進めた日本には多くの中国人留学生が訪れ、東京で指導者孫文のもとに団結し、自国の旧体制を打ち破った。魯迅は日本で作家を志し、武者小路実篤などを始めとする日本からの影響を存分に受けつつ民衆の啓蒙に邁進した。

　留学生を通じて互いに学びあうこの関係は、両国に莫大な利益をもたらしてきたのだ。

　そして現在、日本が衰退していく一方で、中国は国際的なプレゼンスを益々強めている。この超大国と如何に友好的な関係が築けるかは、如何にこの国に寄り添えるかで決まる。しかし現状、中国のことを理解し、寄り添える人間は多くない。まさに今こそ、中国で学ぶ時なのだ。この切っても切り離せない、学び合いの関係の歴史の末端に今、自分がいるのだ。阿倍仲麻呂も唐の都長安で見たであろうこの月を、中華人民共和国の首都、北京から見上げながら、僕はそう思った。


　時は経ち、大学二年生になった。今年秋からは一年間、中国政府奨学金で清華大学に留学する。昨年出会った仲間と、新たに出会う仲間と、互いに切磋琢磨しながら知識を深める。そして将来、彼らと協力して素晴らしい世界を作り上げたい。そして日中両国は永遠の隣人であり、私たち、そして両国の永遠の幸せのために、先人から受け継いだこのバトンを、後世につなぐのだ。

新中国成立七十周年にあたり、今年二十歳になる僕は、自ら「体験した中国」「感動した中国」を記録し、皆さまと共有するとともに、隣国の一青年として中華人民共和国成立七十周年を心からお祝い申し上げる。

中華人民共和国成立70周年に寄せて——濱田美奈子

ことばと心

卓球台から始まった中日コミュニケーション

私が中国と関わるきっかけは、今から30年以上前の1985年、中国人の卓球選手団が強化試合のために我が家に長期滞在したことだった。

筆談から始まった選手団とのコミュニケーションで中国に興味を持ち、中国語の勉強を始めた私は、1993年に新聞社主催の海外遊学生に選ばれて中国に渡った。その時に出会った中国人の友人たちとは、今でも言語や文化を学ばせてもらっている仲である。

その後中国は香港返還となり、中国の発展もめざましく、私が訪れた時の中国はあっという間にひと昔前のものとなった。

今年、中華人民共和国成立70年の節目に、こうしてまた筆を取ることができることに感謝したい。

濱田美奈子
（はまだ みなこ）

1994年共立女子大学文芸学部芸術学専攻劇芸術コース卒業。同年RKB毎日放送株式会社入社、アナウンス部配属。2014～19年までNHKキャスターを務める。

2017年よりオフィス温声代表、フリーランスアナウンサー（森美奈子）。大学講師。ニュース、ナレーション（シャボン玉せっけんTVCMなど）、司会、講演会、企業研修、アナウンススクール講師、エグゼクティブのための話し方トレーニング、NHK高校放送コンテスト審査員など幅広く活動。

今から三十年以上前の一九八五年に、実家が経営する温泉旅館に中国人の団体客が長期滞在したことがあった。彼らは北京から来た卓球の選手団で、強化試合のために日本を訪れていた。当時中学生だった私にとって初めて出会う中国の人たちだった。旅館の遊技場には卓球台があった。温泉旅館の娘として育った私と二歳下の妹は、遊びの中で卓球を覚えた。運動が得意な妹は、中学で卓球部に入部したばかりで、毎晩のように父とラリーをしていた。様子を彼らが見に来たのがきっかけで妹に卓球を教えてくれることになった。困ったのは言語の違いだった。十数人の選手団の中で日本語を話せるのは、通訳兼コーチで訪れていた「きゅうさん」だけだった。だが、彼の日本語も中国語混じりだったため、私たちのコミュニケーションは筆談から始まった。「店主」の中国語発音を聴き取れず、家族総出で聞き返す。

「シャンプー?」

「電球?」

などと大騒ぎになり、紙に書いてもらうとすぐにわかる。

「店主!　お父さんに用があるんだね。」

と解決するわけだ。ほとんど通じないのにほんの少し通じることがこんなに楽しいのかと思った。そのうち私は、書店で中国語ハンドブックを購入して、本を見ながら中国語の真似事も始めた。彼らと交流した二週間ほどの体験がきっかけで、私は中国語を勉強するようになり、妹は卓球のインターハイで上位成績を収めるほど上達した。

いつか中国へ行ってみたいという思いが実現したのは、それから八年近く経った時だった。一九九三年に新聞社主催の海外遊学生という企画に応募し、六百人ほどの応募者の中から十人に選ばれた。百万円の予算内で行きたい国でしてみたいことを実現できるというものだった。わたしは行き先を中国に決めて、「京劇と歌舞伎の比較研究」をメインテーマに上海、蘇州、杭州、北京、天津、大連の六ヶ所を二週間で巡る旅を計画した。初めての海外旅行がひとり旅で、旅行費がタダという少し珍しい経験となった。上海は都会的で賑やかだった。連結バスの乗客の数に驚き、中国を感じた。蘇州や杭州はのどかな町並みだったが、観光客であふれていた。それぞれの土地での食事は興味深く、美味しく食べたが、田舎のトイレには戸惑った。仕切りや扉が簡素で、隣の人と目が合うこともあった。しかし二週間の滞在中に慣れてきた。北京は歴史的建造物を守りつつ、高層ビルが建設ラッシュで新旧混在していた。人と土地のエネルギーに私は魅了された。この遊学は、ひとり旅といっても通訳兼コーディネーターの兪蕾という女性がほとんどの行程に同行してくれた。彼女とは年齢も近かったこともあり、互いの国の若者ことばやお洒落についての話で意気投合した。雑技や京劇の団員の方へ取材できたのも、彼女の明るく和やかなサポートあってのことだ。彼女からは「今の中国」を感じた。中国の音楽やファッションにも興味が湧き、流行歌の入ったカセットテープやチャイナドレス、小物入れなどを自分用に買って帰った。

帰国後は、中国人留学生の友人も何人かできて、言語や文化を今でも学ばせてもらっている。遊学から五年経たぬうちに香港返還となり、上海の発展もめざましく、私が訪れた時の中国はあっという間にひと昔前のものとなった。就職、結婚、出産、子育てしながら仕事を言い訳に、しばらくのあい

ガイドの兪蕾さんとツーショット。
1993年3月、上海にて

だ中国語を勉強するのを休んでいた。

子ども達が成長し、自分の学びの時間を取ろうと中国語を学び直し始めてまもなく、昨年たまたま見つけたのが、日本僑報社主催、中華人民共和国駐日本国大使館など後援の第一回「忘れられない中国滞在エピソード」募集記事だった。二十五年ほど前の中国滞在経験を書くにあたり、久しぶりに思い出した上海や北京、大連などの景色は色あせることなく鮮明で、もう一度旅をしているような気持ちで楽しく書くことができた。今年、中華人民共和国成立七十周年の節目に、こうしてまた筆を取ることができることに感謝したい。

私の住む福岡は、ここ数年で特にアジアからの観光客が増えた。通勤バスの中で中国語が飛び交うことが日常となり、道を尋ねられた時には片言の中国語で親切心とお節介気質を出す。中国という国が近くなった。あとは私の語学力向上あるのみだ。若い頃に覚えた中国語は忘れていない。中国が好きでもっと知りたい好奇心いっぱいで、辞書を引きながら日記をつけたり、留学生の友人と中国語で会話したりして夢中で中国語を勉強していたからだと思う。二十数年の月日が経った今でも、お土産に買ったカセットテープの歌を口ずさむことができる。もう一度、あの時のような情熱を持って真剣に中国語を勉強してみよう。記憶力は衰えたかもしれないが、学ぶことの意味と中国の人達の魅力は、今の方が理解できていると思う。二回目の中国滞在は留学にする！という新たな目標を立てて、机いっぱいに参考書を広げて新たな気持ちで日々中国語を楽しく学んでいる。

中華人民共和国成立70周年に寄せて——片山早智子

南昌でのリレーション
生徒との出逢い

1972年9月に日中の国交が回復し、来日した二頭の愛らしいパンダの姿に日本中が沸き立ちました。そして私も、中国に関心を持つようになりました。

中国は大きな国です。治安も良くて皆さんとても親切です。言葉は通じなくても困っていると助けてくれます。中国は日本の文化を再発見できる貴重な体験があなたを待っています。これから中国に行かれる方、行きたいと考えているあなた、ほんの少し勇気を出してみては如何でしょうか。

新中国成立70周年を心よりお祝い申し上げるとともに、皆さんにも中国の発展をその目で見て、知っていただければと思います。

片山早智子

（かたやま さちこ）

1952年生まれ。1971年株式会社日立製作所四国営業所入社。1977年オージー技研株式会社高松営業所入社、2017年で定年退社し現在は主婦。

昭和四十七年九月に日中の国交が回復し、翌月十月に来日した二頭の愛らしいパンダの姿に日本中が沸き立ち、中国に関心を持つようになりました。近年、日本中どこへ行っても中国人観光客で溢れています。

私が中国に関心を抱いたきっかけですが、その前に私は十五年程前に起きた韓流ブームにハマって韓国語の勉強を始めました。思うように上達はしませんでしたが多少会話が成り立つようになり、平成二十九年に定年退職を機に韓国語のボランティアガイドとして栗林公園の観光案内をすることになりました。とは言っても多くの観光客は殆ど中国の方です。そこで中国語が少しでも話せて中国の方とコミュニケーションがとれたら、と考え国際交流会館のアイパルで中国語講座を受講することに決めました。

ある日、アイパルの廊下に「南昌市で日本語を三ヶ月教えてみませんか？」のポスターが目に留まりました。海外旅行はツアーでしか経験が無く、たった一人で中国に行くなんて……不安は日増しに募りましたが、たくさんの方からアドバイスを頂き、先ずビザの申請から始まって飛行機、ホテルの手配、保険の手続きなど進めて行くうちに気分はすっかり南昌へ飛んでいました。

平成三十年十月十一日ついに日本を出発する日が来ました。上海のホテルに一泊し翌日、南昌に到着しました。十月とはいえ残暑の厳しい夏のような季節にも拘わらず、ウールのコートの下にはカーディガンやセーターを目いっぱい着込んだ姿をみて怪しいと思ったのでしょう。税関の職員に検査をされ、私の足元を指して『テイクアウト！』と言います。テイクアウトと言えばピザのお持ち帰りしか思い浮かばない私は、え！　何ごと？　と思いましたがどうやら『テイクオフ』靴を脱げと言っているらしい……などのすったもんだがありましたが無事に中日友好会館に辿り着くことが出来ました。

滞在する会館は閑静な青山湖の畔にあります。湖を取り囲むように雑木林が続き、時折深い霧に包まれた青山湖は北海道の摩周湖に似て風光明媚なところです。青山湖は周囲が整備された遊歩道になっており一周の距離は甲子園の十三倍、約十kmあります。歩いて三時間程掛りますが滞在中、二周しました。遊歩道には季節の花が咲き誇った公園やギリシャ風の神殿が連なり一歩一景が楽しめます。夜の青山湖は昼間とは違い湖の回りをライトアップされた夜景が美しくまるで映画のワンシーンを眺めているようでした。日中友好会館はホテルのような造りで年数が経って古くはなっていますが立派な建物です。重厚感は今も健在です。会館の四階が宿泊の部屋になっており三階に専用キッチン一階に日本語教室などがあります。

今回の派遣の目的は高松市と友好都市の中国江西省南昌市で日本語を指導し両国の文化交流を図り大勢の中国の方々と接してお互いの国がより良い関係を築き理解を深めることです。

お互いの意思疎通はスマホで充分対応できました。日本語学習の授業は聞き取りと書き取りを中心に正しい日本語を理解し会話に繋げることを目標に指導しました。

受講者の学習目的はさまざまです。日本中国と日本の架け橋になりたい。日本のことをもっと知りたい。松本潤、小栗旬のファン、アニメのワンピースのファンで千年紀の映画を見た。日本の学校へ進学して日系企業で仕事がしたいなど全員、日本に興味があり夢を持っています。生徒もみんな熱心でスマ

日本語教室の生徒たちとの授業風景

ホで納得するまで質問し理解できるまで粘ります。

生徒が初めて日本語に触れ一生懸命頑張って文字を覚え、読書きができる喜びを素直に感謝してくれたことは教師冥利に尽きました。会話が成り立ってこれからという時に帰国することになり残念でしたがこの貴重な体験を今後、語学の指導に役立てたいと思います。

皆さんは中国ってどんな街だと思いますか？私は想像以上にダイナミックな街だと感じました。まさに生きているぞう~とパワーを感じます。人も多くて活気があり、昼も夜も元気です。住めば都でひとり暮らしを堪能しつつ南昌で知り合った方たちと食事やカラオケ、映画鑑賞、ショッピング等々楽しみました。門限は十時でしたが間に合わないことが何度かありました。今となっては楽しい想い出です。中国は歴史遺跡の宝庫です。チャンスがあれば世界遺産の万里の長城や兵馬俑のある西安等、中国各地をくまなく廻りたいです。

中国は大きな国です。治安も良くて皆さんとても親切です。言葉は通じなくても困っていると助けてくれます。中国は日本の文化を再発見できる貴重な体験があなたを待っています。これから中国に行かれる方、行きたいと考えているあなた、ほんの少し勇気を出してみては如何でしょうか。

新中国成立七十周年を心よりお祝い申し上げるとともに、皆さんにも中国の発展をその目で見て、知っていただければと思います。

倉重 拓

女性の就労意識の高さに驚かされる

家庭の様態から見る新中国の変化

新中国成立から70年の間に、経済が著しく発展し、国民の生活も豊かになっている。しかし、中国民衆の視点からすれば、この大変革の意義は経済成長だけではなく、女性の就労意識の高さもその象徴の一つではないだろうか。

筆者は瀋陽出身の女性と家庭を築くことで中国民衆の生活というものを身近に感じるようになるが、過去70年間における日中両国の民衆の歩みが根本的に異なることをより強く意識するようにもなった。

新中国成立後、夫婦ともに協力しながら家庭と仕事を両立するという中国民衆の生活モデルが徐々に確立されてきた。これは、新中国が成し遂げてきたもう一つの重要な成果だ。

倉重 拓

（くらしげ たく）

清華大学人文学院外文系講師

東京都多摩市出身。2005年、米国ミネソタ州立大学マンケート校国際関係学科卒業。一般財団法人ラヂオプレス（東京）などを経て、2013年に清華大学人文学院中文系中国現代文学専攻修士課程修了、2016年から清華大学人文学院外文系の講師を務める。主な研究分野は現代東アジア文学・思想。

中華人民共和国はこの秋、成立七十周年を迎える。七十年の間に中国人の生活様態がどのように変わっていったのか、隣人であるはずの日本人にはあまり知られていないようだ。日中両国間の往来が可能となって久しく、ビジネスを中心に緊密な関係を築いている今日、どうしてこのような問題が起き得るのか。恐らくそれは、日本人が中国人とともに感じ、考えながら生活するという環境がまだ十分に整っておらず、また中華人民共和国とともに中国の人々が歩んできたこの七十年を理解することが日本人にとってまだ不十分だからではないだろうか。

筆者は瀋陽出身の女性と家庭を築くことで中国民衆の生活というものを身近に感じるようになるが、過去七十年間における日中両国の民衆の歩みが根本的に異なることをより強く意識するようにもなった。以下、中国の家族との触れ合いを通して中国七十年の歩みについて感じたことを述べてみたい。

筆者は十年前に中国文学研究のため北京へ渡り、中国で家庭を築いてからは妻と一人娘、そして義父母と三世代ともに生活している。幼子を世話するために北京まで来てくれた義父母との三世代の同居生活はもう六年近くになる。共働きの我が家をずっと支えてきてくれた義父母には感謝してもしきれない。激動の七十年を生きた世代の強さと優しさに触れ、また民衆の視点から語られる興味深い話の数々を聞くことで、学問とは異なる教養のあり方を教えて頂いた。義父母の生まれは華北地方だが、中国工業の中心であった東北地方へと渡り、人生の大半を瀋陽で過ごしている。

機関士の養成学校を卒業した義母は、新中国成立後に教育を受け社会進出を果たした第一世代の女性である。義父と結婚し母親となった後も、工場の託児所に娘二人を預けながら仕事を続けていたという。筆者の妻もよく働くが、もちろんその分夫も積極的に家事に参加しなければならない。夫婦ともに協力しながら家庭と仕事を両立するという中国民衆の生活モデルが徐々に確立されてきたことがわかる。女性が出産後には家庭に専念せざるを得ないことがいまだに多い日本とは対照的かもしれない。何より義母から妻に継承されている女性の就労意識の高さに驚かされる。妻の収入が夫のそれを超えるのもよくある話だ。我が娘もいずれこうした中国人女性の伝統を受け継ぐのだろう。女性の労働力を解放した七十年前の「大変革」がなければ、中国社会における女性のあり方も現在とはまた違ったものになっていたのではないだろうか。

娘と妻、そして義母と冬の西安古城壁にて

常に明るく、絶えずに研究を重ねる義父の姿勢からも学ぶことが多い。エンジニアであった義父は教育を大変重視し、妻や義姉は子どものころ厳しい指導を受けたという。経済改革後に多くの工場が閉鎖されるという危機的状況において、なんと娘を二人とも大学へ進学させている。娘の教育に悩む一人の父親としての私は、敬意の念を抱かざるを得ない。当時、生活のために色々な仕事をされたそうだが、私が一番ひかれたのは放牧の話である。雑草だらけとなった工場の敷地に羊を放ち、その「羊乳」を売っていたそうだが、とても気持ちの良い仕事だったという。

中国経済が急速に発展しているにもかかわらず、義父母は豊かな生活に全く関心を示さず、素朴な生活を続けている。筆者が中国七十年の歩みの奥深さを感じる瞬間でもある。義父母の世代の人生を第三者が記述することは困難であり、また自分で書き残そうという意志を持つ方も少ないだろう。「オーラル・ヒストリー」を取り入れた研究も増えてきているが、こうした民衆の物語はやはり家庭を中心に語り継がれていくのではないだろうか。

義父母の世代の体験や価値観はその世代固有のものかもしれないが、新中国において培われながら、幅広い世代の人々によって共有されているものもある。たとえば素朴な愛国心、所謂「祖国愛」のようなものである。外国からの不当な干渉及び侵略にさらされてきた近代史の教訓に鑑み、領土や安全保障など国家の「主権」に関わる問題を中国では官民ともに極めて重視する傾向がある。二度と侵略されないような強い国を作る、こうした固い決意は義父母の世代から若い世代にまで受け継がれている。

義父母をはじめとする中国の家族は、日本人である筆者を家族の一員として快く受け入れてくれている。新中国成立七十周年を迎える中華人民共和国とともに歩んできた中国の家族に、本稿を捧げたい。

中華人民共和国成立70周年に寄せて――――笹川陽平

民間交流の拡大こそ相互理解の要

知日派、知中派の育成柱に30有余年

筆者は1985年、亡父・笹川良一が人民大会堂で最高実力者・鄧小平氏と会談した際、これに随行して中国を初めて訪問した。以来、何度も中国を訪問、国家主席を努めた楊尚昆、江沢民、胡錦濤各氏ら要人にもお会いした。以後、30有余年、日中間には様々な動きがあった。

日中関係改善が確かな流れとなるよう、「民」の立場から引き続き尽力したく考えている。

笹川陽平

（ささかわ ようへい）

日本財団会長

1939年1月8日生まれ。明治大学政治経済学部卒業。日本財団会長。ＷＨＯハンセン病制圧大使、ハンセン病人権啓発大使（日本政府）、ミャンマー国民和解担当日本政府代表など。法の支配賞（2014年）、ガンジー平和賞（2019年、いずれも日本人初）など受賞多数。著書に『残心』（幻冬舎）、『隣人・中国人に言っておきたいこと』（PHP研究所）、『愛する祖国へ』（産経新聞出版）、『My STRUGGLE against LEPROSY』、『No Matter Where the Journey Takes Me』、『二千年の歴史を鑑として』（日本僑報社）などがある。

筆者は一九八五年、亡父・笹川良一が人民大会堂で最高実力者・鄧小平氏と会談した際、これに随行して中国を初めて訪問した。以来、何度も中国を訪問、国家主席を努めた楊尚昆、江沢民、胡錦濤各氏ら要人にもお会いした。

以後、三十有余年、日中間には様々な動きがあった。印象に残る一つは一九八九年、当時G7と呼ばれた西側先進国が行った経済制裁との関係である。たまたま訪中した筆者に楊尚昆国家主席から制裁解除に向けた協力要請があり、帰国後、竹下登元首相に報告し、結局、翌年七月、米・ヒューストンで開かれたサミットで海部俊樹首相（当時）が各国に経済制裁の解除を提案する運びとなった。提案が了承され、日本は先頭を切って第三次円借款（八千百億円）を再開、これが、その後の中国の経済が順調に発展していく重要な動力となった。

中国の大学での講演などで紹介すると、初めて知る事実に驚きを隠さない学生も多い。世界第二位の経済大国になった現代中国にとって遠い過去の話かもしれない。日中国交正常化（一九七二年）から十数年を経た当時の中国は街に自転車に乗った黒っぽい服装の人々があふれ、ネオンや車があふれる現在からは想像できないくらい貧しかった。一方の日本側には国交回復に伴う中国ブーム、「中国の発展に協力したい」という熱気があった。

そうした中で日本財団も、笹川平和財団や東京財団、笹川保健財団、日本科学協会など姉妹財団と協力して多くの事業に取り組み、日中両国の友好、相互理解の促進に着実な成果を挙げてきたと自負している。

例えば文化大革命で崩壊した中国医療の再建、中国国民の健康と福祉の向上に向け一九八六年にスタートした日中笹川医学奨学金制度。日中医学協会から「一年に数名の奨学生を受け入れたい」と協力を求められ、十億を超す民が住む中国で五人や十人で効果を上げるのは難しいと考え、年百人とするよう逆提案、二十年間、毎年百人の奨学生を受け入れた。その後、中国の医療の発展に合わせて順次、制度を見直し、現在は年間三十人ながら、日本の大学で博士号の取得を目指す学位取得コースや双方による共同研究コースを中心にした質の高い奨学制度に発展している。

これまでに二千三百人を超す中国の医師や薬剤師、看護師らが日本の大学や大手病院、研究機関などで学び、卒業生からは大学教授や大手病院の院長など多彩な人材を輩出、ＯＢで作る「笹川医学奨学金進修生同学会」（本部・北京、趙群理事長）は、全国で三百三十九万人（二〇

2018年2月、佐官級交流再開について意見交換する中国人民解放軍中央軍事委員会国際軍事合作弁公室の胡昌明主任（右）と筆者

一八年版中国統計年鑑）に上る中国医学界の中でも質の高さが広く知られる存在となっている。

「笹川ヤングリーダー奨学基金」（Ｓｙｌｆｆ）が果たした役割も大きい。一九八七年、米・タフツ大学大学院に設けて以来、世界四四カ国六九大学に設置され、うち十大学、卒業生約一万六千人の半数を中国が占める。各大学に百万米ドルの基金を設け、その利子を活用して奨学金を運用する仕組みで、十大学に奨学金が設置された九〇年代前半は中国に奨学金制度も少なく、中国の学生が大学に進学する上で、この奨学金が果たした役割は大きかった。現在は世界に広がったネットワークの活躍が期待されている。

その一方、防衛部門の中堅幹部による異色の交流事業として注目されているのが二〇〇一年にスタートした「日中佐官級交流事業」。日本が尖閣諸島（中国名・釣魚島）を国有化した二〇一二年、いったん中止したが、昨年六年振りに再開、既に中国人民解放軍の佐官団が昨年春、自衛隊佐官団が昨年九月と今年四月、それぞれ相手国を訪問している。一九八九年、笹川平和財団に設けられた笹川日中友好基金と中国国際戦略学会が防衛省と中国中央軍事委員会国際軍事合作弁公室の協力を得て行うトラック一・五の事業で、これまでの参加人数は自衛隊佐官が百五十二人、中国人民解放軍が二百二十八人に上る。

戦争を最も嫌うのは、ひとたび争いが起きれば真っ先に現場に立つことになる軍人である。軍事交流には難問が多く、民間が入ってこそ可能になる。信頼関係が醸成され、すそ野が広がれば相互理解も進み、行き違いや誤解から無用な紛争が起きる事態を避けることも期待できる。筆者としては事業の先に、日中双方、あるいは第三国で大災害が発生した場合、互いが協力して被災地の支援活動を行うような時代が来ることを願っている。

また、日本科学協会が日本語を学ぶ中国の大学生に日本語書籍を贈る「図書寄贈事業」も年々拡大し、この二十年間に贈られた図書は計七十五大学、三百八十三万冊に上る。中国では五百を超す大学に日本語学科が設置され、六十二万五千人の学生が日本語を学んでいる。関連して行われる大学対抗日本知識大会も百校を超える大学が参加する中国教育界でも注目の行事に発展し、大会や関連の作文コンクールの優勝者らが招待旅行で来日した場合は、日本の大学生との交流も活発に行われている。

中国の指導者からはかつて「歴史を鑑とせよ」といった言葉が聞かれた。戦前の歴史に対し日本に反省を求める趣旨が含まれている。確かに日中間には戦前、不幸な歴史があった。しかし二千年の長い歴史で見れば、両国関係は世界の中でも稀な穏やかな関係であった。だから私は、この言葉をあえて「二千年の歴史を鑑として」と言い換え、そんな思いを込め、将来の日中関係を担う若手の人材育成を柱に各事業に取り組んできた。

六四五年の「大化」から数え二百四十八番目、初めて国書が典拠となった日本の新元号「令和」に対する中国の反応も、高い関心の一方で冷静である。中国のネットに詳しい知人によると、「令」という文字が持つ発音や意味合いから「令和」を論ずる書き込みが多く見られる反面、典拠を中国古典から国書に変えた点に対する批判や疑問はほとんど見られないという。

日本は中国から漢字を輸入し、独自に万葉仮名や片仮名を発展させた。近代には日本で作られた千語近い和製漢語が中国に逆輸入され中国社会に定着している。現在、日本人が使う常用漢字と中国で使われる簡体字は見た目にも大きく違うが、クールな元号論議を見ていると、若者を中心とした交流の中から新しい漢字文化が生まれてくる可能性さえ感じる。

二〇一八年に日本を訪れた中国人は過去最高の八百三十八万人、韓国を抜きトップとなった。中国を訪れた日本人もピーク時の四百万人に及ばないものの、一七年は二百六十八万人と確実に回復傾向にある。程永華・駐日中国大使の後任に決まった孔鉉佑外交部副部長は五月、北京で日本人記者団と会見、「日中関係は風雨を経験し、再び軌道に戻り、改善に向かっている」と語った。

隣国関係は微妙な問題も多く、政治の影響も受けやすい。そんな中で相互理解、友好を支えるのは民間交流であり、互いに相手を知る知日派、知中派の増加こそ、その力となる。日中関係改善が確かな流れとなるよう、「民」の立場から引き続き尽力したく考えている。

中華人民共和国成立70周年に寄せて――――中村紀子

私の人生に彩りを与えてくれた中国

私が見た中国の変化

1990年、私は留学生として北京の地を踏み、初めて「生きている」中国に出会った。その次に日本語教師として中国の地を踏んだのが2003年。わずか13年しか経っていないのに、中国の都市はすっかり様変わりしていた。その後14年間暮らす武漢で、私は日本で体験できなかった高度経済成長を実感することになる。

これからも日本と中国、過去と今をつなぎ合わせ、明るい未来を創っていく。

新中国成立70周年を迎えるにあたり、謹んでお祝いを申し上げるとともに、この時、この躍動する大地で、人生が送れるめぐり合わせに感謝したい。

中村紀子
（なかむら のりこ）

1990年、北京外国語学院に語学留学。大学卒業後、個別指導塾に就職するが、中国での生活を選び、日本語教師として、2003年湖北省武漢市の学校に赴任。2011年より勤務した中南財経政法大学では、中国人の日本語作文コンクールでの三年連続一等賞受賞など、指導した学生たちが数多く入賞している。2018年、湖南省長沙市で長沙中日文化交流会館を設立し、館長に就任。現在はネット日本語教育で活躍中。千葉県千葉市出身。

新中国成立七十周年を迎えるにあたり、謹んでお祝いを申し上げるとともに、この時、この躍動する大地で、人生が送れるめぐり合わせに感謝したい。

私が生まれたのは一九七〇年、「人類の進歩と調和」がテーマになった大阪万博の年である。一九七二年に日中の国交が回復し、友好の使者としてやってきたパンダのカンカンとランランに国中が沸いた。

物心がつき始める七八年に日中平和友好条約が結ばれた。難しいことはわからなかったが、その年に大ヒットしたジャッキー・チェンの映画「酔拳」と両親と出かけた中国物産展のお灸の香りはよくおぼえている。

自分は何者かと考え始める中学生時代。そこで出会ったのが、NHK人形劇「三国志」だった。考えてみれば、これがすべての始まりだったのかもしれない。前世は赤壁にいたと本気で考えるほど、私はこの壮大な国のドラマチックな話にすっかり魅了された。それ以来、悠久の歴史を誇る中国史に興味を持ち、大学での専攻は迷いなく東洋史を選択した。

一九八九年、中国は大きな動きを見せ、それに触発された私は、翌一九九〇年、留学生として初めて北京の地を踏むことになる。英雄が駆け巡る古の中国に憧れていた少女は、初めて、

「生きている」中国に出会った。

到着早々、王府井を歩いていると、突然、見知らぬ中国人に話しかけられた。「今、あなたがはいているジーンズを売って欲しい。替えのズボンは差し上げますから。」当時は中国語が全くわからず、一緒にいた日本人が訳してくれた言葉を聞いて、本当に驚いた。私がはいていたのはごく普通のジーンズである。ところが、周りをよく見てみると、ジーンズをはいているのは外国人だけだった。

その後も日本から持ってきたごく普通の服や小物は、好奇のまなざしで何度も見られ、欲しがられた。家にテレビやマイカーがあるだけで、歓声を上げられ、私は、まるで「未来から来た人間」のようだった。日本人であるだけですごいと言われ、日本では決して言われることのない「金持ち」という言葉を何度も言われた。これが国力なのだと初めて実感した。

当時、まだ何もかも未熟だった私には、この国にすでに高度経済成長期が到来していたことはわからなかったが、出会った中国の皆さんが本当に親切で、学生たちが使命感をもって学業に勤しんでいたことをしっかり胸に刻み、一年後に帰国した。

大学卒業後、世界史の教師になるはずだった私の人生は、日本を襲ったバブル崩壊によって大きく変わっていく。まるで初めから中国に戻ることが運命づけられていたかのように、三十三歳になった二〇〇三年、私は日本語教師として、また中国の地を踏んだ。

その時、赴任地、湖北省武漢への経由地として降り立ったのが上海だった。夜、黄浦江のバンドにでかけると、一九九〇年には姿かたちもなかった東方明珠塔が色鮮やかに輝いている。道には高級外車が何台も連なり、ネオンきらめく南京東路は銀座のようだった。

目を見張った。わずか十三年しか経っていないのである。九〇年代に入って、暗いニュースばかりの日本とは空気からして勢いが違う。薄橙色の電球と練炭のにおいがするあの中国はどこにもなかった。

そして、その後十四年間暮らす武漢で、私は日本で体験できなかった高度経済成長を実感することになる。二〇〇三年に降り立った武漢空港はとても小さく、当時はさすがに地方に来たのだという印象はぬぐえなかった。しかし、その小さな空港はそれから十五年後の二〇一八年までに二度もリニューアルし、成田空港が小さく思えるほどの巨大な空港へと変貌を遂げた。

街のいたるところに高層ビルが建てられ、高架橋がかけられていく。道路はショベルカーやドリルで大きな穴が開けられ、世界第三位の長さを誇る長江の下を潜って、地下鉄網がどんどん広がっていく。道路工事のため、路線バスは数カ月ごとに通る道を変え、同じ道でも、目にする風景はどんどん変わっていった。

街全体が夜となく昼となく工事中だった十年あまり、武漢は騒音と大渋滞が当たり前で、青空にもなかなか会えなかった。しかし、街自体からも、暮らしている住民からもこれからここは大きく発展するんだという期待と自信が感じられた。現実の不便さを上回るワクワク感、これが高度経済成長なのか。

人々の生活水準も急速に上がっていく。二〇〇三年当時、すでに私は未来から来た人間ではなかったが、それでも武漢ではまだ「都会から来た人」ぐらいの優越感はあった。それがあっという間に変わっていった。

携帯電話をもっている人がどんどん増えていく。私が気付いた二〇〇八年には、大学生ならみな自分のノートパソコンをもっていた。この時点で、私の優位性は完全になくなり、この街の「平均的な住民」となった。

そして、スマートフォンの登場が飛躍的発展に拍車をかけていく。中国でスマホが普及し始めたのは二〇一一年ごろだが、一カ月の給料を軽く超えるスマホを買い求めていく購買欲には

支えてくれるスタッフと共に（長沙中日文化交流会館にて）

驚いたものである。

スマホが普及し始めると、それにともなって、様々なサービスやソフトウェアが次々に登場してくる。買い物はネットで、知らないこともネットで質問、日本のドラマも音楽もネットから。街のレストランやデパートでは無料のＷｉ－Ｆｉが標準装備のように提供され、どこにいてもネットにつながっているのが当たり前になってきた。

ＩＴにおける情報の格差はそのまま生活に直結する。外国人で、その時すでに四十歳を超えていた私は、中国において「遅れている人間」になっていた。そんな私を助けてくれたのが、二〇一一年に赴任した中南財経政法大学で出会った張君恵さん（くんくん）だった。

昨年、七年勤めた大学を辞め、くんくんや教え子たちと新天地、湖南省長沙市で起業した。現在は新たな本拠地、長沙中日文化交流会館で、幅広い年齢層の日本語愛好家の皆さんと交流を深めながら、日本語教育の規範となるべく奮闘している。

古き良き中国に憧れた日本の少女は、九〇年の中国では未来からやってきた人間だった。その後、さまざまな出来事に一喜一憂しながら、中国内陸部の高度経済成長に負けじと人生の階段を駆け上がった。ＩＴの洗礼を受けるも、中国の若者の助けを借り、時代の波に乗っている。これからも日本と中国、過去と今をつなぎ合わせ、明るい未来を創っていく。五十歳を目前にした私の挑戦はこれからが本番だ。

最後になったが、私の人生に彩りを与え、これまで支えてくれた中国の皆様に心より御礼申し上げる。ありがとう。中国。あなたはきっとこれからも数々の感動を私に与えてくれることだろう。

中華人民共和国成立70周年に寄せて――――佐伯裕子

中国と共に歩んだ24年

今年の10月1日に、中華人民共和国は成立70周年を迎える。私は旅行で初めて中国を訪れて以来、その70年間の3分の1、人生の約半分という期間を中国で過ごし、中国の変化と発展を目の当たりにしてきた。

特に最近の10年間で、中国のIT、テクノロジーの進化は、私たちの想像を遥かに超越したレベルに達した。そして中国の人たちは、経済的にも精神的にも豊かになっていった。

今、新中国成立70周年をお祝い申し上げるとともに、私が24年の間に実際に肌で感じた中国の変化を伝え、今後のさらなる発展に期待したいと思う。

佐伯裕子

（さえき ゆうこ）

1993年京都女子短期大学卒業、1995年7月から1997年7月まで、北京第二外国語学院に語学留学をする。1997年8月～2012年2月まで、広東省の東莞と深圳の日系メーカーで現地採用として勤務。2012年3月より、広州正銘商務諮詢有限公司で、日系企業向けのコンサルタントと研修講師として活動する。

今年の一〇月一日に、中華人民共和国は成立七十周年を迎える。私が、初めて中国を旅行で訪れたのが、一九九三年の一一月、その次に留学のために渡航したのが、一九九五年八月だった。阪神淡路大震災から復興し始めた神戸の街並みを船上で眺めながら、神戸港から燕京号で天津へ旅立った。あの日から、留学、現地での就職、現在の中国企業と起業をし、二十四年が経過した。新中国成立以来七十年の三分の一、人生の約半分を中国で過ごしたことになる。私と中国との関わりは深く、私が二十四年間実際に肌で感じた中国の変化を伝えたいと思う。

一九九三年一一月に初めて足を踏み入れた地は、上海だった。人が多く街並みがグレーというのが第一印象だった。北京など六都市を周遊し、日本へ帰国したが、日本とは全く違う生活水準、文化、習慣に驚いたと同時に、非常に興味が湧いた。その興味を解明するために留学を二年間したが、学生という立場で、生活拠点が大学だったため、日本より物価が安い、シャワーのお湯が二十四時間出ない、電話をかけるのが不便くらいのことしか感じなかった。当時は、改革開放が始まっていたとはいえ、そんなことを知ることもなく、日本にはない不便さを楽しんでいたのである。中国人の学生は、本当に優秀で勤勉だった。日本に行ったこともないのに、流暢な日本語を話し、文章を書けば、私よりなんか使う単語が日本人らしくて驚愕した。

一九九七年七月に留学を終えたが、中国語を忘れることを恐れ、中国で就職し経験を積んだ方が良いと考え、日系企業が進出開始していた広東省まで、北京から汽車で四十八時間かけ、東莞市まで行き面接を受けた。プラスチックの成形工場の就職が決り、八月から工場勤務が始まった。いろいろとカルチャーショックの連続だったが、出稼ぎ労働者の背景（教育レベル・家族の経済状況）を知り、理解できるようになった。自分たちの家族が一番大切で、まずは自分たちが豊かになることが最優先だったのである。文句は言うが、この時代の出稼ぎ労働者は、本当に家族のために、よく働いた。

二〇〇二年くらいから、携帯電話が普及し始め、時代が動き始める。インフラが整備され、メールでのやり取りがスムーズにできるようになった。二〇〇四年頃から、特に深圳では、不動産ブームが始まり、二〇〇八年には、労働法、労働契約法が改正され、労働者の権利保護が整備され、出稼ぎ労働者と雇用者の立場が逆転したとまで言われたが、冷静に考えれば、当たり前のことである。この頃から、外資系企業で働いた社員が独立し、起業し社長になる者も出てきた。

最近の十年で、中国のＩＴ、テクノロジーの進化は、私たちの想像を遥かに超越したレベルに達し、日本より遥かに合理的で行動力がある。今やその技術は、世界中で認められているのである。中国のこの技術的革新については、誰もが周知していることであり、説明する必要はない。私が感じることは、技術の変化、発展もさることながら、中国人民の心・精神が間違いなく、豊かになっていることである。圧倒的多数の人々の心に余裕ができている。バスや電車の中で、ちょっとカバンが当たっただけで、謝罪するし、妊婦やお年寄りには席を譲る場面をよく見かけるようになった。会話で使う単語や話し方もソフトになったと感じる。先日、香港在住の知り合いが深圳に遊びに来て言った、「香港人より深圳の人の方が、余裕があるように感じる」と。

中国は、心技一体の国に、これから益々加速して

急速に整備される内陸のインフラ

いくだろう！　中国人の心の豊かさと知恵が、更なる化学反応を起こした時の爆発力を楽しみにしている。そして中国のますますの発展を楽しみにしている。

中華人民共和国成立70周年に寄せて――――阿部真之

鉄道の変遷から見る 中国の成長軌跡

中華人民共和国成立70周年にお祝い申し上げる。この中国では経済が顕著に成長している。改革開放後の鉄道の変遷はまさにこの経済の発展ぶりの一つの縮図だろう。

20年前は、蒸気機関車は地方でまだ現役だったが、2005年以降、政府の積極的な政策の下で鉄道高速化が急速に進み、営業路線が大幅に拡大している。2016年のデータでは1日当たりの運行本数は6000本以上、そのうち7割近くを高速列車が占めている。また、中国鉄道が開発した切符予約オンラインシステム「12306」の登場で、切符購入の手続きも劇的に効率的になっている。

鉄道事業の建設は国策の一つで、今後にもますます大規模な進展があるのではないかと確信している。

阿部真之

（あべ まさゆき）

中国鉄道ライター

埼玉県旧大宮市生まれの中国鉄道ライター。帝京大学卒業。中国鉄道の素晴らしさに魅入られ広州を拠点に中国鉄道活動を継続中。中国鉄道の国内列車の乗車距離は57万kmを越えており、その豊富な知識を活かした鉄道情報をメディアで紹介している。共著は『中国鉄道大全』（2011年10月出版、旅行人）。SNSでも最新の情報を発信し続けている。

中華人民共和国成立七十周年にお祝い申し上げる。この中国では経済が顕著に成長している。さまざまな交通手段が整備・確立されつつある。改革開放後の鉄道の変遷はまさにこの経済の発展ぶりの一つの縮図だろう。

日本でも度々取り上げられる中国鉄道は只今高度経済成長の真っ只中。営業距離は二〇一八年末の時点でアメリカに次ぐ世界第二位の一三・一万km。そのうち高速鉄道は二・九万kmとなっており、こちらは世界第一位となっている。さらに、二〇二〇年までに大都市のカバー率を八〇%まで引き上げ、二〇二五年までに鉄道営業距離を一七・五万kmまで延伸する計画だ。ここで二十世紀末期の二十年前から現在に至るまで列車の高速化と切符購入の二つの側面から振り返りながら、中国鉄道の成長の軌跡を探ってみたい。

在来線の速度アップからスタート

中国鉄道と言えば、煙をモクモク吐き出す蒸気機関車が緑色の客車をのんびり牽引するイメージが強い時期があった。確かに二十年前は、蒸気機関車は大幹線からこそ去ったものの地方に行けばバリバリ現役だったし、単線と非電化がまだまだ大部分を占めていたため、列車の平均速度も四八kmとお世辞にも速いとは言い難かった。

しかし、一九九七年四月一日に中国鉄道が実施した第一回目の大提速（速度アップ）を実施したことにより、中国鉄道の歴史が大きく動いた。

最初の提速では、列車の最高時速は一四〇km、平均速度は五四kmまで引き上げられた。また、夕方発車して翌朝到着する時刻を採用した当時一番速い快速列車が三九往復、快速の次に速い特快列車が二十往復設定された。これらの列車は、京哈線（北京～ハルビン）、京滬線（北京～上海）、京広線（北京～広州）で運行し、所要時間の短縮に貢献した。

これらの速度アップは、日本でいう新幹線や特急列車といった動力分散型車両を導入したわけではなく、客車を牽引する動力集中車両の機関車を活かしたものだった。

そして、二十年前の一九九九年は、前年一〇月に実施した第二回目の大提速のきっかけで、時速一四〇kmで走る列車の運行区間がぐっと増えた。また、同年より広東省の広州と深圳／香港間では時速二〇〇kmのスウェーデン産の高速列車が運行され、中国の鉄道高速化の最初の幕開けとなった。

中国では高速列車の復興号が今後の主力となっていく

拡大する営業路線

二十年前と比べると、中国鉄道の営業路線と列車本数は年を追う毎に増えている。二〇一六年のデータでは一日当たりの運行本数は六千本以上、そのうち七割近く占めるのが列車番号に頭文字のG、D、Cが付く高速列車だ。

中国鉄道の建設計画は毎年発表されているが、それ以外でも国策で大規模な建設計画が誕生することもある。

二〇〇四年一月には二〇二〇年までに路線営業距離を一二万kmまで建設する『中長期鉄路網計画』（二〇〇八年に修正）や二〇〇八年秋に起こったリーマンショック対策のカンフル剤として、鉄道インフラを中心とした中国政府の四兆元にも及ぶ景気刺激政策、二〇一六年には高速鉄道を南北に八本、東西に八本整備する「八縦八横」設定がまさにそうだ。

毎年の建設費は七千億元以上、鉄道建設計画は沿岸都市部ばかりでなく、新疆、四川、雲南、山西、江西、陝西、東北といった地方も含まれていたため、毎年三〇〇〇km以上の新線が開業している。新規開業と都市の密度が狭まるにつれて、混雑の緩和とより短時間での移動が実現しつつある。

高速鉄道を中心とした営業路線拡張により地方の都市と都市を結ぶ列車の切符供給の改善が進んだほか、地元民の足としてさらに利便性が増している。

さらに二〇一四年より中国がヨーロッパやアフリカに続く陸のシルクロードと海のシルクロードのルートに沿う周辺国家都市のインフラ整備と貿易促進を目的とした経済圏構想「一帯一路」計画が推し進められており、中央アジアやヨーロッパ各国と国際貨物列車を使ったコンテナ物流も盛んになりつつある。

オンライン予約システムがキャッシュレスを実現

昔の中国鉄道といえば切符を買うだけでもハードルが高い乗り物だった。切符販売窓口の前で一〜二時間待たされ、いざ順番が来ても窓口で「没有（ない）」と追い返されるのが当たり前の光景だった。そもそも切符のオンライン販売は実施しておらず、復路はもとより出発地でしか切符は買えなかった。

しかし、二〇一〇年一月に中国鉄道が開発した切符予約オンラインシステム、「１２３０６」の登場で切符購入手段が大幅に変わった。

このサイトは毎年アップデートされ、今では一カ月以内の国内列車の切符なら、一度に予約ができるようになったし、ネットのオンラインで個人情報が連動しているため、ＰＣやタブレット、スマートフォンアプリといったどのツールを使っても切符の予約ができるようになった。

支払いはアリババの支払いアプリの支付宝（アリペイ）やテンセントの支払いアプリの微信支付（ウィチャットペイ）、中国系銀行カードと連動する携帯電話番号を使った決済が行われている。駅の窓口で買うときも各銀行の銀聯カードや支付宝、微信支付で対応している。切符のキャンセルや列車変更も未発券ならＰＣやスマートフォン内でデータの変更ができるようになった。

さらに「12306」では、高速列車の切符を予約していれば、乗車する列車の食堂車や途中停車駅にあるレストランに対して、スマートフォンを使って料理の予約注文とデリバリーサービスができるようになり、食堂車やレストランも在庫管理がしやすくなった。

着々と進むチケットレス

「12306」のおかげで、切符の予約はスムーズになったが、駅や街中の切符代理販売所にて切符を発券しなければ列車には乗れない。その問題に対し、中国鉄道では二〇一九年より切符のチケットレスの実現を促進していくと発表していたが、一部の地域ではすでにチケットレスが進んでいる。

二〇一三年、中国鉄道は中国の各銀行と業務を提携した鉄道乗車カードの「中鉄銀通卡」を発行。沿岸都市を走る指定の高速列車が対象となり、このカードがあれば外国人でも自動改札を通過できる。

また、中国人が携帯する第二世代身分証にオンライン切符データーを読み込ませて自動改札で対応できるようにしている。今では三十三カ所の路線が対象となっている。

二〇一九年一月より広深線（広州と深圳間）を走る和諧号に限り、パスポートを含めた身分証認証と支付宝のミニプログラム広深城際掃碼通に対応した自動改札を設置。外国人でも利用できる。七月末より海南島をはじめ全国五カ所では、予約した切符データをスマートフォンの画面に表示させ、それを改札で見せれば発券なしでも高速列車に乗れるようになった。

これらのシステムがもっと普及すれば、予約データのみで乗車できる日も近い。

以上で述べたように、新中国成立七十周年、とりわけ改革開放以降、中国の鉄道は見事な成果を上げることができた。鉄道事業の建設は国策の一つで、今後にもますます大規模な進展があるのではないかと確信している。本稿をもって、新中国成立七十周年に捧げたい。

越智 優

中国の更なる飛躍に思いを馳せて

1949年に中華人民共和国が誕生し、今年で70周年を迎えた。この記念すべき節目の年にあたって、隣国の一人としてお祝い申し上げる。

初の訪中は大学4年、中国南方地方の一週間ツアー旅行であった。憧れの中国で過ごした一週間は見るもの全てが感動的だった。中国との縁はそれ以来ずっと続き、長年にわたる中国訪問を通して見た中国の変貌ぶり、そしてそのすごさに目を見張った。

中国が経済界を中心に世界をリードする大国として更に成長し、そして日中両国の平和的な友好関係が末永く続いていくよう、切に願っている。

越智 優

（おち まさし）

大学教員

1985年、国立千葉大学園芸学部園芸経済学科卒業（農学士）。全農6年、ソフトバンク株式会社25年勤務（その間、北京郵電大学に留学、日本語講師資格取得）のあと、千葉県言語専門学校にて日本語専任講師を2年務める。2018年9月より湖南大学において講師となる。

千葉市日中友好協会常任理事、日中の未来を考える会副代表、日本湖南友好使者、柔道三段。

一九四九年に中華人民共和国が誕生し、今年で七十周年を迎えた。この記念すべき節目の年にあたって、隣国の一人としてお祝い申し上げる。ここで現代中国の変貌について、私の個人的な交流及び中国への観察を踏まえながら述べてみよう。

まず、私個人と中国との関わりを振り返ってみる。一九七二年の日中国交正常化の年に私は小学校六年生であった。それまで中国の生の情報はテレビ・新聞でほとんど見ることはなかったのである。それが日中国交正常化に伴い、テレビは当時の中国の街並み、毛沢東初代主席、周恩来元首相の姿がしきりに映像に映し出された。小学校六年生だった私は、ワクワクしながらテレビの画面に引き込まれていった。それはなんていう感覚だろうか。言葉ではうまく言い表せないが、世界に日本人と同じ容貌をした民族が違う建物に住み、異なる衣服に包まれて生活しているということへの、なんとも不思議な感覚であり、中国に強い好奇心を抱き始めたのであった。当時の私はより一層中国に近づこうとＮＨＫテレビ中国語講座を視聴し、香港から来た中国人歌手にもテレビで夢中になった。

そして私にとって初の訪中は大学四年次まで待つことになるが、それは香港、深圳、広州、桂林、昆明といった中国南方地方の一週間ツアー旅行であった。私にとって初の海外旅行であり、それが憧れの中国であったことから、一週間は夢うつつで見るもの食べるものが全て感動的な旅行であった。ただツアー終了後の春休み明けには大学卒業、既に内定していた東京の大手民間団体に就職した。毎日毎日ハードで厳しい仕事が待ち受けており、その後は、流れ作業のように自身の結婚、また私たち夫婦に子どももでき一九九〇年代半ばまで、中国と私の関係にはほんの少しの空白期間ができていた。

それが、一九九三年、会社である業績トップ賞を取得した私は、その報奨金と休暇をいただき、北京出張が実現できた。これは約十年ぶり二回目の訪中となり、私の中国熱は当然の如く再燃してしまった。二泊三日の出張帰国後、年齢的に最後のチャンスであろうと思い、中国語学習開始を決意した。年齢遅くではあったが、私は会社近くの語学学校の早朝クラスで本格的に中国語学習を始めた。そして仕事の無い週末には東京、千葉で日中交流活動に参加、あるいは自ら日中交流イベントの企画を行い、日本に居る中国人留学生・会社員との交流を進めていった。加えて中国人留学生への支援活動を積極的に行った。また二〇〇一年~二〇〇二年にかけて九か月ではあるが、会社を留学休職して家族で北京の大学に語学留学の経験も持った。このような草の根交流活動は、昨年までの二十四年間にわたるものであった。

しかし上述した私の中国にかける興味や、日中交流、中国人留学生への支援は、あくまで仕事の合間に行う趣味の範囲を出なかった。この趣味の領域を打ち破った契機は以下の通りである。私には二人の息子がいるが、下の子も就職してしまった二〇一六年を機に、妻も正式に仕事を始め扶養を抜けて私の扶養義務家族はいなくなった。それまで勤務していた大手ＩＴ企業を退職して地元の船橋市日本語学校の専任講師になった。これは、私の最終的な夢であった中国の大学教師となることの準備として必要な条件（二年間の日本語教育経験）を満たすための、計画的な転職であった。まだ定年には五年の年月があったが、思い切って転職した。転職をこの時期より遅らすと中国での就労の夢は遠のいたであろう。そして日本語学校

筆者が現在、教鞭をとっている湖南大学石碑前

での二年の教師経験終了を待つや、すぐに昨年九月より中国湖南大学の講師となった。夢であった中国での教職が実現したのである。

今では既に中国で講師としての就労後八か月が過ぎたが、現代中国、ましてや内陸部の都市での生活を通し、中国の成長ぶりを肌で実感できた。中国への旅行訪問は一九九三年二回目の訪中以来、一週間の短期ではあるが年に一～数回行っていたので、初訪問の一九八四年のときと比べ深圳を筆頭に、地方都市の変貌ぶりを見ることができた。そしてそのすごさに目を見張る。湖南大学に来てからの「陶宝」、「京东」などの通販、及び「微信」、「支付宝」でのキャッシュレス支払いなどのＩＴの進歩は日本を大きく上回っている。内陸部でさえ多くの地方都市では東京よりも高い高層住宅群が林立している。

中国は将来の続く十年後には、経済界を中心に世界をリードする大国として更に成長してゆくことは間違いないと思われる。その歴史を鑑みれば、中華人民共和国成立から七十年経ったこの現代の発展ぶりは、私にとっては何らおかしなことではない。

私は現在、この中国内陸部にある湖南大学で中国の大学院生、学部生に、ビジネス日中翻訳、日本語古典文法、日本史などを教えている。好奇心旺盛な学習意欲の高い学生たちにも恵まれて、この今の自分の仕事に誇りを持ち、中国隣国の日本人の一人として日中両国の相互理解の一助となれるよう、また日中の懸け橋となる人材を育成していくよう引き続き努力してゆきたい。

新中国成立七十周年の今年が、私にとっても節目の年であることに大きな喜びを感じると共に自分の使命感もはっきりとしてきた。著しい成長を成し遂げている中国の隣国人として再びお祝いの言葉を申し上げるとともに更なる発展を期待している。そして日中両国の平和的な友好関係が末永く続いていくよう、切に願っている。

中華人民共和国成立70周年に寄せて――三津木俊幸

先人の歩んだ足跡を尊び、その恩恵に感謝

今年は新中国成立70周年、心よりお祝いを申し上げたい。

日中関係の仕事をしてきた一人として、1949年から70年間にわたる中国の著しい成長に感無量の思いである。1989年に鄧穎超先生に会ったこと、特に「ただの『為人民服務』でなく『全心全意 為人民服務』でなければいけません」という言葉は、今でも遺言のように、耳朶に残っている。

私個人の体験を書き残すことで、皆さまにとって、中国への理解の一助となれば幸いである。

三津木俊幸

（みつぎ としゆき）

1937年生まれ。中央大学法学部政治学科夜間部卒業後、1956年三越百貨店勤務。1967年公明党衆議院議員秘書、創価学会本部勤務。広報室長、副会長を経て、1995年国際室長、現参議。1990年北京大学日本研究中心客員研究員（終身）。2010年南開大学周恩来、池田大作研究会顧問。

また、1981年から中国担当として、池田名誉会長に随行して訪中4回。その他も含めると訪中回数は約70回に及ぶ。

私は中央大学に入学、第二外国語の選択の折に、中国語を選んだ。最初の中国語の授業は「数」、「您好」、「再見」、「謝謝」だった。

大学を卒業し、三越百貨店に十一年間勤務した後、縁あって創価学会本部勤務となり、渉外局として外部との交流を担当することになった。今は亡き山崎尚見副会長からの推薦で、池田大作名誉会長の面接を受け、一九八一年から、創価学会の中国担当となった。私は最初、中国のことは何も知らないのでとお断りをして、上司の山崎副会長に厳しく指導され、「分からないことがあればなんでも聞け」と言われ激励されたが、全部分からないところから始まった。

一九八九年、新中国成立四十周年記念の御祝として「周恩来総理と鄧穎超夫妻」の等身大の日本画を十一月に池田先生の代理として持参した時のことである。

出発前に池田先生から「鄧穎超先生はお体の状況があまり良くないと聞いているので、絵をお届けしたら、すぐに帰って来るように、お会いする必要は無い」との指導であり、空港から、西花庁のお住まいに絵が届けられたことを確認し、先生からの伝言を伝え、帰国しようとしたところ、秘書の趙煒さんから、「池田先生のお使いの方に鄧穎超が会わないでお帰しするわけ

鄧穎超先生と会見。1989年11月2日中南海西花庁にて

にはいかないので、代理の方にお会いしたい」との連絡があり、池田先生に指示を受けたところ「そうか、それでは、折角ですから体調を考え十五分だけお会いするように」とのことから、西花庁の応接間で代表三人が会見した。通訳を入れて十五分の時間内で池田先生の伝言を含めの挨拶をまとめ、おいとまの挨拶をしようとした。すると、秘書の趙煒さんが、何度も両手を大きく広げる仕草をされ、通訳の洲崎さんに小声でどういう意味かを聞いたところ「話しを伸ばしなさいとの意と思いますので少し話を伸ばして下さい。」

途端に私の頭は真白になり、予定外に何を話せばいいのか狼狽したが、突差に以下の言葉が口をついた。「私達は日本での活動の中で、『会員に奉仕せよ』と指導され心に留めています。中国の指導者が『為人民服務』の赤い胸章を付けられている。わたしは、この胸章の意味と『会員に奉仕せよ』は同じ意味と思うので好きです。」と話すと、鄧先生は笑顔で「それは大切なことですがもっと大切なことがあります。それはただの『為人民服務』でなく『全心全意 為人民服務』でなければいけません」。伺った時の感動は今でも遺言のように、耳朶に残っている。新中国成立四十周年の忘れえぬ思い出である。

一九九〇年五月の池田先生を団長とする創価学会幹部代表団が訪中することが決まった。北京空港はがらがら。江沢民主席、李鵬首相が相次いで会見となった。

後年、孫平化中日友好協会会長は「私が中国の対日責任者で嬉しかったことが二つある」と私に語ってくれた。一つ目は一九七二年の、国交回復の周総理と田中角栄の調印の時。二つ目は一九九〇年の中国が困っていた時の池田先生の三百人の訪中。更に黄世明中日友好協会副会長は「三百人の訪中に中国の言葉を使い「疾風に勁草を知る」と表現でよろこんでくれた。いまは、孫平化先生、黄世明先生は他界されたが、対日関係での友好交流には忘れてはならない方々である。

私は、中国を担当してから、池田先生の訪中十回中四回を副秘書長、秘書長として随行、又池田名誉会長の代理を含め訪中七十数回、多く善意の友人に巡り合い幸せの時代を過ごせたことに感謝する。

申すまでもなく、中国は一衣帯水の隣国と言われ、日本の多くの文化は中国から学んだものである。漢字、陶器、作物、芸術、歴史文化、日常の生活文化等々、数え上げればきりがない。

中国の諺に「先人は木を植え、後人は木陰で休む」ともある。

先人の歩んだ足跡を尊び、その恩恵に感謝し、次の八十年、九十年に向かう。その前途には喜怒哀楽の時代があるかもしれないが、その時は両国の先人の歴史を紐解き、相手の立場を考えるゆとりのある関係を望むことが理解を生むことにつながるものと確信する。

中華人民共和国成立70周年に寄せて――――石子 順

新中国誕生の感激の瞬間は今でも私の身体に生きている

「1949年10月1日」この日、長春にいた

1949年10月1日――中華人民共和国成立の日、私は長春にいた。

「みなさん！ 明日は10月1日です。明日はなんの日か知っていますか？」9月30日の授業が終わる時、クラス担任の王先生がいった。「明日は、中華人民共和国の誕生日。…、君たちが10年たっても、いや大人になっても忘れない素晴らしい一日になると先生は思います。」

その後、中国が生まれ変わった。学校に行けなかった子どもが学校に入って生き生きとしている。新しい中国の子どもたちなのだ。やがて彼らがこの国を支えていくのだ。この日の新中国誕生の感激の瞬間は今でも私の身体に生きている。

石子 順

（いしこ じゅん）

日本中国友好協会副会長
日本漫画家協会理事

1935年京都市生まれ。1953年に中国・長春から帰国。1961年東洋大学文学部中国哲学文学科卒業。1963年から中国映画字幕入れと映画評論執筆を始め、1967年手塚治虫の影響で漫画研究の道に入る。1995年ちばてつや、森田拳次たちと中国引き揚げ漫画家の会を結成。2002年共著「中国からの引揚げ 少年たちの記憶」で文化庁メディア芸術祭特別賞受賞。2006年に和光大学教授定年退職後、現在は日本中国友好協会副会長、日中友好協会東京都連合会会長、日本漫画家協会理事。

著書に「日本の侵略 中国の抵抗 漫画に見る日中戦争」（大月書店）、「漫画詩人・手塚治虫」（新日本出版社）、「日本漫画史」（社会思想社）、「中国映画の散歩」（日中出版）、「中国映画の明星」「中国映画の明星　女優篇」（平凡社）、「漫画は戦争を忘れない」（新日本出版社）など。

一九四九年一〇月一日、この日、私は長春にいた。

九月三〇日の授業が終わる時、「みなさん！　明日は一〇月一日です。明日はなんの日か知っていますか？」とクラス担任の王先生がいった。先生の声がはりきっている。「明日は、中華人民共和国の誕生日です。労働者、農民、兵士たちがたたかってソ連についで世界で二番目の働くものが主人公の国が生まれる日です。地主や資本家たちの搾取と圧迫の古い中国は消えました。貧乏人がお腹を空かせることがなくなり、食べることができて、子どもが学校にも行けるような新しい中国が誕生します。」私は十四歳だった。一九四八年一〇月に長春が解放され、銀行が改装されて長春西安路完全小学校が開校した。私はここの二年生だった。

「明日は祝日だから、学校はお休みです。長春も東北も都会も田舎も中国じゅうが喜びにあふれるでしょう。休みだからといっても家にいるだけではダメだよ。友だちと誘いあって街に出て、パレードを見て、みんなでお祝いをしましょう。君たちが十年たっても、いや大人になっても忘れない素晴らしい一日になると先生は思います。それでは今日はこれまで。再見！」

中国語を勉強するためにこの四月に一年生に入学した。国語の第一課で「一個人、両只手、左手、右手」といった文字をまず学んだが、算数ができるということで五月に二年生に進級した。解放後、これまで貧しくて働かなくてはならなくて学校に行けなかった労働者や農民の子が入学できるようになったから、十代の少年少女も一年生や二年生にいた。

興安橋を渡って西から来る同級生の張治忠や、左腕がないがビー玉遊びの名手の（私もよくビー玉を取られた）劉善たちは農村の子で頑丈そうだった。黒い人民帽をきちんとかぶり黒い人民服の胡宝来は先生と同じくらい背丈が大きいが母親がいなかった。男の子みたいに髪の毛を刈り上げにした美少女の田培琦は父が工場労働者だったので学校に来られて嬉しいようだ。休み時間にはいつも本を読んでいる。ある時、「三国志」を読んでいたので、次の日、私は吉川英治の「三国志」を見せた。日本にも「三国志」があるのを知って興味を持ってくれたが、漢字と漢字の間にあるひらがな文字を中国語で説明するのに困った。

一〇月一日になった。

王先生たちは集合して、新中国成立祝賀大会に参加しているのかも知れない。だが小学生は自由参加なのだ。どこに集まってどのように列を組んで会場に行くといったことは知らされていなかった。何時から何が始まるもわからない。上級生たちには何か連絡があったのだろうか。とにかく、昼すぎてから、学校に行ってみた。校庭に初めて見る赤い旗がひるがえっていた。

2013年10月、長春の東北師範大学で（右から３人目）

大きな黄色い星を囲むようにして小さな星が四つが並んでいる。これが五星紅旗だとはあとで知った。張治忠や劉善たちも校庭に来た。

以前には興安大路といった西安大路は路面電車の通りだ。学校の前を走る電車は、花電車みたいに飾られていて「慶祝国慶節」とか「中華人民共和国万歳」といった文字が車体に描かれている。祝賀ムードをふりまいて華やかに通り過ぎる。「スターリン大街か広場に行ってみるか」「北京と同じ時間に長春のパレードも始まるらしいよ」胡宝来、田培埼たちが加わった。電車に乗らないで歩いた。歩道は人であふれていた。親子連れがいる。手をつないだり、背負ったりしてにぎやかだ。職場の仲間たちなのか若者が元気よくしゃべって歩く。老人同士もいる。

私たちのような子どもだけのグループもいる。みんな、スターリン大街の方へ向かっている。

「急ごうぜ」「長春にはこんなにいっぱい人がいるんだな」パレードは何時から始まるのかわからないからあせった。人びとの間をすりぬけるようにして小走りに進んだ。昔、大同大街といわれ、国民党時代の昨年までは蔣介石の字（あざ名）をつけた中正大街といわれ、解放後はスターリン大街となった長春で一番幅が広くて長春駅から南湖までまっすぐ北から南につきぬけている大通りに出た。歩道にはもう人垣ができている。パレードに参加しない一般の人たちが並んでいる。私たちは西安大路を西から東にむかって歩いてきたわけだ。そしてこの大通りにぶつかった。警官の交通規制があって広場の方向には入れない。駅寄りの空いている所を「はぐれるなよ」「こっちがいいぞ」などといいつつ、手をつないで探す。人ごみを縫ってやっと昔の百貨店三中井に近いあたりにスキ間を見つけて立った。「様子を見てくるぜ」と素ばしっこい張治忠が姿を消した。しばらくして人垣のなかからあらわれた。そのつかんだ情報によると北京では三時に毛沢東主席が天安門上から世界に向かって中華人民共和国成立宣言をする。そのあと天安広場で三十万人の大閲兵が始まるそうだ。わが長春もこの時間にあわせてパレードになるらしい。

そしてその時間が来た。パレードは華々しかった。

振り返ると七十年前に中国が誕生したその日を長春で体験した感動がよみがえる。走馬燈のように頭の中をぐるぐるまわり進み抜けていく。長春を解放した解放軍の隊列が威風堂々一糸乱れず歩調をとり、眼前を行進していった。ほぼ一年前の一〇月一九日に興安橋を渡って興安大路に入ってきたのはこの兵隊たちだ。国民党六十軍が武装蜂起したので戦闘はなく長春は無血入城だった。彼らの姿を見た。長春解放後しばらくして解放軍のトラックが住宅街にあらわれ、飢えた我々に食糧を配給してくれたことを思い出す。トラックの上から女兵士が「何人家族?」と聞いて小バケツで粟をすくってその人数分を米袋に入れてくれた。女兵士がたくましくて美しかった。

続いて長春の治安の守り手、公安部隊の行進だ。そして世界革命の指導者たちの大肖像画を先頭に労働者の行進が続く。長春にある工場や行政機関の人たちの作ったさまざまな山車が動いて来る。太鼓連打で元気よく進んでいった。鉄道労働者隊の紺色制服もきりっとしてカッコよかった。電信電話関係者の工夫をこらした大きな電話機の行進がおもしろかった。紡績工場の女子労働者のパレードが花のように華やかだった。飢える心配はなくなり働く喜びにあふれている。このスターリン大街も一年ほど前には飢えていて人影はなかった。食糧封鎖で飢えに耐えながら、毎日、大車に乗って南湖まで食べ物確保のため父とこの大通りを通ったことが浮かんでくる。何十万人も死んだといわれている。友人が何人も亡くなった。躍動するパレードを見ていて生きているという幸せ感が……。

ふと我にかえると、長春近郊の農民たちの行進だった。張治忠が「おいらの村近くのものたちだよ」という。赤や青、色とりどりの長い布を腰に巻いてその先を両手に持ちそれをふって、どんちゃんどんちゃんと男も女もお祭り気分で踊っていく。三歩進んで一歩後退のくり返しだがこれが調子よく伝わって手足がひとりでに踊り出すような陽気さ。「これなんていうの？」と聞けば、「ヤンガーだよ、秧歌っていって農民踊りだ」田培埼が「延安の八路軍文工団あたりから始めたっていうことよ」張治忠が「おれも踊れるさ、こんな具合に」とやってみせる。パレードを見ながらヤンガーを真似してみる。パレードがまだまだ続くようだが夕闇に染まっていくような時間になった。子どもだから「回家吧（うちに帰ろう）」となって賑やかな大通りから離れた。歩こう。で、ヤンガーの足どりを真似しつつみんなと家路についた。さよならする時は握手しあって別れた。

中国が生まれ変わった。学校に行けなかった貧乏人の子どもが学校に入ることができて生き生きしている。新しい中国の子どもたちなんだ。やがて彼らがこの国を支えていくのだ。王先生が忘れられない一日になるだろうとおっしゃった言葉が実感となった。私はこの年の一二月に長春民主日本人完全小学校が創立されて六年生に転入した。彼らとは別れることになった。五一年に南嶺にある市立初級第二中学校を卒業して衛生機関で働いた。五三年九月に塘沽から引揚船高砂丸で日本に帰国した。

それから五十年以上、日中友好運動を続け、中国映画字幕翻訳、中国映画の紹介をしてきたのは、この手に小学校の学友と握りあった手の温もりが残っているからだろう。

一九九八年に見た中国映画「追憶の上海」のラストシーンで解放軍兵士姿のレスリー・チャンが秧歌を踊るのが突然画面に出た。涙が吹き出た。一緒に見ていた妻が「夜道で時々踊るのはあれだったのね。やっとわかったわ」といった。

一九四九年一〇月一日、この日の新中国誕生の感激の瞬間は七十年を経た今でも私の身体に生きている。

中華人民共和国成立70周年に寄せて——福田裕一

かけがえのない
中国の人びとのやさしさ

私がこの10年で見てきた中国は、目覚ましい発展を遂げてきた。高層マンションが立ち並び、地下鉄の路線数が増えている。キャッシュレス化が進み、スマホ1つで何でも支払いができる。その変化の速さに戸惑うこともしばしばあるが、中国の人びとの友好的な心とやさしさは今も昔も変わらない。

近年、人的往来が大きく伸び、日中両国の交流や協力が進展している。新中国成立70周年という歴史の重みに比べれば、私が中国で過ごした10年という時間は本当に短いが、多くの学生に出会い、指導し、また各地を見聞し、様々な人と交流を重ねてきた。私の日中友好は現在進行形である。

福田裕一

（ふくだ ゆういち）

群馬県出身。現在、浙江省杭州市の浙江外国語学院に勤務。2008年8月末に中国へ赴任、2013年から杏林大学国際交流課に勤務、2014年9月に再び中国に渡る。日本僑報社主催、中華人民共和国駐日本国大使館など後援の第1回「忘れられない中国滞在エピソード」コンクール3等賞受賞。

二〇一九年五月一日、私は仲のいい教え子と共に深圳の街を歩いた。「改革開放四十年」の文字があちこちに見られた。昔は何もない漁村だったと聞く深圳だが、今や中国を代表するイノベーションの街である。五月の小連休にもかかわらず、オフィス街でも出前のバイクが忙しそうに走っていた。この街は休まないのだろうか。

また、六月二二日、別の教え子の結婚式に出席するため、中国最初の赴任地である安徽省蕪湖に行ってきた。高速鉄道は開通しているものの、杭州からは上海・南京経由となり、普通列車よりも時間がかかるので、今回は十年前によく利用していた普通列車の旅にしてみた。蕪湖に到着するまでいくつかの駅に停車したが、どこも高層マンションが立ち並んでいる。そして、蕪湖に着くなり、私は茫然とした。そこはすでに私がよく知っている蕪湖ではなかった。車がどこを走っているかわからないうちに学校に到着した。正門の向かいの空き地にはマンションが立ち並び、その風景を遮るようにモノレールの高架が建設中だった。当時は本当に何もなかった町で、週末といえば市街地の歩行者天国をぶらぶらするくらいしかなかった。だが、その歩行者天国も天気のいい週末だというのにどことなく閑散としていた。きっと様々なものができたので、人の流れも変わったのだろう。

深圳や蕪湖に限らず、私がこの十年で見てきた中国は、北京オリンピックや上海万博の開催など、目覚ましい発展を遂げてきた。地方都市にも高層マンションが立ち並び、大都市ではいつの間にか地下鉄の路線数が増えている。またキャッシュレス化が進み、スマホ一つで何でも支払いができる。私が住んでいる杭州では地下鉄も路線バスもスマホでQRコードをかざすだけで乗ることができる。私自身しばらく現金を使っていない。先日のニュースによると、全国で切符のペーパーレス化をさらに推進し、QRコードで列車に乗れるようになるらしい。

中国が目覚ましい発展を遂げる中で、その変化の速さに戸惑うこともしばしばある。とにかく速いのだ。変化が目まぐるしい。やっと慣れたと思うと、翌月にはまたカルチャーショックを受けたりもする。うまく柔軟な対応力が求められる。ただ、その表情を日々変えていく中国にあって変わらないものがある。それは、この十年間私を中国に留まらせているものであり、私の中国生活を支えてくれているものである。

この六月に結婚式に出席し、久しぶりに会った教え子たちと歓談し、また十年前と変わらない彼らの笑顔を見ていて思った。中国の人びとは親切で、おおらかで、懐が深い。中国の人びとはとてもやさしい。多くの中国人はとても友好的だ。これは教師と学生の関係だから言える

毎年行われている日中友好お花見の会（浙江大学日中未来・友好桜花林にて）

のではなく、私が中国語を勉強して、学生を伴わず一人で出かけるようになってから、様々な場所で出会った人たちにも同じことが言える。大連の焼肉屋のおばさんや水家湖のイチゴ農家のおじさん、新疆ツアーで一緒になった中国人一家もみんな学生と変わらないいい笑顔で接してくれた。二〇一二年に乗ったタクシーの運転手もそうだ。私が日本人だとわかったら「何かと大変だろう」と気遣ってくれた。どんな時でも私の周りの日中関係はずっと順調だった。意識しなくても日中友好の雰囲気にあふれている。

今回、教え子たちの顔を見ながら、日中友好について改めて考えてみたが、いい答えは出てこなかった。というのも、日中両国は一衣帯水の隣国で、古くから交流を盛んに行ってきた。私たちが友好的に交流を行うのは必然的なことで、特別な理由などいらない。歴史の教科書を開けば、阿倍仲麻呂は遣唐使として中国に渡り、唐の都長安で官職に就き、鑑真は戒律を伝えるために中国から日本へやってきたとある。古代より日本人は中国に学び、また近代になると、魯迅のように日本へ留学する中国人も見られるようになってきた。国家でも個人でも、このように日中の交流は古代より続いている。お互いを思い、大切にし、助け合い、認め合ってきた。日中両国の交流、友好というものは、古くから両国の人びとによって脈々と受け継がれてきていて、すでに私たちのＤＮＡにインプットされているのではないか。長い歴史の間に色々なことがあったが、お互いを思う気持ちは消えることなく日中両国の人びとは友好的な関係を求めた。むしろ、困難を乗り越えた現在の日中友好交流は以前の交流が発展したものと捉えることもできるだろう。

近年、人的往来が大きく伸び、日中両国の交流や協力が進展している。特に、日本を訪れる中国人観光客数の増加は顕著である。留学生も年々増えている。中国を訪れる日本人の数はまだ多いとはいえないが、古くから交流を重ねてきた隣国ということもあり、文化面では共通点が多くみられる。全国各地で特色あるおいしい料理も食べられる。また、日本で人気の「三国志」のゲームやアニメ「キングダム」は中国が舞台になっている。それらに関連する旧所名跡も中国各地に見られる。

初めて中国に赴任した頃は「日本語教師は異文化交流の最前線にいる」などと言われ、学生や同僚に正しく日本を理解してもらわなければならないという意識が強かった。現在は数多くの中国人が日本を訪れている。日本に対する理解が大きく進展した証拠である。だから今は、初めて中国に来た時のように、私は日本の人たちに中国を正しく理解してもらいたいという気持ちが強い。

実は、何となくやってきた中国であるが、もう十年もその中国と付き合っている。新中国成立七十周年という歴史の重みに比べると十年という時間は本当に短いが、多くの学生に出会い、指導し、また各地を見聞し、様々な人と交流を重ねてきた。私の日中友好は現在進行形である。それは古来続いてきた日中友好と同じように止まることはない。学生・教え子と楽しい生活を送りながら、その楽しさを日本の人たちに知ってもらい、その人たちの中に眠っている日中友好を目覚めさせたい。多くの日本人の日中友好が目を覚ました時、さらに大きく進展した交流が始まるだろう。かつての点の接触から線へ、そして面へと広がりを見せる日中交流が、どのように進展していくか、その当事者としても大変楽しみで、期待をしている。

中華人民共和国成立70周年に寄せて————比留間 晃

中華人民共和国の未来はきっとこうなる

　私は中国が好きな日本人医療従事者です。普段の生活で見たり聞いたり感じたり、また実際に経験したことをここに書き綴りたいと思っております。この体験談を皆様にご紹介させていただくとともに、中華人民共和国成立70周年をお祝い申し上げます。

　日本は中国から歴史上、たくさんの文化を学んできました。そして今後もアジアの隣人として学び、パートナーであり続けていければと願います。

　中華人民共和国成立100周年、つまり30年後、この文章を読んだとき、中国はアジア地域だけではなく、世界の中心国になっていると思います。

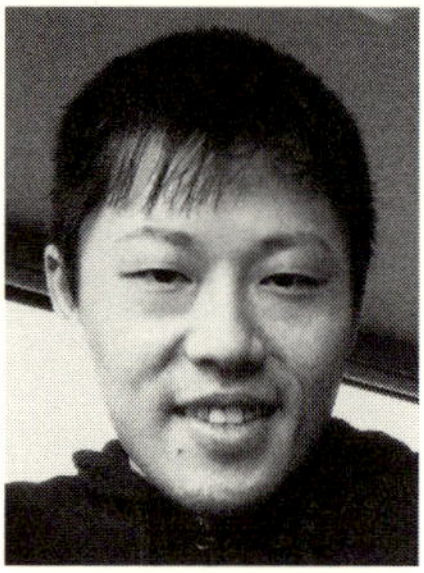

比留間 晃

（ひるま あきら）

看護師

1981年10月生まれ。看護師。九州大学卒業後、看護学校へ入り直し看護師を取得。その後高齢者施設にて看護師として就業中。

中華人民共和国成立七十周年を心よりお祝い申し上げます。

私は一人の名もない中国が好きな日本人です。普段の生活で見たり聞いたり感じたり、また実際に経験したことをここに書き綴りたいと思っております。

はじめに、率直に思うこととして、中国は何をするにも行動が早いです。次に、中国は変化してきたと感じることですが、以前は衣類や食品は安いから買うということが多かったですが、現在は値段だけで選ぶのではなく、品質もかなり良くなってきたと思います。これがいいと手に取ったらそれが中国で作られたものであったということは今まで何度もあります。品質や技術面だけでなく、デザインがいいものが多く、中には普段の生活では持っていなくてもそこまで困らない。しかし、デザインが良くて欲しくなる物もたくさんあります。今後も物づくりだけでなくＡＩや高速鉄道の分野では、中国が世界をけん引することになるはずです。特にＡＩ事業は国家プロジェクトであり、その規模が大きいのは当然のことと言えます。

自分自身が医療従事者ということもあり、今後一番注目したいのが中国のＡＩ技術が世界の医療分野にどのような変化をもたらすかです。

通院というのは大変なものですが、現在の中国では買い物の合間にＡＩの医師が診察をし、処方箋を出す、といった一日がかりのことをわずか数分で済ませてしまうということが現実にあると聞きました。しかも、この診察をデータとして蓄積しているということです。これを知った時、まさにあるべき姿を体現していると強く思いました。

技術面などの変化や発展だけでなく、人的な面も変化してきたと感じることがあります。前から思っていることですが、過去に比べて国家としてだけでなく、個人のレベルも上がってきていると感じております。以前は、日本へ来る観光客も集団で、言葉のやり取りをする時はお互い片言の英語や筆談ということが多かったですが、現在は親子三世代で日本に旅行に来て、英語だけでなく流暢な日本語を話せる人もいます。以前、中国から来た子供に謝謝と言ったら「どういたしまして。」と日本語で返ってきました。この時、私は驚いて目が点になりました。中国凄いと思った瞬間です。

アフリカ諸国の中国への信頼度は援助や開発を通して圧倒的です。中国は長い目で見て、将来を見据えて互いの平和や発展、信頼関係を築くことなど、素晴らしく努力していると思います。それは国家レベルでも個人同士でも同じことが言えます。

中国と日本は地理的にも近く、全部ではないですが、同じ文字を使っています。同じ単語で

医療とAI技術の融合について発表し、受賞しました。先を行く中国に追い付きたいとして本文中の内容も引用しました

も異なる意味の言葉も数多くありますが、それでも中国語と日本語の共通しているものは圧倒的に多いです。日本では中国語の勉強を取り入れている教育機関は本当に少ないですが、今後は増えると思います。なぜなら今後一番必要とされるからです。中文の簡書体は私たち日本人でも勉強しやすくてすぐに受け入れられます。これは日本にとって大きなメリットであると私は考えます。なぜなら、一度覚えたら中国と一番近くで寄り添うことができ、これからもパートナーとしてあり続けることができるからです。近い将来、アフリカの人たちと中国語でやり取りをする日も来ると本当に思っております。

日本は中国から歴史上、たくさんの文化を学びました。私自身も世界の先を行くＡＩ技術、医療技術、そして前述の行動力を見習って実行したいと思います。漢字も食文化も日本人は遺伝子レベルで中国から学んできました。

中華人民共和国成立百周年、つまり三十年後、この文章を読んだとき、中国はアジア地域だけではなく、世界の中心国になっていると思います。

袴着淳一

30年ぶりの大連

中華人民共和国成立70周年にあたり、お祝いを申し上げる。

僕はかつて母に連れられて大連を訪れたことがある。それから30年後、再び大連を訪れたとき、僕が覚えている中国とは全く違った近代的な中国が目の前に広がっていた。

僕が関連するファッション業界のみならず、肌で感じてきた中国の変化を皆さんと共有しつつ、ここに中華人民共和国成立70周年のお祝いを申し上げるとともに、全中国国民皆さまの努力と実行力に大きな拍手と尊敬の念を送らせていただきたい。

袴着淳一

（はかまき じゅんいち）

福岡県北九州市に生まれ、福岡市内西南学院高等学校卒業後に単身渡米、ニューヨーク市内パーソンズ美術大学卒業後、カルバン・クライン、サルバトーレ・フェラガモ、グッチ、ダナ・キャランでデザイナーとして勤めた後、パリにて独立。現在クリエーティブディレクターとしてフランスと日本と中国にて活動中。講師としては日本と中国にて活動中。去年から北橋市長の推薦により北九州市観光大使を務める。

中華人民共和国成立七十周年にあたり、お祝いを申し上げる。

僕と母二人で大連を訪れたのはもう三十年前のことだった。それから母はこの三十年以上、ボランティア活動として毎年二度ほど大連に入って服装の指導をしている。その為に三年ほど前には大連市政府より「星海友誼賞」もいただいた。

僕が母と一緒にボランティアのために初めて大連を訪ねた頃の思い出が脳裏によみがえってくる。大連の街はゴチャゴチャしていて至る所に自転車が置いてあった。男性はみんなダブルブレストのスーツを着て、ほとんどの背広はピエールカルダンだった。そして若い女性はみんな黒いストッキングを履いていて、片足が長くても関係なかった。大連空港は暗い格納庫のように感じたのを今でも覚えている。それらが大連の記憶だった。


今年、大連国際空港に降り立った瞬間、僕が覚えている中国とは全く違った近代的な中国が僕の目の前に広がっていた。空港自体が広々として、ちゃんと設備も整っており、二時間前に飛び立った福岡空港よりも数倍大きい。パスポート検査も指の指紋をスキャンする最新テクノロジーが駆使されていた。出口では母ともう三十年近く交流のある大連理工大学の日本語科教授が僕たちを迎えてくれた。その彼のアメリカ車に乗ってホテルへと進む。林先生が過ぎ行く町並みを説明してくれている間、僕は窓の外の車の大きさに驚いていた。殆ど全ての車は大型車でベンツ、アウディ、日産、トヨタ、ランドローバーなどの高級車ばかりだ。その車の向こうには超高層ビル群が立ち並び、通り過ぎる公園も全て綺麗に手入れされている。どこを見ても美しく、緻密な都市計画が実行されていることが顕著に見える。大連の姉妹都市である北九州よりも美しい近代都市に生まれ変わっていた。

その日の夕方、林先生がディナーへ招待してくれた。その夕食後に支払い方法を見て僕は未来を感じた。彼が携帯でQRコードをかざしただけで支払いは完了した。その速度は日本では考えられない速さだ。彼に聞いてみると「中国人の殆どは財布を持っていませんよ。なぜなら貨幣を持つ必要がもうありませんから」と当然のように答えた。その理由は必要なものはウィーチャットを使って携帯で支払えるからだ。それはどれだけ中国銀行が安定しており、信用があるかの裏づけでもある。

今回、僕が大連に入った理由は大連理工大学ファッション学院の生徒達にレクチャーをするためだった。その服装科は中国全土でも第五位に入るという名門校だ。僕は日本でも大学や専門学校で講義をしているので、生徒がどれほどの興味を持っていて、どれだけ真剣なのかは手を取るようにわかる。大連理工大学でレクチャーをしている間、学生の目の色が違うのに気付いた。みんなとても真剣に僕の話に聞き入っている。午後の講義は生徒のデザイン画を評価するために、僕は二十人の生徒の前に座った。先生の説明は「一番優秀な生徒を揃えたので、一人五分でクリティックをしてください」とのことだった。彼らはその五分という貴重な時間の大切さを知っているように自分の作品を説明して僕にどこが良くて、どこを改良すれば良いのかを聞き続ける。それは日本の生徒にはない執着心を感じた。そして僕の講義に参加できなかった残りの生徒達も優等生の後ろで少しでも学びたいと話を聞いている。僕はみんなに話している間、中国と日本の大きな違いに愕然とさせられていた。

大連理工大学キャンパス内にある毛沢東主席の前での記念撮影

その晩、服装学院の代表者である潘委員長からディナーに招待された。そのディナーの終わりには彼女から「ヨーロッパのビッグブランドで長年仕事をしてきたあなたに、次回はどのようにヨーロッパのブランドが無から有を創造するのかデザインのプロセスの集中実践講義をしてほしい。人と場所は私が集めます」と言われて合意の握手を求められた。そのアイディアの構築の速さと、まずはトライしてみようという行動力、そして彼女の決断力を肌で感じて、中国がこれほど速く発展した理由を見せつけられたような気がした。そして今から中国はこの速い決断力と行動力でアジアだけではなく、世界をリードしていくことがわかった。

ここに中華人民共和国成立七十周年のお祝いとともに、全中国国民皆さまの努力と実行力に大きな拍手と尊敬の念を送らせていただきたい。

中華人民共和国成立70周年に寄せて――――武吉次朗

文革から改革開放への180度大転換

私の体験と見聞を中心に

習近平総書記は昨年12月の改革開放40周年祝賀大会で、中国共産党の誕生、中華人民共和国成立、改革開放と中国の特色ある社会主義事業の推進を、近代中国で起きた三大歴史的事件だと述べた。特に「改革開放は、中国人民と中華民族の発展史上における偉大な革命である」と強調した。私がこの改革開放、つまり中国経済の180度大転換期に、強い興奮を覚えながら実務に取り組んだことは未だに記憶に新しい。

武吉次朗

（たけよし じろう）

1932年生まれ。1958年中国から帰国。日本国際貿易促進協会事務局勤務。1980年同協会常務理事。1990年摂南大学國際言語文化学部教授。2003年退職。2008年より日中翻訳学院にて中文和訳講座「武吉塾」を主宰。

主な訳書・著書（小社刊）に『新中国に貢献した日本人たち』2003年、『続・新中国に貢献した日本人たち』2005年、『日中中日翻訳必携』シリーズ2007年〜。

私が中華人民共和国成立七十年の歴史からこの時期を選定したのは、これが中国にとっては路線の一八〇度転換であり、私にとっても強い興奮を覚えながら実務に取り組んだ時期だったからである。ここで、自らの体験と見聞の一部を文字として残し、新中国成立七十周年への祝賀の気持ちを示したい。

私は一九六六年四月、日本国際貿易促進協会の連絡員として北京に赴任したので、同年八月に紅衛兵が街に出て老舗の看板を壊してまわったのを目撃したし、十年後の一九七六年一〇月二四日に天安門広場で開かれた百万人の「四人組打倒祝賀大会」に参加した時は、「一九四九年の新中国成立以来二回目の解放感」にひたる北京の大衆を目の当たりにした。

十年にわたった文化大革命が終息してから、新中国成立初期の「懐メロ」が復活し、女性の服装がカラフルになるなど、世の中が急に明るくなり、日本の映画やテレビ番組も放映されるようになった。最も注目されたのは、古参幹部たちの復活が新聞で連日伝えられたことだったし、私も旧友たちと十年ぶりの再会を喜びあった。

私が新時代の到来を実感したのは、一九七七年九月の中国鉄鋼代表団の来日だった。同団は一般的な視察にとどまらず、新日鉄に対しては「上海の宝山に、君津製鉄所と同じ製鉄所を作ってほしい」と要望し、他の数社には「中国の既存製鉄所の改造」への協力を提起するとともに、各製鉄所の設備の詳細な仕様を一覧表にして渡した。私は同団の二十九日間におよぶ訪日にフルアテンドした。

新日鉄の稲山会長が「おみやげ」として提供した君津製鉄所の操業風景の映画は、中国のトップに衝撃を与えたと聞く。鞍山や武漢など中国の製鉄所で現場作業員の人身事故が絶えないのとは対照的に、君津製鉄所の現場では少数の作業員が快適な操業室でコンピューターを操作している。「これが近代化なのか」と強い関心をもった鄧小平は、翌一九七八年秋に訪日した際、君津製鉄所を訪問し、実情を確かめるとともに、「近代化は日本に学べ」と檄をとばした。

これに先立つ一九七八年春、中国は日本と西欧諸国へ二つの視察団を派遣した。日本へは林乎加・上海市副市長（前国家計画委員会副主任）が団長になり、西欧へは谷牧副総理が率いた。両団の使命は、資本主義諸国の産業技術水準と経済管理システムを学び、中国の対外開放の進め方を決める根拠とするものだった。林乎加ミッションに随行した私は、同団のメンバーが日本の経験を重視し、中国のこれまでの管理方式について、気づいた問題点を議論しあう姿を何度も目撃した。両団は帰国後、それぞれ党中央政治局の全メンバーに詳しく報告し、中国が取り入れるべき考え方とやり方について提案した上で、各部門の責任者向けに数多くの報告会を開いた。同年秋、鄧小平の訪日帰国後三日目には、かねて人選を進めていた二十人の専門家が一カ月にわたり訪日し、日本の官庁エコノミストや専門家から講義を受け、現場も視察した。この訪日が契機となり、「日中経済知識交流会」が結成されて、今も毎年会合を重ねている。

この成果を踏まえて党中央は、各部門と地域ごとに視察団を日本と西欧に派遣して、高級幹部に新しい認識をもたせることを決めた。一九七八年に来日した次官・副省長クラス以上が率いる視察団は四十近くにのぼり、さまざまな分野と業種をカバーしていた。私はこの時期、受け入れの一部を担当し、連日の激務で「過労死」寸前までいったことを、今なお鮮明に記憶している。折しも日中平和友好条約の締結により日本で対中国友好ムードが空前に高まった時期とあって、来日した幹部たちは交流拡大への日本側の熱気を肌で感じ取ることができた。このような「一種のショック療法」が功を奏し、幹部たちに改革開放の重要性と緊迫性を痛感させることになった。

一九七八年一二月、中国共産党第十一期中央委員会第三回会議（略称三中全会）が開かれ、

革命路線から近代化路線への一大転換を決定するとともに、「改革・開放」の方針が具体的に提起された。同月二四日の人民日報は、一面と二面をすべて「三中全会」のコミュニケと解説にあてたが、つづく三面には「上海宝山製鉄所が着工式」の記事が写真入りで大きく掲載され、はからずも開放推進を強く印象づける紙面構成になった。

翌一九七九年には、改革開放の一連の措置が相次ぎ実現していった。たとえば、それまで長年にわたりタブーとされてきた三つの事業——外国との資源の共同開発、外国企業との合弁事業、外国からの借款がすべて実現したのだが、三事業ともすべて日本が先行したことは特筆に値する。すなわち、資源の共同開発は日本石油公団と中国石油公司による「渤海の石油・天然ガス共同開発に関する趣意書」の調印と実施であり、合弁事業では福日テレビ、オリエントリースなどの日中合弁会社が相次ぎ設立され、借款には日本輸出入銀行による中国銀行への「資源バンクローン」、市中銀行によるシンジケートの中国銀行への貸付枠供与、そして海外経済協力基金による政府ベースの円借款供与が含まれる。

一九七九年三月、中国はさらに、香港に隣接する広東省宝安県を深圳市に昇格させた。これは同市にかなりの自主権を与え、香港・華僑・台湾資本および外国資本の導入をテコに、対外

中国鉄鋼代表団の葉志強団長（右）と

開放で一歩先行させる実験的性格も帯びていた。深圳は初期の労働集約型産業基地をへて、今や世界有数の先端技術都市になっており、同市の企業による特許の出願数は全中国のそれの半数を占め、ドローンの生産機数は世界の半数以上を占めている。

中国全人代常務委員会は一九七九年七月、国務院に外国投資管理委員会と輸出入管理委員会の設置を決定、谷牧副総理が両委員会の主任を兼ねることになった。同副総理が九月に外務省と日本国際貿易促進協会の共同招請で来日したとき、私は全コース随行した。谷副総理は円借款の正式要請など重要使命を果たしたほか、工場と施設十一カ所を訪問して協力の方途につき意見交換を重ね、大歓迎された。

同年一〇月には国家計画委員会が組織した多様化

貿易視察団が来日した。これを契機に、委託加工・ノックダウン・補償貿易など、国際慣行に沿った多様で弾力的な貿易方式が続々誕生して、合弁会社の設立とともに、貿易額の飛躍的拡大につながった。具体的に見ると、石油の輸入とプラントの輸出をテコに一九八一年に一〇〇億ドルを達成、一九九三年には三八〇億ドルになったが、翌年来日した朱鎔基副総理（当時）は「まだ少な過ぎる、三〇〇〇億ドルを目指そう」と呼びかけた。夢物語に聞こえもしたが、二〇一一年に三四五〇億ドルを実現した。いま日中貿易は日本の全貿易の二割を超えて日米貿易額を抜き、相手国・地域別でトップの座にある。ちなみに、その大半は国内企業とその中国進出企業との取引、いわゆる「日日貿易」が占めている。

習近平総書記は昨年一二月の改革開放四十周年祝賀大会で、つぎのように述べた。「中国共産党の誕生、中華人民共和国の成立、改革開放と中国の特色ある社会主義事業の推進、これらは一九一九年の五・四運動以来、わが国で起きた三大歴史的事件であります。改革開放は、中国人民と中華民族の発展史上における偉大な革命であります。」ここに、改革開放の歴史的意義が、みごとに集約されている。

中華人民共和国成立70周年に寄せて――――鈴木高啓

両国の青年交流

私と中国・中国語の思い出

大学２年生の夏、私は北京への研修旅行に参加しました。これが唯一の中国留学経験となり、その時の学生証は今でも大切に保管してあります。

2002年、青年交流代表団として８年ぶりに北京を訪れた際には、その変貌ぶりに度肝を抜かれたのをよく覚えています。私がずっと見つめてきた、この数十年間の中国は、とにかく変化と発展の時代であったと感じています。成立70周年を迎えた中華人民共和国の更なる発展と、日中関係の今後一層の充実、両国の青年交流の促進を祈念して、お祝いの言葉といたします。

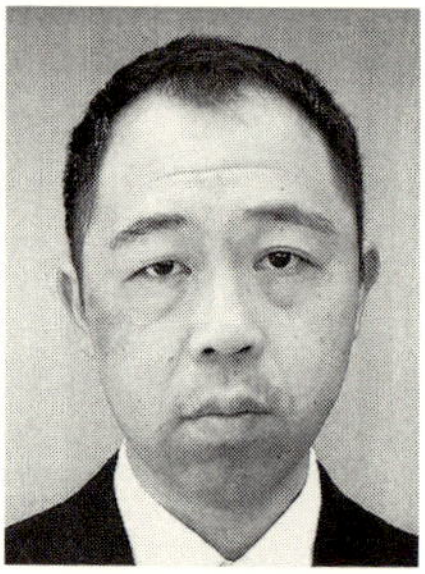

鈴木高啓

（すずき たかひろ）

大学教員

　岐阜県生まれ。大学で中国語を、大学院で教育学を専攻。高等学校中国語教師、一般企業勤務を経て、フリー通訳・翻訳家へ転身。2005年から16年まで岐阜県日中友好協会事務局長を務める。17年9月から中国江西省南昌市・江西財経大学で日本語を教える。

中華人民共和国成立七十周年に際しまして、ここに謹んでお慶びを申し上げます。折しも今年、日本では新天皇の即位と改元が行われました。日中ともに新たな時代の頁を開く年が重なりましたことに、深い縁を感じます。今後、両国関係も「新時代」を迎え、さらに強い絆が結ばれていくことを、強く期待いたします。

さて、私は現在中国・江西省で日本語を教えておりますが、元々は日本の大学で中国語を学び、高等学校で長い間中国語を教えておりました。新中国成立七十周年に際し、私と中国・中国語の思い出を綴らせていただきます。

私の祖父と父はともに漢籍が非常に好きで、私も元末明初の詩人・高啓（高青邱）の名を与えられました。そんな父のもとで、小学校の頃から論語や史記、十八史略などを読んで育った私は、ごく自然な流れで、高校時代には漢文に耽溺。一旦は芸術への夢が捨てられず、受験ではやや回り道をしましたが、結局、同時に合格した国立大学も蹴って、地元の私立大学の外国語学部中国語学科に進学することにしました。高校時代の恩師に「漢文もいいが、未来ある君は生きた言語を学ぶべきだ」と諭されたことがきっかけでした。

盛んに交流する日中両国の大学生たち。2016年湖北大学にて

私が中国語を学び始めた当時は、七十名の学生が中国語学科に入ってきました。二年生の夏休みには、三週間という短い期間でしたが、北京への研修旅行にも参加しました。これが私の唯一の中国留学経験となり、その時作っていただいた中央民族大学の学生証は、今でも大切に保管してあります。三年生の時には、先生から一年間の留学を紹介されましたが、学費の問題やら両親の病気やらで、結局その夢はかないませんでした。

卒業後は、大学院に通いながら県内の高等学校で中国語の教鞭を執りました。今思えば拙い授業でしたが、私の授業に感化されてしまったのか、卒業後に中国の大学に進学するという大変な進路を選択する学生も出たりして、充実した日々でした。

二〇〇二年になって、かねてから会員であった日中友好協会の推薦で、青年交流代表団として再び訪中する機会を得ました。前回の訪中から実に八年ぶりの北京でしたが、その変貌ぶりに度肝を抜かれたのをよく覚えています。当時の北京はオリンピック大会が決定し、それに向けたインフラ整備と都市の再開発が盛んにおこなわれている時でした。一方で、老北京の魅力ある街並みが失われてしまったのには少し寂しい感じもしましたが、とにかく凄まじい発展の速度が印象的でした。

二〇〇五年からの五年間は、一般企業で中国語通訳として勤務し、出張で何度も遼寧省大連市へ足を運びました。この期間だけで二十数回も訪中しており、パスポートの頁も出入国のスタンプで埋め尽くされてしまいました。

二〇一〇年に父の他界を機に退職し、家業を継ぐ傍ら、本格的にフリー通訳・翻訳家としての活動を始めました。京劇団の随団通訳や砂糖工場の通訳など、縁故でいただいたありがたい仕事をこなし、また県内では珍しい日本人の中国語通訳として、大切にしていただきました。

二〇一四年からは、お世話になっていた日中友好協会のエージェントになり、大学生訪中団の引率として、年に三回、毎回百名の大学生を引き連れて訪中するという仕事を得ました。このとき、積極的に交流する日中両国の大学生たちを見て、かつて私の中に燃えていた両国の青年交流の情熱を思い出し、また自分の後を託せる若い力を育てていきたいと思うようになりました。そして、二〇一七年に高校勤務時代の同僚先生のご紹介で江西省での仕事を得、現在に至ります。

私がずっと見つめてきた、この数十年間の中国は、とにかく変化と発展の時代であったと感じています。街並みは混沌とした賑やかさから、その面影をやや残しつつも、どことなくヨーロッパ風に変わり、交通も整備され、物価もかなり上昇しました。変わらないのは人々の話し方や生活の様子、特に五十歳以上の方々の様子は、スマホ片手に動画などを眺める姿こそ現代的ですが、どことなく中国人風を感じさせます。

現代の中国は、モバイルネットワークの発展に伴ってキャッシュレス化が急激に進んでいたり、タクシー配車サービスなど、庶民の足となる交通手段が凄い勢いで整備されたりして、とにかく社会情勢の変化への対応が急速に行われています。この中国の臨機応変な行動力が、今発生している社会の様々な課題を、必ずや解決に導いてくれるであろうと信じています。

成立七十周年を迎えた中華人民共和国の更なる発展と、日中関係の今後一層の充実、両国の青年交流の促進を祈念して、お祝いの言葉といたします。

中華人民共和国成立70周年に寄せて————吉田 進

医療分野において
新中国に貢献した日本人

忘れがたい私たちの少年時代

新中国の誕生に関わった日本人の第二世代の一人として、中華人民共和国成立70周年を謹んでお慶び申し上げる。

1945年、日本人の医療教授団が元白求恩医科大学（白校）にて結成され、私たち教授陣の子女十数名は栄臻幹部子弟学校へ入学した。当時の同級生とは今も交流があり、私が北京を訪問すると必ず集まってくれる。

中国は今素晴らしい発展を遂げている。外貨保有高では世界第1位、貿易総額では世界第2位、国民総生産では実質上第2位を占め、一帯一路が全世界に影響を及ぼしている。拙文をもって成立70周年を迎える中華人民共和国にお祝いの気持ちを伝えたい。

吉田 進

（よしだ すすむ）

1935年生まれ。1958年に遼寧大学外国語学部ロシア語科を卒業し、1960年日本国際貿易促進協会入職。1976年より日商岩井株式会社勤務、1991年同社専務取締役、ロシア・中国・北東アジア総支配人。1999年より財団法人環日本海経済研究所（ERINA）所長、理事長、名誉理事長。2010年外務大臣表彰。2012年公益財団法人環日本海経済研究所名誉研究員。その他数々の公職を勤め上げる。名誉経済博士（ロシア科学アカデミー極東経済研究所）。

新中国の誕生に関わった日本人の第二世代の一人として、中華人民共和国成立七十周年を迎え、謹んでお慶び申し上げる。飛躍的に発展している中国を目の当たりして、七十年前に中国で過ごした忘れがたい私たちの少年時代がよみがえってくる。

二〇〇六年に、元白求恩医科大学（白校）の重要な責任者である康克先生ご夫妻を長春の自宅に訪問した。お二人とも元気で、過去の回想、夫人の素晴らしい絵画などをめぐって話しが続き、時のたつのを忘れた。

一九四五年の一〇月に、稗田憲太郎、津沢勝、安達次郎、吉田政一など二十名近い日本人の医療教授団が当時張家口の西柏坡に本拠を構えた白校にて結成された。その多くは、いったん北京から帰国を予定していた人たちだったが、八路軍の医療事業に協力しようと張家口へ結集したのだった。

私たち教授陣の子どもたち十数名は、晋察冀軍区の老根拠地の阜平にある栄臻幹部子弟学校へ入学した。それは一九四七年の春だった。また若干の時期を経て高木紀子、高木雄二、高木勝也、佐藤正勝などが入ってきた。

幹部子弟学校で私たちは殷子烈、陳更生など多くの白校の幹部子弟と仲良くなった。池谷田鶴子（田子和）は長い間毛沢東主席の娘李敏と同室で生活した。鄧小平総書記の娘鄧琳、鄧楠、聶栄臻将軍の娘聶力将軍も同窓生である。私は宋任窮副総理の娘宋勤（中国煤炭総公司副総経理）、王震副主席の息子王平（ヘリコプター部隊司令員）、王軍（国際貿易投資信託公司総経理）、耿飈副総理の娘耿螢、華夏文化遺産基金会会長）にも大変お世話になった。

私の同級生は、今でも毎年集まって会合を持っている。私が北京を訪問すると必ず集まってくれる。それは殷子烈、張震林、周士増、周士琴、李永寿、陳更生、李紹忠（長春）、魯寧などである。日中友好は第二世代に継承されている。

日本では、一九八七年から毎年春節に元白校に勤めた方々とその第二世代が集まっている。当初第一世代として出席していた方々のうち、すでに亡くなられたのは、稗田喜代子、林孝之輔（有名な作家林真理子の父）、箕輪昭、長谷川一雄、吉田秀子、石黒俊吉、高木陽一、高木雄二。現在高齢で養老院にいるのは岡村春江さん。第二世代として安達勇、安達猛、安達寧、池谷田鶴子、津沢百合子、高木勝也、吉田進、佐藤正勝などがいる。この会合には殷旭東（殷子烈氏の息子）にも参加してもらったことがある。この会合は三十一回を迎えたが、白求恩医

日中平和条約40周年を記念して

科大学の伝統を受け継いでいる日本での唯一の会である。

ここで報告しなければならないことは、私が吉林大学の客員教授を務めたことである。私は㈶環日本海経済研究所（ＥＲＩＮＡ）に勤務していたが、吉林大学の東北アジア研究院とは協力関係にある。白求恩医科大学が吉林大学の医学部に改編されたので、父と私は二世代にわたってこの大学で教えることになった。これは私にとってこの上なき喜びである。

中国は今素晴らしい発展を遂げている。外貨保有高では世界第一位、貿易総額では世界第二位、国民総生産では実質上第二位を占めるにいたった。一帯一路が全世界に影響を及ぼしている。

これからも日中の協力が必要とされている。日中両国は、隣国同士であり、仮にお互いが気に食わないといっても引越しができるわけではない。お互いの歴史、文化には深い繫がりがあり、現在では経済・貿易分野では緊密不可分の関係を作り上げている。この現実を直視し、友好関係を強化していかなければならない。以上をもって成立七十周年を迎える中華人民共和国にお祝いの気持ちを伝えたい。

中華人民共和国成立70周年に寄せて――――片寄浩紀

私の日中交流の歩み

体験した中国のすさまじい発展

著しい発展を遂げ、今年成立70周年を迎えた中華人民共和国に喜びの気持ちを伝えるとともに、50年以上わたり中国と交流している者として、私は中国との交流の歩みを残しておこうと考えます。

改革開放政策によって、中国は2010年にアメリカに次ぐGDP世界第2位の経済大国になりました。70年間の中国のすさまじい発展に敬意を表すとともに、今後中国のさらなる飛躍が実現できるよう望みます。今までの中国の成長ぶりを見るに、多くの分野において中国が世界の先端に立つ日の到来はそれほど遠いものではないでしょう。

片寄浩紀

（かたよせ こうき）

1946年島根県生まれ。日中学院学院長。1968年東京大学法学部卒業後、日本国際貿易促進協会入社。北京事務所所長、理事兼北京・上海事務所長、専務理事などを経て、現在相談役。2012年公益財団法人日中友好会館理事、2017年4月日中学院学院長に就任。

著しい発展を遂げ、今年成立七十周年を迎えた中華人民共和国に喜びの気持ちを伝えるとともに、五十年以上わたり中国と交流している者として、この記念すべき年に、以下のように私は中国との交流の歩みを残しておこうと考えます。

大学の第二外国語で中国語を選択

一九六四年、大学に入学し、第二外国語として中国語を選択しました。

日中学院のスローガンは「学好中国話、為日中友好起橋梁作用」です。言葉は意思疎通の道具であり、何のためにその道具を使うのかが一番大切です。そして両国民がお互いに顔の見える良好な関係を作っていこうという方針なのです。まだ国交が樹立されておらず、日中間の直接交流は極めてすくない時代でした。また、学んだ中国語を使う機会はほぼないという状況なのに、講習会では多くの青年たちが熱心に学んでいました。そして私自身も「大学卒業後は中国と直接交流している職場で働きたい」との思いを強くしたのです。

就職と初訪中

一九六八年、国交がない中でも民間貿易の促進をしている日本国際貿易促進協会（以下、協会と略称）で求人があると聞き、応募して採用されました。

一九七〇年四月、広州輸出商品交易会（広州交易会）に参加したのが私の初訪中。まず香港に行き、入国ビザを得てから、羅胡に行き、トランクを引いて深圳橋を越えて、九龍税関で入国手続きをしました。検査が終わると、税関のレストランで昼食。初めての本場の中国料理の美味しかったこと。今でも鮮明に覚えています。

一九七〇年四月二五日に広州全市で爆竹が鳴り響き、通りには銅鑼や太鼓を打ち鳴らすトラックが繰り出しました。中国初の実験衛星「東方紅一号」打ち上げ成功を祝う活動でした。今や有人衛星を打ち上げるまでに発展した中国の宇宙工業が産声をあげた瞬間に遭遇しました。

文化大革命が始まって四年目の中国。交易会の対外貿易商談は毛沢東語録の読み上げから始まるという厳しい雰囲気でした。私は日中技術交流を担当。中国側の窓口の責任者黄坤益先生（後に国家知識産権局局長に就任）は温厚な対応をしてくださり、仕事の話以外に中国と長く付き合うのなら「語録ではなく毛沢東選集を読め」とアドバイスしてくれました。仕事でふれあった最初の中国人が黄坤益先生という本当の知識人であったことが、その後半世紀も中国一筋で人生を過ごす私の行路を決めた要因の一つになりました。

広州交易会にて、1973年（右端が筆者）

日中国交正常化

文化大革命期に日中民間貿易が伸び悩んでいたこともあり、「日中国交正常化の早期実現」が当時の日中貿易業界の最大のスローガンでした。

一九七二年二月のニクソン米大統領の訪中から半年経過した同年九月二九日、日本の貿易業界が長く待ち望んでいた日中国交正常化が実現しました。直後から日中貿易額は毎年倍増し、瞬く間に一〇億ドルを突破。協会の仕事量も劇的に増大し、中国の技術視察団の受け入れで、休む間もない時代に突入しました。

忘れ難い一九七六年と初めての北京駐在

一九七六年一〇月、協会は北京で日本環境保護展覧会を実施し、私も参加しました。中国で環境保護をテーマにした展覧会が開催されるのはこれが初めてでした。この年は私自身にとって最も忘れられない一年となりました。一月、周恩来総理逝去。七月、朱徳総司令逝去、唐山大地震発生。九月九日、毛沢東主席逝去。一〇月、四人組逮捕、文化大革命終了。

翌一九七七年五月、初の北京駐在を体験しました。毛沢東時代が終わり、鄧小平時代へ移行する転換期に当たっていました。

改革開放初期の八十年代は日中関係の黄金時代

私が北京から帰任した一九七八年、日中平和友好条約が締結され、一九七九年一月には米中国交正常化が実現しました。七八年一〇月から中国機械工業代表団が来日しました。その周建南団長が日立製作所の吉山社長に対して「中外合弁会社設立」の提案を行いました。これは一二月に開かれた共産党十一期三中全会で決定した改革開放政策に基づいた働きかけでした。この提案を日立はしっかりと受け止め、数年後には製造業における日中合弁企業の第一号となる福日テレビを立ち上げました。その一方で中国は一九八〇年末に突然にサイン済みのプラント導入契約の履行停止を発表しました。これはプラント輸入から外資導入への大政策転換でありました。その後四十年間、揺るぎなく外資導入政策を推進した結果、中国は二〇一〇年にアメリカに次ぐＧＤＰ世界第二位の経済大国になりました。

二十年ぶり二度目の駐在

一九九六年一月、約二十年ぶりに再度北京に派遣されました。二十年の間に北京はまったく知らない都市となっていました。市内には高層ビルが立ち並び、多くの中央官庁の場所も移転していました。長期的に不足状態だったタクシーも目に見えて増えていました。

協会のような非営利の民間団体の事務所でも、業務を展開する上で弁護士の必要性を実感し、金杜律師事務所（当時は小事務所だったが、現在は北京最大の法律事務所の一つ）に法律相談に応じてもらいました。

民間交流で日中の未来を

現在、グローバル化の進展に伴い、どこの国で起こるどんな事件も速やかに国境を越えて他国に影響を与えています。特に経済面におけるグローバル化の波は大きく、各国の相互依存関係は日々密接になっています。

私は縁があって二〇一七年四月に日中学院の学院長に就任しました。日中学院では中国語を学ぶ日本人と日本語を学ぶ中国人留学生が同じ校舎でそれぞれ勉強し、交流も行っています。あらゆる分野と階層で「人民同士の交流」が広がれば、やがては国と国との壁を突き破る大きな潮流になっていくものと信じています。

最後に、七十年間の中国のすさまじい発展に敬意を表すとともに、今後中国のさらなる飛躍が実現できるよう望みます。今までの中国の成長ぶりを見るに、多くの分野において中国が世界の先端に立つ日の到来はそれほど遠いものではないでしょう。

中華人民共和国成立70周年に寄せて――稲冨伸明

卓越した国家主導力と世界最先端の科学技術力

1949年中華人民共和国誕生以来、鉄道は国の基幹産業と考えられていた。新中国成立から70年の間に、科学技術の進歩により交通手段は発達を続けてきた。広大な国土を有する中国における高速鉄道網整備の意義はたいへん大きい。

中国で乗った車両前方の壁に「時速300km」と表示された。現在、当たり前なものとして享受している交通輸送インフラストラクチャーと情報通信技術を完成させ、運営管理している人々に感謝したい。中国のさらなる技術発展に期待しつつ、中華人民共和国成立70周年をお祝い申し上げる。

稲冨伸明

（いなどみ のぶあき）

1968年生まれ。早稲田大学教育学部卒業。米国ワシントン州公認会計士。ハルビン師範大学外籍教師。

中国は、ヒトやモノの移動のサービス化を意味する「MaaS（Mobility as a Service：「マース」）」の先進国だと感じている。これは、移動（モビリティ）をひとつのサービスと捉え、これまでのように車を所有するという「モノ」で提供するのではなく、「サービス」として提供する新発想である。列車や飛行機、バス、地下鉄などの公共交通機関とタクシー、貸自転車などを組み合わせ、効率よく乗り継いで目的地に移動できる。利用者はスマートフォンのアプリを用い、交通手段やルート、運賃を検索し、予約と決済まで一括してできる。あわせて宿泊先の情報検索、予約・支払いも可能だ。

今年、中華人民共和国成立七十年であり、筆者は私の見た中国の移動のサービス化について皆様に紹介し、いつか機会があれば、皆様にも中国を自ら体験してもらいたいと考えている。

上海市に本拠地を置くＮＡＳＤＡＱ上場の中国最大手オンライン旅行会社「携程旅行网」は、日本語、英語に言語対応しているのでありがたい。空席・空室探しに始まり、予約・決済までスマホ内で完了してしまう。切符の受け取りは駅の窓口だが、並ぶのが面倒ならば、切符郵送サービスもある。海外のクレジットカードでも決済できるので、外国人旅行客でも、国外からも予約購入ができる便利なサイトである。

スマホ上で予約・決済ができるタクシー配車アプリ「滴滴出行」で検索したところ、運賃まで表示された。だが私は瀋陽にある「苏家屯駅」に立ち寄る必要があったので、瀋陽駅近くに宿を取り、鉄道で現地に向かうことを決めた。瀋陽—苏家屯間の切符も、発車時刻を検索し、予約・支払いをなし、駅の窓口で予約番号を伝え、受け取った。

日本語表現「五月晴れ」にぴったりの汗ばむことはない爽やかな晴天の一日だった。乗車したのは、図們発営口行きの、在来線でよく見かける緑に黄色いラインの客車だった。

私は苏家屯駅前の広場に出た。タクシーを呼ぶために「滴滴出行」アプリを起動させた。目的地に日本語で「瀋陽鉄路陳列館」と入力すると、「二・三km」と表示された。曲がるべき地点が二か所あったが、現在地を表示してくれる地図アプリがあるので迷わない。実に頼もしい旅の友といえた。

「天気もいいし、歩くとするか」

駅構内看板「苏家屯」

私は駅前の小さな商店で、ペットボトル入りの水をスマホＱＲコード決済で買い、歩き始めた。中国はモバイル決済が高度に普及している社会であると改めて感じた。歩いていると、バスが頻繁に行きかっているのに気づいた。バス停「沈阳铁路陈列馆」もあった。

そこから徒歩十五分ほどで、「沈阳铁路陈列馆」（沈阳市苏家屯区山丹街）に着いた。

壮観とはまさにこの光景。だだっ広い館内に、蒸気機関車から、ディーゼル機関車、電気機関車、客車、貨車、そして和諧号まで、さまざまな車両が年代順に所狭しにずらりと並んでいる。壁面には、清朝および中華民国時代から中華人民共和国成立、その後、現在にいたるまでの鉄路の歴史を物語る多数の写真・図表と立体模型が掲示してある。

世界の高速鉄道の先駆けとされる日本の新幹線開業は一九六四年東京五輪開催の年だった。奇しくも来年二〇二〇年は、再び東京でオリンピック・パラリンピック競技大会が開かれる。中国高速鉄道に乗り、当館を訪れ、新幹線の原型と言われるパシナ号の流線形の車体を見ることができて感慨深かった。

一九四九年中華人民共和国誕生後、鉄道は国の基幹産業と考えられるようになり、国家主導で建設が進められていった。二〇〇四年には、上海浦東国際空港から上海中心部までを結ぶ、最高時速四百三十一㎞の上海マグレブトレイン・リニアモーターカーが商業運転を始めた。高速鉄道は、二〇〇八年北京・天津間を結ぶ京津都市間鉄道開業後、わずか十年で世界最長の営業距離を誇る総延長約三万㎞に及ぶ高速鉄道網を整備することができた。今後、中国西域の新路線建設計画についても、科学技術と人民を結集させ、早期完成と開業をめざしてほしい。

述べるまでもないが、七十年前と比べると、科学技術の進歩により交通手段は発達し、人間と目的地、場所と場所との移動・輸送にかかる時間はひじょうに縮まった。とりわけ広大な国土を有する中国における高速鉄道網整備の意義はたいへん大きい。

明るい未来への期待と展望として――中国は、世界で初めて月の裏側への軟着陸に成功した無人探査機「嫦娥四号」に代表される最先端科学技術を活用し、あわせてわずか十年で主要都市を結ぶ高速鉄道網を広げることができた国家指導力を発揮することにより、人間と人間との距離感を縮めること――超高性能な自動翻訳機や翻訳アプリ開発――を国家プロジェクトで取り組んでもらいたい。

もちろん、中国の大学のビジネス学科で、通訳・翻訳や簿記・会計に精通し、中日双方の言語と文化を理解している人材を育成する――私の現在の仕事こそがまさにその一役を担っているわけだ。その責任は十分に理解している。

自動翻訳機の現状は――クラウドＡＩにより翻訳精度は向上している。小型化も進み、翻訳可能言語数も増えている。しかし翻訳時間が遅く、「同時通訳性能がある」とは到底言えない。また、少し離れた場所にいる相手の声は聞き取れない。つまり、講演者や会議での発言者の声は翻訳できない。どうしても機械を相手に近づけ、話してもらう必要がある。このように私が満足できる性能水準――時代や国境を越えて人気がある漫画「ドラえもん」の「翻訳こんにゃく」並みの性能は持っていない。

自動翻訳機や翻訳アプリ開発は、「一帯一路」経済圏構想の目的とも合致する、と私は考える。当構想において、交易の拡大や経済の活性化を図る五分野のうちの一つは、民心相通（人的交流）だ。中国西部と中央アジア・欧州を結ぶ「シルクロード経済帯」（一帯）と、中国沿岸部と東南アジア・インド・アラビア半島・アフリカ東を結ぶ「二十一世紀海上シルクロード」（一路）の二つの沿線地域に及ぶ。国数としては六〇カ国以上にわたる。国や地域、民族によって言語は異なる。人間同士といえども、話す言葉が違えば、あいさつ以上の深いコミュニケーションはとれない。高性能の自動翻訳機や翻訳アプリ開発を使うことで、言語の壁を失くし、密接なコミュニケーションを取れるようになり、各種交渉も捗り、指示内容も正確に伝わる。また、誤解やトラブルを予防できる。

中国で乗った車両前方の壁に「時速三〇〇km」と表示された。車窓には、大地に雲が浮かんでいた。華北の空には白い雲がよく似合う。雲のようにゆったりと移動していく旅もよいが、「中国高鉄と情報通信技術ＭａａＳ（Mobility as a Service）なしに、週末、今回の旅ができただろうか」と自問した。

「無理だったな……」

現在、当たり前なものとして享受している交通輸送インフラストラクチャーと情報通信技術を完成させ、運営管理している人々に感謝したい。

中国のさらなる技術発展に期待しつつ、中華人民共和国成立七十周年をお祝い申し上げる。

中華人民共和国成立70周年に寄せて——井村 丕

中国の永遠の繁栄を祈念する

1949年10月に毛沢東主席が天安門で中華人民共和国成立宣言をしてから今年で70周年となる。

1972年の日中国交正常化の翌年、1973年に第1回目の日中経済交流ブームの波が押し寄せた。私は会社の広州交易会視察旅行に同行し、文革時代の中国の現状を目の当たりにした。

会社員人生を対中国ビジネスに捧げ、中国現地法人会社の責任者として上海に駐在経験をした事、その縁で中国人事業家とのお付き合いが今も続いている喜びは何物にも代えがたく、幸福である。

ここに新中国成立70周年を記念し、中国が今後も永遠の繁栄を遂げられていくことを祈念している。

井村 丕
(いむら はじめ)

1944年12月生まれ。1968年大学卒業後、大手メーカーの海外事業本部部門に勤務。退職し現在に至る。上海現地法人会社総経理として上海駐在経験あり。

中華人民共和国成立は一九四九年一〇月に毛沢東中国共産党主席が天安門で成立宣言をして七十周年となる。新中国成立の五年前に生まれた私は、物心が付いた頃から中国の発展と一緒の時間を過ごしてきた事になる。

振り返れば人生の転機は意外と早く訪れた。高校生時代に外国語に興味を持ち、外国語大学に進学したのだが、私が大学で専攻した語学は英語ではなく、中国語だった。当時の私に新鮮に感じていた中国勉強の為に中国語を専攻したのだった。それは私の人生の転機となった選択であった。

私の手元に『岩波 日中辞典』(倉石武四郎、折敷瀬興 編著)岩波書店、一九八三年二月発行、定価四三〇〇円)があり、今も愛用する愛着のある辞典である。当時の四三〇〇円は学生には高価だった。もう表紙は剥がれてしまっているのだが、未だに使っている。想い出がいっぱい詰まっているのだ。社会人になってから度重なる出張、上海現地法人会社駐在時代、試験勉強の時に使用した思い出深き辞典は手放せないのだ。

私の大学生時代(一九六六~一九六八年)は毛沢東主席・周恩来首相時代だった。大学を卒業した私は、社会人として第一歩を踏み出した。お陰様で何とか大手メーカーの海外事業本部部門の仕事に就くことが出来たのは無上の幸せだった。憧れの海外出張の機会は意外に早かった。一九七二年の日中国交正常化の翌年、一九七三年に第一回目の日中経済交流ブームの波が押し寄せたのだ。我が社も乗り遅れてはならずと経営幹部が広州交易会視察旅行を決定した。なんと、その時の通訳として私に同行せよとの白羽の矢が当たったのだ。感謝感激の喜びで感涙に咽んだ。ところが通訳どころか卒業間も無い私の語学力では役に立たず、ただ単に幹部のカバン持ちの役目しか果たせなかった事は今は懐かしい思い出か。

広州交易会での中国経験は衝撃的でもあり興味溢れるものだった。文革時代の中国の現状を目の当たりにしたのだ。至る所で売られている赤い表紙の毛沢東語録、人民帽と人民服の青色一色の人並み、一切化粧やパーマの無い女性達、外国人専用の兌換券、限られた物資の小売店、薄暗い電灯の灯る密集住宅群などが背景であったが、何と中国人民達の笑顔は明るく、人懐っこいお人柄、朝のおかゆや饅頭が美味しかったこと、動物園で見たパンダの愛くるしさ、滔々と流れる大河珠江岸辺に寄り添い憩う人々、大幅道路を埋め尽くす自転車の流れ、全てが始めての経験、新鮮で珍しかった。

東方賓館に泊まった。部屋数の都合で見ず知らずの商社マンとの同室相部屋となった。昼間の仕事の疲れでぐったりし休んでいる私の頭下でカチカチカチと当時の手動タイプライターを匠に打つ商社マン。忙しく複雑な、大きな取引をしているらしいその姿は格好良く私の理想像でもあった。俺も将来、今に見ておれ！と胸を熱くしたのも記憶に新しい。帰路の広州駅で我々の仲間が当時は高価なカメラをホテルに置き忘れたことに気付いた。諦めて列車に乗り込もうとしたその時、何とアナウンスがあり、カメラを駅公安室が預かっているとの事。まさかと一瞬信じられなかった現実であり、当時の中国の実態であった。有り難かった。

上海凡倩工貿有限公司、叶 虎華社長と日本での展示会出展時東京幕張にて。叶社長とは長年の公私に亘るお付き合い。私の朋友である。

　思い出すまま記述したが、以後の中国の発展は目覚ましく驚異的でもあった。鄧小平が一九九二年に武漢、深圳、上海などを視察し重要な声明を発した南巡講話後の改革開放経済の奨励、外国からの直接投資の促進策等の政策は、勤勉な中国人に支えられ瞬く間に中国を世界の工場に育て上げた。そして今や世界の工場に留まらず経済大国となった中国は世界の市場として世界の注目を集めている。

中国国内でも、住宅建設と販売、高級乗用車の普及、子どもの教育への投資、固定電話の普及を待たずに一気に携帯電話時代に突入した。あっという間に広まった携帯電話とスマートフォン時代は誠に象徴的であった。地下鉄の延伸、高速鉄道網の拡大展開、電気自動車普及化への取り組みやキャッシュレス消費もまた、紛れも無く世界の先端を走ったものである。

私は未だ日中国交正常化以前の時代、両国関係が誰も予測できなかった時代に中国語を専攻したこと、会社員人生を対中国ビジネスを生き甲斐と感じ人生を掛けたこと、幸運にも中国現地法人会社の責任者として一時期上海に駐在経験をした事、そしてそれが縁で現在に至るまでも尚、中国人事業家とのお付き合いが続いている喜びは何物にも代えがたい。私の人生の選択に全く悔いは無かったと断言出来るのは幸福だ。

新中国成立七十周年を記念すべき一大エポックとして、今後も永遠の繁栄を遂げられていくことを祈念している。

中華人民共和国成立70周年に寄せて——村上祥次

次の世代に向けて

「中国の町もずいぶん変わっていますよ。変化が早くて、私たちもついていけないくらいです」。私は中国で４つの年代の建物が混在する風景に出会い、その風景の写真を撮ることができた。

明るい未来を思い描くのは楽しく、心が躍る。今年は新中国成立70周年という節目の年である。これからさらに70年経過すれば、また今とは違う新しい時代を迎えているに違いない。

日本としても、一衣帯水の隣国である中国とともに歩んでいくことを確信している。

村上祥次

（むらかみ しょうじ）

広島県生まれ。大学卒業後、運送会社に就職したが約5年で退職し、アルバイトをしながら日本語教師を目指す。2005年から中国の大学で日本語を教え始める。中国の日本語学習者を対象として、毎年夏と冬に「祥次杯」という日本語作文コンテストを独自に開催しており、2019年夏は第18回となる。中国各地を転々としてきたが、2019年9月からは広東省佛山市にある広東東軟学院で日本語教師を続ける予定。

「町もずいぶん変わっていますよ。変化が早くて、私たちもついていけないくらいです。」これは、ある有名な日本語を勉強するための教材に書いてある文だ。上海の急速な発展を指して、中国人男性が日本人に話すセリフである。確かに、私自身も以前生活していた都市を何年ぶりかに訪ねると、変化が大きくて驚くことがある。以前は無かった地下鉄が走っていたり、新しいお店が一つ二つではなく新しい「通り」が一つ二つできていたりするのだ。そうやって街がきれいになったり生活が便利になったりするのはとてもいい事なのだが、その一方で、以前の面影がだんだん失われていくのは寂しく思う。

急速に発展している中国だからこそ、時代が交錯している風景と出会うこともある。もう数年前の話だが、ある日のお昼過ぎに、私はいつもより足を伸ばして散歩をしていた。まだできたばかりの、背の高いマンションの近くまで行ってみて気がついたのだが、その近くには背の低い、明らかに年代の異なる建物があった。私はこれはと思い、三つ、いや四つの年代の建物が混在する写真が撮れる位置を探した。

少しずつ場所を変えながら、何枚か写真を撮った。私が四つの年代の建物を一枚の写真に収めることができて喜んでいると、近くで井戸端会議をしていたやや年配の婦人が何人か近づい

四つの年代の建物が混在する町

てきて私に声をかけてきた。「あなた、どうして写真を撮っているの?」という意味のことを言われたので、私はてっきり「何を勝手に私たちの家の写真を撮っているんだ!」と怒られたのかと思い、すぐに頭を下げてあやまった。しかし、どうやら怒っているわけではなさそうである。彼女たちは本当に、私が写真を撮っている目的を知りたいようだった。私は正直に「この辺は新しい建物も古い建物もあるので、一枚の写真に収めたかったんです」と説明した。

せっかくなので、私は彼女たちと少し立ち話をした。「この辺が取り壊しになってしまうのは嫌ですか」と聞いてみると、すぐに「別にそんなことはない」と否定された。私は少し意外だった。

誰かが明るく「この国は今、どんどん良い方向に発展している」と語ると、他の人も「そう、そう」と同調した。その誇らしげな表情がとても印象に残っている。「あれを見て」と指で示された先を見ると、そこには建設中の高速道路があった。この辺もどんどん便利になっていくという。

私は彼女たちの話す様子から、国への信頼と、時代の変化を受けとめる前向きな態度を感じた。もし自分が長年生活していた家が取り壊されることになれば、辛い思いが全然ないはずはない。しかし、それよりも新しい時代、新しい環境で生きていくことに気持ちを切り替えているのだ。私は彼女たちから前向きな態度を持つべきだと教えられた思いだった。

彼女たちが悲観的になることがないのは、それはおそらく彼女たち自身が貧しかった時代を経験し、それを乗り越えて、実際に自分の国がだんだん良い方向に発展しているのを肌で感じているからであろう。

私はもうあの写真を撮った地域を離れて、中国の別の都市で生活している。あの日に話をしてくれた老婦人たちは今、おそらく新築のマンションで快適に生活していることだろう。できればまたあの街に戻って、彼女たちに今の生活について話を聞いてみたいところだ。

インフラ整備は国がお金をかければできるかもしれない。それをどう活用して今後の更なる発展につなげていくかは、そこで生活する一人一人にかかっていると言ってもいいだろう。これからさらに七十年経過すれば、また今とは違う新しい時代を迎えているに違いない。明るい未来を思い描くのは楽しく、心が躍る。今年は新中国成立七十周年という節目の年だ。中国と日本が今後、共同発展の道を歩んでいくことを期待している。

中华人民共和国成立70周年
The 70th Anniversary of the Founding of
The People's Republic of China

第二章

中国滞在を通して見た中国の変化と発展

中国滞在を通して見た中国の変化と発展 ――伊佐進一

バックパッカーと日中関係

自分で歩き、自分で見た等身大の中国

私と中国との思い出の多くは、中国人との思い出でもあります。以前から中国の研究をしていた私は、自らの肌で中国を感じたいとの思いにかられ、2002年に中国に渡りました。

北京で語学を学んだ後、バックパッカーとして中国大陸を旅しているうちに、様々な出会いを通して中国人の気質を知り、その根底にある「優しさ」と「逞しさ」を信じることができるようになりました。

新中国成立70周年を迎え、今後の二国間関係の未来を考えるときに、国交正常化以前から続いてきた民間交流こそがその要なのだと私は思います。

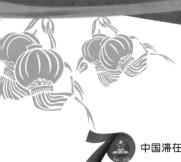

伊佐進一

（いさ しんいち）

衆議院議員、財務大臣政務官

財務大臣政務官、衆議院議員（三期連続当選）。東京大学工学部航空宇宙工学科卒。1997年より文科省職員。2003年、米国ジョンズホプキンス大学国際高等問題研究大学院（SAIS）にて、中国研究で修士号取得。2007年より、在中国日本大使館一等書記官。帰国後、ものづくりや科学技術における日中連携を訴えた『科学技術大国　中国の真実』（講談社新書、2010年）は大きな評判を呼んだ。2012年衆議院議員初当選。現在は、若手国会議員による超党派の「日中次世代交流委員会」事務局長として、日中関係の発展に力を入れる。

高校時代、吉川英治の「三国志」に魅了され、何度も何度も読み返し、いつかこの悠久の黄土に立ってみたいと思ったのが、私の「中国」の始まりでした。

それ以降、大学の第二外国語では中国語を選択し、米国の大学院に留学しても中国の研究をし、そしてやがて北京の大使館で三年間、書記官として働くことになりました。国会議員になった今でも、日中関係の発展のために、微力ながら力を尽くしていこうと思っています。

中国との思い出を語るときには、その多くは、中国人との思い出でもあります。率直で、情に厚くて、普段は素っ気ないのに、友人になると暑苦しいくらいに距離が近くなる中国人の気質は、われわれ関西人にとっては馴染み易さを感じます。

二〇〇一年から、米国の東海岸で中国の研究をしていた私は、机の上の理論ではなく、自らの目で中国を見たい、自らの肌で中国を感じたいとの思いに強烈にとらわれました。そして二〇〇二年、三カ月にもなる長い夏休みの到来とともに、悠久の黄土にまみれてみようと、海を渡りました。

最初の数週間は、北京で語学学校に通いつつ、三カ月間の過ごし方について作戦を練りました。とにかく、都市だけでなく地方も見たい、多様な中国の生活を自ら感じたいと思い、バックパッカーとなって放浪する道を選びました。中国の地図を広げ、北京から香港まで、ぐるっと反時計回りに円を描く。その円の上にある行きたい場所に丸をつけて、電車やバスを乗り継いで、時間の許す限り行けるところまで行ってみる。こんな「緻密」な計画でした。

この思いは、のちに大使館の職員となったときも、変わりませんでした。外交の最前線の北京で、中国政府と交渉を重ねるだけでは、本当の中国はわからない。この思いで、夫婦でバックパッカーとなって、そこかしこを旅し続けました。

旅の間、様々な出会いがありました。たくさんの中国人から、その「優しさ」と「逞しさ」を学びました。

北京からの普通列車で旅を始めてすぐ、たまたま前に座った年配の女性と話が弾みました。誰も急がない、各駅停車の旅。三時間、四時間と話しこんだところ、ふとしたきっかけで、問題に気付きました。北京で調達したプリペイドの携帯電話の残金が、すでに切れてしまっていて通話ができません。北京ローカルの安い携帯電話だったため、北京でしかチャージできなかったように記憶しています。用意周到の「緻密」な計画で出発したはずが、いきなり最初から、つまずいたのです。

困り果てた私の様子を見て、彼女は言いました。「私の北京の友人から、あなたの携帯番号にチャージしてあげる。百元あれば、旅の間は何とかなるわよね?」。彼女は親切にも北京に連絡をとり、私の携帯にチャージをしてくれました。おかげで旅の間中、携帯を使うことができたのですが、その彼女にお礼を言って百元を渡そうとしました。すると彼女はこう言いました。「そんなの、もらえない。だって、あなたは友人だから」

私は、びっくりしました。いくら三、四時間話したといっても、初対面です。その私を「友人」と言い、しかも百元もの大金をくれようというのです。私が何度百元札を渡そうとしても、彼女は最後まで受け取りませんでした。中国では、一度心が通うと、友人になります。そして、友人が困ったとき、中国人は惜しむことなく助けてくれます。この「優しさ」を気づかされた、旅のスタートでした。何もない荒野をのろのろ走る列車の中、中国人の「優しさ」を感じながら、ゴトゴト揺れる振動に身を任せて思いにふけったことを、いまでも鮮明に覚えています。

「敦煌料理店」のご主人には、本当にお世話になりました。

当時、敦煌には空港もなく、列車やバスを乗り継いでいくしかありません。ようやく、あこがれだった敦煌に到着してガイドブックを開くと、日本語の話せるご主人がいて日本人バックパッカーが集まる料理店があるとのこと。早速その店に足を延ばすと、確かに日本人らしき数人の学生がいて、大皿の料理に箸をつついています。私が日本人であることを主人に告げると大歓迎してくれました。ご主人は、以前、少しだけ日本で働いたことがあり、そのときに優しい日本人に世話になったとのこと。

料理を注文し、久しぶりにいっぱいになったお腹を抱えて会計をしようとすると、予想以上に安いんです。メニューに書いていた値段よりはるかに安いので、間違いではないかとご主人に言ったら、「いや、それでいいんだ」の一点張り。周りに聞いたら、とりわけお金のなさそうな若い日本人には、いつもこうなんだそうです。結局、敦煌滞在中は毎回、法定外（!?）の安さで食事をさせて頂きました。そして旅立つ前夜には、アルコール度数五十三度の白酒を、しこたま頂きました。長旅をするバックパッカーにとって、食費をいかに削るかが大きな課題です。敦煌まで旅してきた私にとって、だいたいどれくらい予算が不足するかが見えてきたところです。節約を心掛けようとしていた矢先に、「敦煌料理店」に出合いました。このご主人に、どれほど元気とエネルギーを頂いたか。

時は流れ、大使館職員となった際、敦煌に出張する機会がありました。その際、せめてご主人に会ってお礼を申し上げようと、かつて「敦煌料理店」のあったところを尋ねました。ところが、影も形もありません。周りのお店に聞いたところ、なんと、私が来るつい数週間前に店をたたんだとのこと。あの思い出の「敦煌料理店」は、もはや記憶の中にしか存在しません。そのときの美しい光景は、いまでも私の中でそのままに凍結され、しずかに息づいています。

中国奥地の少数民族とともに、踊りを楽しむ

四川省の山奥、チベット族がたくさん住む地域をローカルバスで旅したことも、私にとって良い思い出です。おんぼろの乗り合いバスで、また道路が舗装されていないこともあって、上下に左右に大きく揺れながら山道を進んでいきます。停車場なんてありません。突然、乗客の大きな声が響いたかと思うと、バスは急停車、声の主が降りていきます。また、

道すがらたたずんでいる人を見つけては、バスはとまり、大きな荷物とともに客人が乗り込んできます。

進むにつれてバスはいっぱいになり、やがて通路に立ったままの人がでてきます。しかしそれでも、大きい荷物とともに乗り込んでくる人たちは後を絶ちません。最後は、まるで日本の通勤ラッシュのようになってしまいました。ゴトゴト揺れながら進むバスの前方には、ヤギを二匹抱えたおじさんがこちらを見つめて、たたずんでいます。すでにバスはギュウギュウ。「これ以上は、絶対にもう入らないだろう」と思った状態でしたが、それでもバスは止まりました。すると、乗客も手慣れたもので、何とか場所を作ってあげようと、みんなで「よいしょっ」と奥のほうに少しずつ自分の身体を押しこんでいきます。そしてついに、乗り込むことに成功した「ヤギおじさん」は、なんと、当然のように一匹のヤギを私のひざの上に、もう一匹を私の隣のおばさんの上に乗せました。私がびっくりして、その隣のおばさんのほうに目をやると、おばさんは当然のように、ヤギをひざの上で抱えています。私は面食らいました。日本の満員電車では、ここまでの譲り合いの精神はありません。生きるためにはともに助け合う、中国人の「逞しさ」を学びました。

中国を旅すると、いろんなハプニングがあります。雲南省大理で、病院に入院したこともありました。新疆ウイグル自治区で、突然結婚式に招待されたこともありました。でも、そんな経験や思い出の積み重ねが、私のいまの「中国観」となっていることは、間違いありません。仕事の上で様々なハプニングや問題があっても、中国人の根底にある「優しさ」や「逞しさ」を信じることができます。

結局、国と国の関係も、そういうことなんだと思います。とりわけ日中関係は、そういうことだと思います。日中関係には、他の二国間関係にはない特殊性があります。それは、国交正常化の夜明け前から、あるいは日中関係が必ずしも良くない時期においてまで、常に、民間交流が主役でした。民間の交流が二国間関係を引っ張ってきました。だからこそ、日中の民間交流は、他の二国間関係にはない重要性を持っています。そしてそれは、一人一人の交流の思い出に他なりません。良いことも悪いことも含めて、中国との交流の思い出、滞在の思い出こそが、一人一人の「中国観」であると同時に、二国間関係の未来だと確信しています。

今後も、バックパッカー精神を忘れることなく、良い面も悪い面も、等身大の中国と向き合い、つきあい、思い出を作り続けていきたいと思います。

中国滞在を通して見た中国の変化と発展——小島康誉

相互理解促進を皆で！

中華人民共和国の成立70周年を熱烈にお祝い申し上げます。

1982年以来私は中国新疆ウイグル自治区を150回以上訪問し、今や新疆は私の第二の故郷となった。

私はこの37年間、新聞の取材やテレビ出演なども含めた各種活動を通じて相互理解促進に取り組み、今後も「使命」として微力を捧げる所存である。

21世紀は国際協力の世紀である。両国首脳も協調に向けて動いてはいるが、やはり異なる国の相互理解を促進する努力が必要である。日中両国民が相手国をより理解するために、二国間の人的交流の増大を願う。

そしてこの場を借りて、私の活動を支えてくれる関係者諸氏に心からの感謝を表します。

小島康誉

(こじま やすたか)

新疆ウイグル自治区政府文化顧問
公益社団法人日本中国友好協会参与

1942年名古屋生まれ。佛教大学卒業。浄土宗僧侶。1966年宝石の鶴亀（現エステール）を創業し、上場後、1996年創業30周年を機に社長退任。1982年以来、新疆訪問は150回以上を数え、経済、文化、文化財、教育、貧困改善、檔案など多方面で百以上の国際協力活動を実践。株式会社ツルカメコーポレーション社長、佛教大学客員教授を歴任し、現在は佛教大学内ニヤ遺跡学術研究機構代表、日中共同ニヤ遺跡・ダンダンウイリク遺跡学術調査日本側隊長、新疆ウイグル自治区政府文化顧問、ウルムチ市名誉市民、新疆大学名誉教授、中国歴史文化遺産保護網理事長などを務めている。日本僑報社刊の主な編著書に『迷路悟道』『新疆世界文化遺産図鑑』など。

世界には約二百の国家があり、約三千三百の民族がいる。歴史・文化・思想・体制は異なり、国益がぶつかり合う。外国は異国である以上、対立が生じるのはごく普通のことである。二十一世紀は国際協力の世紀でもある。対立しながら協調しあう時代である。日中両国民が相手国をより理解するために「旅華・中国滞在」「旅日・日本滞在」がさらに増大することを願う一人である。

この機会に私の「旅華」活動を紹介させていただきたい。一九八二年以来、中国新疆ウイグル自治区を百五十回以上訪問し、文部科学省・中国国家文物局・新疆ウイグル自治区人民政府・新疆ウイグル自治区文化庁・新疆ウイグル自治区文物局・新疆ウイグル自治区檔案局・新疆文物考古研究所・ウルムチ市人民政府・新疆大学・佛教大学の絶大なご指導ご協力を得て、また龍谷大学・京都造形芸術大学・科学技術庁・国立歴史民俗博物館・関西大学・関西外国語大学・京都大学・早稲田大学・国学院大学・京都市埋蔵文化財研究所・大阪市文化財協会・奈良国立文化財研究所・橿原考古学研究所・長岡京市埋蔵文化財センター・六甲山麓遺跡調査会・古代オリエント博物館・ジェック・山口大学・奈良女子大学・大手前大学・国士館大学・

岡墨光堂・六法美術・アートプリザヴェーションサービス・奈良大学・新疆博物館・和田文物局・トルファン文物局・北京大学・中国社会科学院・中国科学院・華東師範大学・中国石油東方公司などからの参加も得て、新疆に残る世界的文化遺産の調査・保護・研究、さらには人材育成事業などを実践してきた。関係者諸氏に心からの感謝を表したい。

活動の一例を示せば、キジル千仏洞修復保存・ニヤ遺跡調査・ダンダンウイリク遺跡調査・同壁画保護・中国歴史文化遺産保護網運営・歴史檔案史料刊行・新疆大学奨学金提供・新疆文化文物優秀賞提供・希望小学校建設・児童育英金提供・各種代表団派遣・招聘・各種仲介・各種寄付などである。これらは「一帯一路」での国際協力であり、「一帯一路」の歴史交流の一端を明らかにしてきた。

新疆ウイグル自治区人民政府は二〇〇一年に「小島康誉氏来訪二十周年記念大会」、二〇一一年に「小島康誉氏来訪三十周年記念大会」を開催した。国家文物局機関紙「中国文物報」は一頁特集を組み、ニヤ・ダンダンウイリク両遺跡の調査保護研究事業を「中国外国間共同事業と学問交流の模範例」「多領域学問で西域考古の合作研究と保護を実施」「中国外国学者の共同努力の傑出事業」などと最大級の評価で報道した。また同報は「小島康誉：新疆に全人生を投入

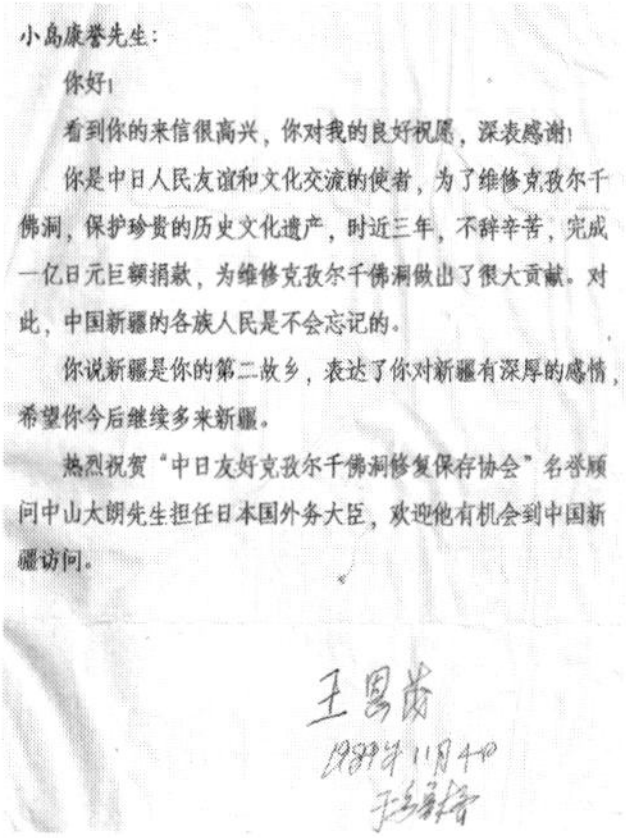
小島康誉先生：

你好！

看到你的来信很高兴，你对我的良好祝愿，深表感谢！

你是中日人民友谊和文化交流的使者，为了维修克孜尔千佛洞，保护珍贵的历史文化遗产，时近三年，不辞辛苦，完成一亿日元巨额捐款，为维修克孜尔千佛洞做出了很大贡献。对此，中国新疆的各族人民是不会忘记的。

你说新疆是你的第二故乡，表达了你对新疆有深厚的感情，希望你今后继续多来新疆。

热烈祝贺“中日友好克孜尔千佛洞修复保存协会”名誉顾问中山太朗先生担任日本国外务大臣，欢迎他有机会到中国新疆访问。

王恩茂

王恩茂中国政治協商会議副主席からキジル千仏洞修復活動への礼状

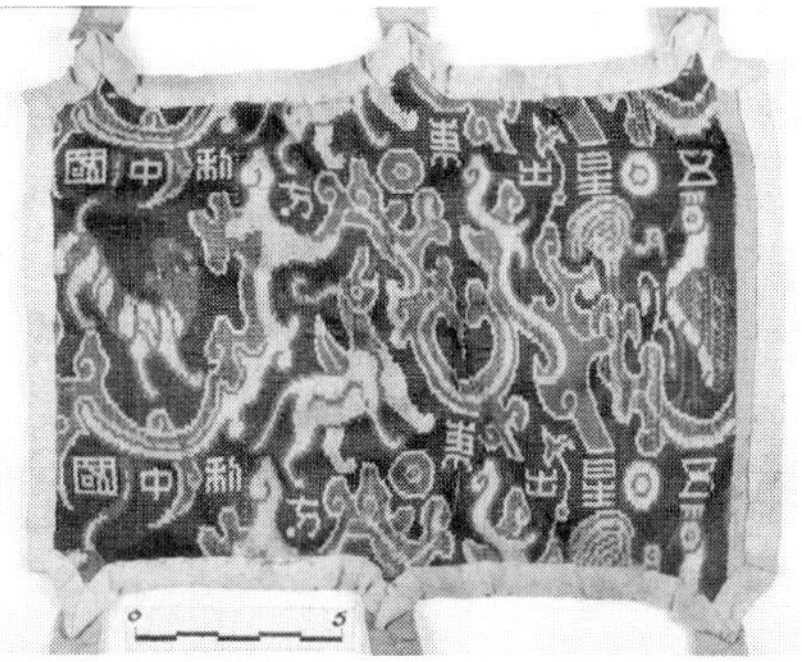
日中共同隊がニヤ遺跡で発掘した「五星出東方利中国」錦

する感動的日本人」と一頁近い大型記事を掲載。このほか人民日報・新疆日報・NHKなど日中両国の新聞やテレビで度々報じられた。光栄なことである。

修復保存に取り組んだキジル千仏洞は二十八年後の二〇一四年世界文化遺産となり、日中共同で展開したニヤ調査では開始から七年後に中国の国宝中の国宝ともいわれる「五星出東方利中国」錦を発掘し、ダンダンウイリク調査では焼損した奈良法隆寺金堂「鉄線描」壁画の源流の実物資料ともいわれる「屈鉄線」壁画「西域のモナリザ」などを発掘・保護し、それらの成果を報告書や佛教大学・ウルムチ環球賓館・北京大学での国際シンポジウムで公開した。研究保護した文物は東京・

京都・大阪・神戸・岡山やウルムチ・北京・上海・杭州・香港・台北をはじめイタリア・アメリカ・韓国などでの文物展へ出陳されるほどの水準であった。更には奨学金など提供が六千人余に及び、博物館建設・農業用井戸掘削・街路灯設置……などを行ったが、それらへの評価であろう。

二〇一七年十月にはNHK「シルクロード・壁画の道をゆく」が放映された。法隆寺・敦煌・キジル千仏洞・ダンダンウイリク遺跡の壁画の関連性を特集したものである。キジル千仏洞の部分は私が新疆側と仲介し出演もした。それらの写真などを活用し東京芸術大学は、ドイツ隊が殆どの壁画を持ち去ったキジル第二二二窟を復元した特別展「素心伝心」を開催した。番組はその後も度々再放送され、また三十分版も放送されるなど人気を博した。新疆への理

新疆大学小島奨学金獲得者らと

解が促進されたものと思う。ＮＨＫのオンデマンドで視聴できる。

昨年一月には中国天津テレビ「泊客中国」が私の特集番組「大愛無疆」「五星出東方利中国」「西域蒙娜麗莎」三本を放映した。中国で活躍する外国人にスポットをあてた長寿番組であるが、一人三本は初と聞かされた。光栄なことである。ＣＣＴＶのＷｅｂ「央視網」でも視聴できるので、ご覧いただければ幸いである。

昨年五月、中国の総理として七年ぶりに訪日した李克強総理を歓迎するレセプションが十日、日経連などが主催し東京で開催された。千三百人（主催者発表）の一人として私も出席した。安倍晋三首相は「競争から協調へ。政治家だけでなく民間の方々の努力で次の四十年に向けて協調してゆこう。次の中国訪問には皆さんにも同行いただきたい。交流して実際の姿を見ることが大切」と述べられ、李克強総理は「昨日は突っ込んだ具体的話し合いをし、沢山の調印をした。両国の指導者が定期的に往来することは関係発展に良い環境を作り出す。将来を見据え勇気と知恵で中日関係を発展させることができる」などとスピーチされた。前日の首脳会談が順調であったこともあり、笑いと拍手が度々起こる和やかな雰囲気であった。ここ数年の厳しさは全く感じられなかった。

五月末には人民日報のWeb人民網から「改革開放四十周年」特集として取材を受けた。これは段夫妻の紹介である。事前に質問書が届いた。それらの質問と私が答えたことは次のとおりである。少々長くなるが私の第二の故郷・新疆ウイグル自治区や国際協力の一例を知っていただくためにも紹介したい。

①一九八二年以来、度々新疆を訪問されているが、新疆のどんなところに惹かれましたか。
㊟人々の温かい人情と豊富な文化遺産。
②ニヤ遺跡調査研究は先生がなされた最大の成果のひとつですが、調査開始前に必ず大きな成果が得られると確信がありましたか。先生が主導した調査でどんな発見が最も価値あるとお考えですか。どのような困難を克服してきたのでしょう。
㊟漢代の西域三十六国のひとつ「精絶国」であるので、大発見があるのではと考えていた。「五星出東方利中国」錦の発見ばかりが注目されるが、日中共同隊は「精絶国」の全容を明らかにした。無人の沙漠での調査であるので、到達するのも大変だし、大量の調査器材や食料も運び込まねばならない多領域の調査のため、多くの研究機関に参加してもらったので、

その調整も大変であった。あわせて九回の現地調査、最大時は日中約六十人が三週間調査を行い、多額の調査資金には苦労した。報告書三巻の出版や国際シンポジウムを度々開催したことでも日中双方は苦労した。

③先生は中日両国で数えきれない賞を獲得されていますが、最も嬉しい賞はなんですか。

㊟賞は嬉しいが結果にすぎない。個人が獲得したわけでなく、皆の活動が評価されたもの。

④現代の阿倍仲麻呂と呼ばれていますが、先生の活動で中日両国の距離を縮めました。今後の計画はありますか。

㊟譬えられるのは恥ずかしい。天と地の差がある。一庶民として相互理解を少しでも促進できたなら嬉しい。今年はニヤ調査三十周年であるので、写真・資料中心の活動記録集『中国新疆36年国際協力実録』（仮題・日・中・英文・A4・オールカラー・二七〇頁）を十月出版。佛教大学四条センターで市民対象の私をふくむ日中双方専門家による連続講座「シルクロード：美の道・壁画の道」と同写真展開催（十一～来年二月）。中国側は新疆博物館で文物展開催（九月から数カ月）など。以上は今年三月に新疆文物局で王衛東局長らと合意した項目である。それとは別にアクス地区に農業用井戸掘削と改革開放四十周年を記念して写真集

『邁進新時代』（仮題）出版も予定している。

⑤今年は中国の改革開放四十周年に当たります。自身の経験から中国の改革開放についてどのように考えていますか。

㈴改革開放で大発展した。今後も改革開放で超大国になっていくであろう。

⑥中国で経験した感慨深い出来事があれば教えてください。

㈴ウルムチでタクシーに乗った時、運転手が「小島先生ですか」と尋ねた。同行の新疆日報記者が「そうだ」と答えた。降りるとき運賃は要らないと。何故と尋ねると「妹が新疆大学で奨学金をもらって、本当に助かったから」と。

取材の一環でショートビデオも撮影された。記事も一分動画も日本語と中国語で発信されている。「人民網 小島康誉」で検索いただければ幸いである。

二〇一四年十一月七日、私は中国・北京の釣魚台国賓館で第十一回「北京フォーラム」開会式に参加していた。同日未明、同じ国賓館で二年余りにわたり緊張関係が続いている日中関係を打開すべく「双方認識四項目」が調印された。十日、安倍晋三首相と習近平国家主席が会談し、関係改善が動き出した。両首脳は以降も度々会談し、改善を加速させてきた。

私はこの三十七年間、「大愛無疆」精神で各種活動を通じて相互理解促進に取り組んできた。しかし相互理解は難しい。困難であるからこそ相互理解促進の努力が必要である。二十数年前「人民日報」に取材された際もそのように答えている。記事後半をご覧いただきたい。私は今後も「使命」として微力を捧げ、灰はタクラマカン沙漠へ撒く。

人民日报（海外版）　1995年5月27日　星期六

大道无形相
——访日本友人小岛康誉
本报记者　郑　兴　王连伟

5月22日，全国人大环境与资源保护委员会首次向一位外国人颁发了独特的荣誉证书，以感谢他在研究保护中国尼雅遗址生态环境方面作出的贡献。王丙乾副委员长专门接见了他，他就是日本友人小岛康誉。

尼雅，位于新疆塔克拉玛干沙漠腹地，与楼兰一样，都曾是中国古代丝绸之路上的王国，《汉书》上称其为“精绝国”。不知何时，由于何种原因它消失了，给后人留下了无数个千古之谜。而小岛是日本鹤龟株式会社的社长、一个珠宝商人，两者之间是如何产生联系的呢？当我们采访小岛时，首先就向他提出了这个问题。

“其实，还是从宝石开始的。”小岛告诉我们说来话长。

1982年5月，小岛为了寻找宝石来到新疆，但是生意没有做成。邀请他的新疆工艺品公司觉得过意不去，便带他去游览克孜尔千佛洞。参观回来的路上，陪同人员开玩笑说，小岛如果肯出10万元人民币，可以做出一个他专用的洞窟来。小岛当下干脆地回答：“明白了，破损得太严重了。我出10万元，用来修复和保护洞窟吧！”后来，他与新疆文化厅交换了简单的文书，并在回国后立即无条件地把10万元汇了过来。“一句玩笑话，成了我与新疆结缘的契机。”几年前，小岛提出要为新疆最富魅力的古代遗址提供考察和保护经费。经过对几十处大漠古城的精心筛选，最后确定了尼雅遗址。

尼雅遗址，被称为“丝绸之路的庞培城”、“梦幻的古代城市”，是塔克拉玛干大漠中残留的最大遗址。迄今，由小岛出资组建的中日考察队共对尼雅进行了6次实地调查。小岛作为日方队长，先后参加了5次。考察队员林永健向我们介绍说，小岛一呆就是个把月，对于昼夜温差达40摄氏度，因严重缺水不能洗脸，只能用沙子洗碗，这种非常人所能想象的生活，安之若素。

小岛说，这些年他个人的收入全部都投进了尼雅考察中，家里的生活费全靠夫人一人的收入维持。他在日本每天挤地铁上下班，从不舍得乱花一个钱。但这也还不够，他夫人便将自己的高尔夫会员证卖掉来支持他。这些年，他差不多投了一亿日元，有时还要向银行贷款。

也许是被小岛的赤诚感动了吧，去年，中国国家文物局发出了在中国境内对外国人的第一号发掘许可，对尼雅遗址的考察正式开始了。作为专家，考察队员孙跃新博士说，这表明肯定了尼雅考察的历史意义。在丝绸之路的遗址中，尼雅因为远离大漠边缘，受到的人为破坏较少，所以它的学术价值会高于其它地方。

尼雅的再发现在世界上引起了反响。去年4月，在日本佛教大学设立了“中国新疆尼雅遗迹学术研究机构”，日本原首相海部俊树和中国国家文物局长张德勤担任名誉会长，小岛为代表之一。

据说，至少还要10年才能完成对尼雅遗址的考察。我们问小岛，他还会继续支持这一事业吗？他肯定地点点头，并告诉我们，今年的考察将在10月份进行。他说：“我的前半生是为创建公司而奔波，后半生我的精力要投在中国的文物保护上。”

其实，小岛为中国做的，不仅仅这一件事。

他创立了“中日友好克孜尔千佛洞保护协会”，募捐1亿日元；他的公司每年向新疆大学提供200万日元奖学金，还每年为25名在日中国留学生提供奖学会；他还创立了“中国文物保护基金会小岛康誉奖学金”，每年提供430万日元，资助两名中国研究人员赴日研修；作为新疆政府文化顾问，他还四处奔走，为新疆的建设献计出力：他促成了日本伊藤忠商事驻乌鲁木齐办事处的设立，他在为新疆找到日本的友好对口地区牵线搭桥等等。

这样做他并非有所求。按小岛的原话：“我只是热爱新疆，热爱灿烂辉煌的中华文化。”这是一种奉献。作为佛教僧侣，他觉悟着“真空无人我，大道无形相”的真谛。小岛说：“现在日中友好该进入第二个时代了，就是‘日中相互理解、日中共同合作’的时代。”他正在身体力行之。他的身上仿佛重现出当年阿倍仲麻吕的影子。

告别之际，我们和小岛约定，当尼雅考察有了新的成果时，我们一定再访他。

1995年5月27日「人民日報」に掲載された取材記事

今年、中華人民共和国は成立七十周年を迎える。両国首脳の関係改善意欲に沿い、私たち民間人ももっと努力していく必要があるだろう。

「小島康誉国際貢献賞」授賞式の記念写真。池袋「漢語角」にて

相曽 圭

私を変えた中国滞在

私は４年前、天津日本人学校の小学部を卒業しました。きっかけは父の赴任で、最初は不安でしたが、中国の人々との触れ合いは私に大切なことを気づかせてくれ、中国の文化のすばらしさ、中国の人々の温かさを知り、かけがえのない思い出となりました。

新中国成立70周年を迎え、世界の中で大国として重要な位置を占めるようになった今、日本と中国はお互いの良さを知ることが、今後の平和と友好につながると私は信じています。

中華人民共和国成立70周年を、心からお祝い申し上げます。

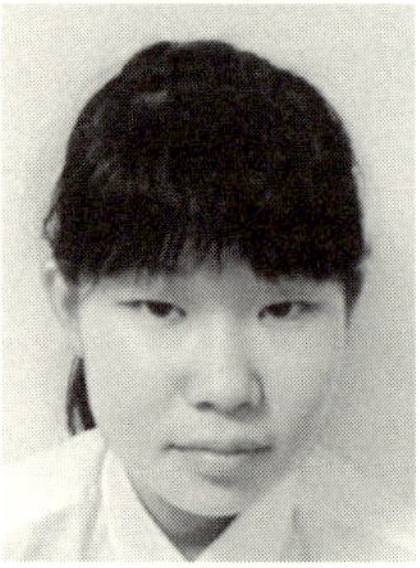

相曽 圭

（あいそ けい）

2002年生まれ。2009年浜松市立中ノ町小学校入学。2013年中国天津日本人学校編入。2015年静岡県立浜松西高等学校中等部入学。2018年静岡県浜松西高等学校入学。

ああ　われら　世界を結ぶ子供なり
ああ　われら　世界の津の子供なり

私は四年前、天津日本人学校の小学部を卒業しました。これは、校歌の最後の歌詞です。歌いやすく、リズムが良いこの校歌を、日本に帰国した今でも、ふと口ずさんでいることがあります。

私が中国で暮らすことになった理由は、父の赴任です。海外での生活には不安な気持ちもありましたが、その一方で、異文化に触れるという楽しみもありました。力強く、素早い動きで人々を魅了する中国武術、パリパリともちもちの食感が口いっぱいに広がる北京ダック、スーパーの、雛の脚が飛び出ていた卵、数えきれないくらいたくさんの感激や驚き、発見がありました。そんな、初めての中国での生活にも慣れてきたころ、私に大切なことを気づかせてくれた出来事がありました。

私が母と一緒に近くの市場に買い物に行ったときのことです。その日は、休日ということもあり、市場は多くの人でにぎわっていました。また、野菜や果物を届ける荷車やトラックも、多く行き交っていました。私は、母と喋りながら市場をまわっていました。その時、私は会話に夢中で、後ろから大きなトラックが来ていること、そして人々がそれに気づき、道を開けていることに全く気づきませんでした。すると、急に後ろから大きな声が聞こえて、近くにいたおじさんに腕を引っ張られました。一瞬背中がゾクッとしました。突然の出来事に驚きを隠せないでいると、そんな私の横を、スイカをたくさん乗せたトラックが通り過ぎました。私は、その時やっと自分がトラックの邪魔になっていたことに気づきました。そして、周りが見えていなかった自分が恥ずかしくなりました。しかし、その後すぐに、助けてもらっていたのに、思わず怖さを感じてしまった自分自身への恥ずかしさ、そしておじさんへの申し訳なさが私の心の大部分を占めました。ハッとお礼を言っていないことに気づき、慌てておじさんの姿を探しましたが、その時にはもう見当たりませんでした。家に帰り、姉に市場であった出来事について話そうとして、ふと気づきました。「今日、中国人のおじさんに助けてもらった」。私の口から出そうになった言葉に、心がモヤッとしたのです。その言葉が頭の中を駆け巡りました。「中国人のおじさん」「中国人の」。これだと思いました。私はいつの間にか、中国人との間に壁を作ってしまっていたのです。中国と日本はあまり仲が良くない、中国人は日本人のことを

北京の明十三陵で、家族と

あまりよく思っていない、と勝手に決めつけて。私が腕を引っ張られたとき、思わず怖いと感じたのも、これが原因だと思います。突然だったことも一つの理由だと思いますが、大きな理由は、私の中にあった壁だったのです。

どうやったら壁がなくなるのか考えていたころ、通っていた日本人学校の行事である現地校交流会がありました。それは、現地校の生徒を学校に招待して、一緒にゲームをしたり、歌を歌ったりする会です。私たちのクラスは、めんこやこま、おはじきなど、日本の伝統的な遊びをすることになりました。私は、おはじきの遊び方の説明を担当しました。説明は全て中国語で、私は苦戦しました。原稿づくりから発音練習まで、先生の手を借りながらも、なんとか説明ができるところまでこぎつけました。そうして迎えた交流会当日。正直、自分の説明で本当に理解してもらえるのか不安でいっぱいでした。その不安は案の定的中し、現地校の生徒は、私が説明したとき、困惑した顔をしていました。もういっそのこと原稿を見せてしまおうか、それとも中国語が話せる子を呼んできて、私の代わりに説明してもらおうか、そんな後ろ向きな気持ちが生まれました。その時、現地校の生徒が私に、「こういう事?」「こうやっておはじきを動かすの?」と聞き返してきました。思いがけないことに、びっくりしました。でも、少しでも分かってもらえていたんだと思ったら、すごく嬉しくなりました。そして、何としても自分の力で伝えたいと思いました。私は、身振り手振りも交えて、一生懸命説明しました。そうしたら、現地校の生徒も、ひたむきに私の言葉に耳を傾けてくれました。そして、ついに最後にはみんなで、おはじきで遊ぶことができたのです。現地校の生徒が、にっこり笑って、「謝謝」と言ってくれました。その言葉に、私は目の前がパッと開けた気がしました。これまで感じたことのないすっきりとした気持ちになりました。私はこの時、私の心の中にあった壁を壊すことができたのだと思います。そして、現地校の生徒の笑顔は、壁がなくなったからこそ得ることができた笑顔だったのだと思います。

近年、中国人観光客の増加に伴い、中国に関する様々なニュースを耳にします。中国の空気についてであったり、日本を訪れる人のマナーについてであったり、内容はいろいろです。それらのニュースは事実です。しかし、それらのニュースをただ鵜呑みにして、中国に対して批判的なことを言う事は違うと思います。自分から知ろうとしないこと、関心を持たないこと、諦めようとすること、それらの気持ちが積み重なって、壁ができていくのです。

壁は、自分の意思で高くすることも、広げることもできると思います。その壁は、もしかしたら自分を何かから守ることにつながるかもしれません。しかしそれは、新たな発見にはつながりません。なぜなら、壁の先にある世界を見ることができないからです。壁の先がどうなっているのか、何があるのか分からないのです。私は、中国滞在を通して、壁を壊して、中国の文化のすばらしさ、中国の人々の温かさなどに気づくことができました。この滞在は、私にとってかけがえのない思い出となりました。

日本と中国が日中平和友好条約を結んでから、四十年以上が経ちました。私はこの「日中平和友好条約」という言葉を、日本に帰国してから学びました。この条約を結ぶまでには、数十年にもわたる二国間の紆余曲折があったのです。習った当初、私はその壮絶さに息をのみました。この、「平和」「友好」という言葉には、この数十年間を生きた人々の様々な思いが込められているはずです。

ああ　われら　世界を結ぶ子供なり
ああ　われら　世界の津の子供なり

この歌詞には、地球は一つという理想のもと、一人一人が世界の津となり、国際人として活躍していってほしいという思いが込められています。

日本と中国が、心の中にある壁を越えて、お互いの国の良さをもっと知ることができたら、それこそが、今以上の「平和」「友好」につながると私は信じています。それは、今を生きている私たちだけができることだと思います。きっと私にも、中国に滞在した私にしかできない何かがきっとあるはずです。それを見つけ、日本と中国の関係をもっともっと固く結べるよう、この経験を活かし、活躍していきたい。

地球は一つ。日本と中国が助け合える、協力し合える、そんな社会にしたいと思います。

日中平和友好条約から四十年、そして新中国成立から七十年。これから先、日本と中国の関係がますます良くなることを願っています。

中国滞在を通して見た中国の変化と発展——青木玲奈

鼻歌

中国の空に響き渡った歌声

北京にいた頃、中国人の友人が鼻歌を歌いながら歩いている様子がとても幸せそうだった。そこで私もそっと真似して鼻歌を歌ってみて、自分の心を自然の中で解き放つのがこんなに気持ちの良いことなのだと知った。

中国の人々の明るい笑顔が、そして幸せそうな鼻歌が、賑やかな街や美しい公園で聞こえてくる。何があっても力強く生きていく。どこにいても目の前の小さな幸せを思い切り享受する。そんな中国文化が今日も日本人の私を幸せにする。

私に“幸福的生活”を教えてくれた新中国成立70周年に、心からの祝福と感謝を捧げたい。

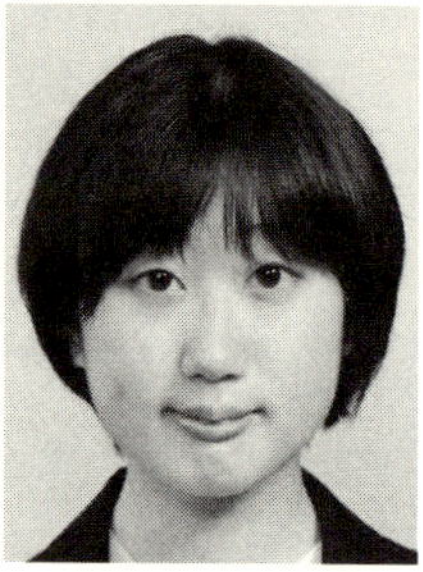

青木玲奈

（あおき れいな）

1997年生まれ。2015年立教大学異文化コミュニケーション学部異文化コミュニケーション学科入学、2019年3月に卒業。その後企業に就職し現在に至る。、中国と日本はよく似ているなと思う。人々の見た目も似ているし、文化も似ている。八カ月香港で生活を送っていてもカルチャーショックはほとんどなく、中国人の学生と一緒にいても、文化の違いを理由に気まずく思うことは一度もなかった。だからこそ、時たま感じる些細な日常の一部の違いが、大きな違いとして私の胸にひしひしと迫りくる時がある。

北京をふらりと訪れた五月のある日、中国人の親友は私を圓明園へ連れて行ってくれた。本来は避暑地として使われていたらしく、大きな池があり、日陰も多い。それでも青々と茂る木の葉の間を縫って、陽の光はじりじりじりと肌を刺した。

汗を拭きながら歩いていると小さな石造りの建物が見えてきた。公園に内設された展示場である。そこから風に乗って伸びやかな歌声が聞こえて、私は足を止めた。若い男性の声だった。私は音楽関連の展示場であると思い、透明のカーテンをそっと押し、中に入った。

中は思ったよりも小さく、ひんやりとしていた。平日だったせいか、客はほとんどおらず、若い男性が一人立っていた。私たちが入っても別に気にしていないようだった。彼は私の方をちらりと一瞥すると、そのまま、のびのびと歌を歌い続けた。その時、私は、彼は警備員であること、そして展示は音楽とは何の関係もないことにやっと気が付いた。彼は私が展示品を見ている間も気持ちよさそうに歌を歌い続け、私が出ていっても遠くまでその歌声は聞こえてきた。

展示場を出てから、私と友人は、また歩き始めた。彼女は日頃から、よく鼻歌を歌いながら歩いていた。その日も微笑みながら、何かの歌を口ずさんでいた。その時の彼女はとても幸せそうだった。風がさわさわと木々を揺らし、彼女の歌声と重なった。私は少し昔、彼女にした質問を思い出した。

"Why are you always singing?"（どうしていつも歌を歌っているの？）

彼女はにっこり笑って答えた。

"Why not?"

その時、多分彼女はそれ以外の答えは見つからなかったのかもしれない。気持ちよさそうに鼻歌を歌うことは、きっと彼女にとって当たり前のことだったのだ。むしろ黙々と音もなく歩く私が不思議に見えたこともあるのかもしれない。質問をしたその時は、彼女の答えの意味が、わかったような、わからないような、曖昧な気持ちだったけれど。

圓明園に行ったあの日、私は身をもって答えを知った。確かに暑い日であったけれど、本当

2017年、北京、圓明園にて友人と

に気持ちがいい日であったから。何も特別なことは起きていないのに、とても幸せだと思えたから。よく晴れた北京の空が、その幸せを思い切り受け止めて、悪いことなんて何もないと教えてくれているみたいだった。

私もそっと鼻歌を歌った。周りの人も歌っているのだから問題にはならないだろうと思ったのだ。頭に浮かんだ歌を口に出してみた。当時私が歌うことのできた唯一の中国語の歌だった。その時の私の感情を表す言葉があるとしたら「解放感」の一言に尽きるかもしれない。自分の心を自然の中で解き放つのがあんなに気持ちの良いことであったのか、あんなに幸せな気分であったのか、二十年間閉じ込めてきたものが一気に堰を切って流れたようだった。

その時、以前のある日に中国語の授業で課された作文のテーマを思い出した。〝幸福的生活是什么?〟。悩んで悩んでやっと書き上げたことは覚えているのに、何を書いたのか、どうしても思い出すことはできなかった。何不自由なく育てられて、自分が不幸ではないことは分かっているのに、自分にとって幸福とは何であるか分かっていなかった。

しかし、圓明園にいた時、私は自分がものすごく幸せであることに気が付いた。気持ちの良い天気、それだけで生きていて良かったと思える天気、そして隣を歩く私の親友。半年たってやっとやっと北京で再会した私の親友が自分の隣で幸せそうに一緒に歩いてくれること。その幸せを初めて心から享受した気がした。そして、その時なら、自分なりの〝幸福的生活〟の答えを書けるように感じた。それからは、幸福な時に、歌いたいときに、歌を口ずさみ、幸せを全身で享受するようになっていった。自分は幸せであると思うようになっていた。

日本への帰国後、日本人の静かさに驚いた。当然誰も鼻歌は歌わなかった。鼻歌交じりに仕事をする警備員など、いるわけがなかった。

誰も彼も、いい天気の日に、何事もなかったように道を歩いていく。私も以前はそうだったのだ。そのことに疑問を抱くことはなかったし、むしろ鼻歌を歌うことに気後れを感じていたのだ。しかし、今は歌わずにはいられない。「天気が良い」という一見何でもないことが幸せに感じるようになったから。家族から「鼻歌、いい年なんだから、そろそろやめたらどうなの？」と言われたこともある。そのたびに反省しつつも、その数秒後もう鼻歌を歌っている。やめられない理由は簡単だ。あまりにも気持ちがいいから、そして心から幸せを感じるからだ。

日本人の感情を表にあまり出さない文化にも良い面はたくさんある。特に負の感情を出さない側面は、日本人らしく、平和的で、奥ゆかしさを感じられるから、とても好きだ。仕事に私情を持ち込まないところも、勤勉な日本人らしい。その一方で、もっと幸せな顔をすればいいのに、とも思うようになった。思い切り小さな幸せをかみしめてもいいのに、と思う。

中国の人々の明るい笑顔が、そして幸せそうな鼻歌が、賑やかな街や美しい公園で聞こえてくる。貧しくても、うまくいかないことがあっても、力強く生きていく。どこにいても目の前の小さな幸せを思い切り享受する。そんな中国文化が今日も日本人の私を幸せにする。

中国滞在を通して見た中国の変化と発展——秋山ひな子

私を変えた北京の夏

2016年、わずか10日ほどの滞在だったにもかかわらず、私が目にした中国は今まで知っていた中国像と大きく異なっていた。

とてつもなく大きく、人口も多く、そしてなにより変化が早かった。特にITの急速な発達によるオンライン決済やショッピングなどが画期的だった。

新中国成立から70年。今までも、そしてこれからも、中国はさらに変化を続けていくことだろう。中国の益々の発展を楽しみにしている。そして将来、私自身も中国と関わりを持ち続けたいと思う。

秋山ひな子

（あきやま ひなこ）

神奈川県出身。幼稚園から高校まで横浜の私立一貫校に通う。中学高校時代三度オーストラリア・メルボルンに語学留学を経験、2016年早稲田大学国際教養学部に入学。大学1年の夏に訪れた北京の魅力に取り憑かれ中国留学を決意。2017年9月から1年間北京大学国際関係学院にて双学位留学。2018月7月帰国。

二〇一六年八月、私は初めて北京を訪れた。

大学一年生のとき、"OVAL JAPAN - Our Vision for Asian Leadership"という国際ビジネスコンテスト運営団体の北京大会に参加するため初めて中国にやってきた。

十日ほどの滞在で外に出て観光したのは数日だけだったが、私が目にした中国は今まで知っていたわずかながらの私の知識の中の中国とは大きく異なっていた。

とにかく、とてつもなく大きくて人もたくさんいた。そして一番衝撃だったのが、中国ってまだ発展途中なのかという気付きだった。

ニュースの報道で中国はＩＴが発展していて、日本よりも進んでいると認知していたし、私自身も北京は中国の首都できっと東京と変わらない景色なんだろうとどこかで想像していたのかもしれない。

また驚きだったのが、中国人が案外優しいことだった。タクシーに乗った時、私が日本人であることに興味を示して話しかけてくれたり、現地で知り合った中国人の友達がいろいろサポートしてくれたりして、嫌な思いは一度もしなかった。

北京から帰国して、数日なにか忘れ物をしたかのような心に穴が開いたような感覚だった。

北京での写真を見返しては、あの刺激的な十日間を懐かしみ現状に物足りなさを感じていた。

大学の留学申請締め切りまで残り二週間になった頃、よし留学先を北京にしよう！と決めた。正直すごく迷った。中国語は大学入学後、第二外国語として勉強し始めて、資格なども受けたことすらなかった。

そんな語学力で、北京の学部生に混ざって勉強し、学位も取るなんてできるのか不安だった。でも、やっぱり北京に戻りたい、あの刺激的な環境にもっと浸りたい、中国を自分の目でもっとみて知りたいという、病みつきになったような感覚が、不安をはるかに上回った。

そして、二〇一六年十二月北京大学国際関係学院への双学位留学の切符を手に入れた。

私は、今まで苦労のない人生を歩んできた。幼稚園から高校までの一貫校に通い、高校ではオーストラリアに留学し、親が敷いてくれたレールをひたすら歩いてきただけだった。だからこそ、大学受験は自分の実力で希望のところに行って自分の興味のある分野を探して、学問に専念したいと思った。第一志望は、少し都心から離れたカトリックの大学で、そのアメリカンスタイルな自由さと大学の学問レベルの高さに惹かれていた。しかし、大学受験は望み通りには行かず、結局第二志望の早稲田大学の国際教養学部に入学した。初めは不本意で入学した早稲田だったが、今は早稲田で良かったと心から思う。ある意味、こんなに中国と縁が深くて留学制度が整っている早稲田に入学していなかったら、きっと中国に関心もなかっただろうし、留学することもなかったのだろうなと思うと、早稲田への入学は、私の中国への興味を持つきっかけを与えてくれたのだと思う。

2016年夏、天安門前にて。見渡す限りの空、中国の土地の広さに感動

北京に来てからの日々は、想像通り毎日刺激に溢れていた。ある人が私に、北京の三カ月の変化は通常の一年の変化のスピードだと言ったが、まさにその通りだった。大学内は、常にどこか工事中で時間とともに変化が目に見てとれた。北京の流動性は速く、感動を覚えた。それから、なんと言ってもＩＴの急速な発展とともに日常生活において日本より断然便利に感じることが多い。日本では現金主義だった私にとって、オンライン決算

やオンラインショッピング、割り勘などの機能は画期的だった。

ただ同時に不便さも覚えた。携帯一つで何でもできる環境ということは、同時に携帯が使えないと何もできないということを意味する。私の使っているSIMカードの問題なのか結構頻繁にネットへの接続が途切れ、そうすると会計の時に決済できず苛立ちを覚える時が度々ある。それから中国に来てから、中国人のスマートフォンへの依存度の高さに驚いた。WeChatでの会話を始めると、中国人の返信はすぐに返ってくる。日本人の感覚からしたら半日返信が来ないのは当たり前で、中国人からしたらそれはあまりにも遅いのだった。

そんな異文化での生活も早くも半年が過ぎ、春休みに日本に一時帰国してから北京の大学寮に戻った時には、家に帰ってきたような安堵感を感じるくらいまでには、中国の生活が当たり前になっていた。この半年を経て、中国人との交流、ボランティア活動、会社訪問、大学での授業や日常生活などで様々な経験をし、中国への理解は随分と深まったと思う。そして、私のSNSやブログを通じて中国への関心を高めてくれる周りの人も増えたように思える。しかし同時に、私が中国に来て危機感を覚えたのは、日本人の海外への関心の薄さだった。中国人は自国をはじめとして、日本やその他外国の情報に敏感で関心が高いように思う。そして日本人が思っている以上に日本が好きあるいは関心を持っている中国人が多いのだ。日本文化や言語、礼儀など様々な分野で関心を持っている。一方日本人はどうだろうか？

今や中国の方が発展しているのにもかかわらず、日本に絶えず関心を持ち、来日する中国人が大勢いる中、日本人は隣の大国を俯瞰的に見て実際に中国を知ろうとする人が少なすぎる。そんな現状が続いたら日本は将来世界で張り合える権利も威厳も失ってしまう。そんな現状に対する日本の若者の危機感も壊滅的に低いと感じる。

中国の存在は、日本にとって今も昔も無視できないものだ。日中関係の改善は今後の日本社会にとって大きな鍵となるだろう。そうした中で、これから社会の中核になる若者はもっと中国に対する関心を高めるべきであると思う。私個人が社会全体に与える影響はわずかなものだが、私自身が周りの人に影響を与えて、それが連鎖的に広まっていけばいいと思う。

たった半年ほどの中国生活で多くを学んだ。留学も残り若干四カ月になり、今何を思うか。やはり、将来は日本を拠点に対外的に仕事をして、中国と今後も関わりを持ち続けたいと思う。そして残りわずかな留学生活の中で、より具体的にその軸に沿って自分が活躍できる職業を見つけていきたい。

中国滞在を通して見た中国の変化と発展——浅井 稔

お膳文化と円卓文化

結婚披露宴にて気付いた中国人の行動様式

私はふとした縁である中国人女性（杭州市出身）と知り合い、トントン拍子に結婚に至った。妻の両親が取り仕切る結婚披露宴で、日本の「お膳文化」と中国の「円卓文化」の違いを知り、目から鱗が落ちた。

日中間に限らないが、自国の「常識」にのみ頼って思考してしまうと思わぬ誤解が生じる。日本と中国という「似て非なる存在」だからこそ、互いに謙虚に向き合うことが友好への道だと私は信じている。

一衣帯水の隣国である中華人民共和国成立70周年を祝するとともに、今後とも日中交流を推進し、相互理解と信頼を共に育んでいけたらと考える。

浅井 稔

（あさい みのる）

1968年東京生まれ。1993年慶應義塾大学経済学部卒。1990年日中学生会議に参加し訪中（北京、上海）。1990～91年香港中文大学に交換留学。卒業後、㈱神戸製鋼所で海外プラント営業に従事。2002年より㈱ブリヂストン勤務。中国事業企画業務に従事後、2004～07年に同社中国統括会社（上海）駐在。2010～13年同社ロシア販売会社（モスクワ）駐在、2015年より中国向け販売企画業務に従事。

「え？　Cさん、今朝に続いてまた人数変更ですか？それが会見一時間前になって今更十四人と言われても。八人部屋の応接室しか確保していませんし、さすがに今からの変更は難しいです。何とか人数を絞れませんか？」

「浅井さん、たった今、人数が変更になったので、なんとかお願いします。それでは十八時に現地でお会いしましょう！　あ、それとこちら側はトップのA書記が来られなくなり、参加者のトップはB副区長になりました。これから打合せに入りますのでこれで失礼します。では！　ガチャ」

「ええ!?　ちょ、ちょっと待って下さい。ツー、ツー」

二〇〇二～〇四年半ば頃、私は勤務先の会社の中国事業関連部署にて、中国事業関連の企画業務や進出先の開発区等との渉外業務を担当していた。当時は、二〇〇一年の中国のWTO加盟を契機に日系企業の中国進出が相次いだ時期であった。そのため、中国各地の経済開発区は企業誘致を目的に競って日本各地で投資説明会を開催しており、関係先の方々も大ミッションを組んで度々来日していた。そうした機会に行うこちら側の上層部への表敬訪問のアレンジ等も私の担当であり、先方の窓口のCさんとの間でこの様なやり取りが何度となく繰り返されていた。

Cさんは仕事もスピーディーで日本語も堪能。ただ、どうも何か基本的な感覚が噛み合わず、私は正直辟易していた。こちらは毎度先方の出席者名から、役職、人数の確認、自社の上層部の出席調整や挨拶原稿に至るまで念入りに準備しているにもかかわらず、これらが毎度の如く突然空しくひっくり返ってしまうのだ。私はその度にこちらの事情をCさんに説明し、先方も一応理解は示すのだが、結局は目立った改善は見られない。そのため、いつしか私は、「大は小を兼ねる」で、会場は常にかなり大きめの部屋を用意し、茶菓子やノベルティに至るまで先方が十名と言ったら一応二十名分といった具合に万事余裕を持ってアレンジするようになっていた。そのため、逆に急に出席者が減った場合、だだっ広い応接室の半分程の席しか埋まらないというケースもあった。

話はさかのぼるが、私は学生時代（一九九〇~九三年）から中国をバックパッカーとして放浪したり、中国現地での学生討論会の企画、更には香港（香港中文大学）への交換留学等々、現在ほど中国自体が身近でなかった当時にあって、積極的に中国と関わりを持ち続けていた。前述の業務に就くまで仕事上での絡みはあまり無かったものの、自分としてはそれなりの中国通であるとの自負（過信？）があった。

しかし、残念ながら前述のような経験の繰り返しにより、どうも仕事で接する中国人は、自分が親しく接してきた中国人とはどこかが違うと感じるようになってしまっていた。無論、ビジネス交渉、殊に国際間交渉においては「エゴとエゴのぶつかりあい」の側面もあり、必ずしもきれい事では済まないことも当時の私も理解はしていた。だからこそ、単なる友人付き合いだけでは垣間見る事が難しい中国、中国人の姿をその真剣勝負を通じてより深く理解したいという思いに駆られて転職した事情もあった。けれども、その私が現実としてどうしても理解できないのは、そのビジネス交渉の場ではなく、それ以前のビジネス社交の場での先方の対応なのだ。ひょっとして「一般的な中国人」とは、社交の場でさえ、あくまで自己主張を貫く唯我独尊の人々なのであろうか？　そんな疑念さえ持つようになってしまっていた。

ところが二〇〇四年のある日、このような疑念を一瞬にして消し去る忘れられない出来事が起こった。話は前後するが、私はその頃、ふとした縁である中国人女性（杭州市出身）と知り合い、トントン拍子に結婚に至っていた。彼女（妻）は、中国の大学で日本語を学び、その後十年近い日本在住経験を持ついわゆる「日本通の中国人」であった。そしてその忘れられない出来事とは、同年五月の中国での結婚披露宴の際の体験のことである。

当時、妻も私も日本に住んでいたため、披露宴の準備は何から何まで妻の両親にお任せであり、我々は披露宴の直前に中国入りした。そしていよいよ披露宴を二日後に控えた晩に義理の母とこんなやりとりがあった。

「ところでお義母さん、披露宴の出席者とか席のアレンジ等、どんな感じでしょうか？」

「そうね〜。全ての出欠まで把握できてないけれど、まあ百〜百二十人ぐらいかな？　でも出席連絡のあった人については親戚席と来賓席で大体振り分けてあるし、まああなたが心配しなくて大丈夫！」

「はい、わかりました。宜しくお願いします。（でも百〜百二十人って、そんな大雑把なことで大丈夫かな？）」

そして披露宴当日、私は一抹の不安を感じつつもいざ会場へ。想定よりも明らかに出席者は多かったが、皆なぜか何の混乱もなくスムーズに並べられた円卓に吸い込まれていく。よく見てみると、宴会スタッフが予め余裕を持って配置された円卓にどんどん追加の椅子を差し込んでいる。そもそも中国人は初対面の人との会話も特に苦にしない傾向にあるし。また席札もな

2004年5月、結婚披露宴（杭州にて）

いので、予め出席連絡をしていなかった出席者達も、空席さえあれば知り合いがいない卓にも躊躇なく着席しているようだ。では料理は？と言えば、考えてみれば中華料理は基本的に大皿の取り分け方式。それも食べきれない量が用意されており、ある程度の食材と酒類を追加すれば十分調整が利くというカラクリ。事前の出欠確認も完璧に行い、更に一人ひとりの座席まで予め細かく決められ、料理も各人にフルコースで配膳される日本式披露宴とは明らかに別次元のものだった。

この光景を前にして初めてハッと気づいた。自分はこれまで勝手に中国通を自負してきたが、結局のところ、細やかで抜け漏れはないが適応力に劣る日本の「お膳文化」の観点からしか物事を見てこなかっただけではないのか？　だからあのような人数変更も、単に先方のわがままとしか解釈できなかったのだ。大雑把で多少の抜け漏れはあるも、予め万事に余裕を持ち、状況変化への柔軟性に富む「円卓文化」に慣れ親しんだ中国人には、人数の少々の（？）変更による負の影響等、いくら説明されても実感が湧かないのも無理からぬことだったのだ。な～んだ、そうだったのか。それまでのわだかまりがすっと消え失せ、初めて中国人の感覚を実感できた気がした。その数カ月後、私は上海に赴任、初の中国生活が始まったが、この経験こそが最高の事前研修となったことは言うまでもない。

いかなる民族にも永きにわたり育んだ伝統文化、それに根差した思考と行動様式がある。そして異なるそれらが出会った時に、各々の意識の底に沈んだ「常識」にのみ頼って思考してしまうと思わぬ誤解や溝が生まれる。まさに以前の私がそうであったように。よって、本当に異文化を理解するためには、それが容易ではない（真に相手の立場に立ち、様々な事象を眺めることは極めて難しい）という現実をまず深く認識することが重要だ。その上でたとえ理解不能な事象に遭遇しても、自身の知見を超えた何らかの背景が必ずあるはずと考える。そして、その背景が自身の中で腹落ちする日まで相手の文化への探求心、少々の忍耐、そして敬意を忘れずに付き合う。これこそが異文化理解に最も大切なことだと思う。日中両国は一衣帯水の隣国で種々の共通点も多く、時に「相手にもきっと解るはず」という甘えの関係も生じやすい傾向にある。だからこそ、互いに「似て非なる存在」として謙虚に向き合うことこそ、より良い関係構築に向けて日中双方が共有すべき普遍的な基本姿勢であると信じている。

中国滞在を通して見た中国の変化と発展———浦道雄大

憧憬を確かめるための中国滞在

中国での体験、そして未来への希望

私は20歳のときに、幼い頃から憧憬を抱いていた中国に滞在する機会を得た。北京、上海、広州に一週間ずつ滞在したが、それぞれに違った良さがあり、素晴らしい思い出になった。

新中国成立70年間の経済発展の軌跡を上海で垣間見て、中国人の技術を取り入れるスピードに感心し、そして中国人学生の向上心の高さに驚かされた。

その一方で私は中国人の温かさにも触れ、中国をより好きになった。帰国のときは日中両国の学生たちがともに涙を流し、別れを惜しんだ。

昔から不思議と中国と縁がある私は、今後もどこかでつながっていくのだろう。

浦道雄大

（うらみち ゆうだい）

横浜国立大学経済学部4年生。専門は財政・金融政策。生まれてから高校卒業までの18年間を長崎県で過ごす。学生時代は大学2年生から3年生まで日中学生会議に所属し、日中関係の交流を促進する活動に従事した。日中関係学会主催の学生懸賞論文では「日中経済とシェアリングエコノミー」というテーマで最優秀賞を受賞。趣味はマラソン。餃子の王将でアルバイトしていたことがきっかけで中華料理が大好き。

私は幼い頃から中国に対して淡い憧憬を抱いていた。いつかは行きたいと思っていた中国に、念願叶って二十歳になるときに滞在する機会を得た。中国の北京・上海・広州に滞在した。それは中国の素晴らしさに触れることができた素晴らしい思い出になり、日本を見つめ直す良い機会になった。

私は二〇一六年八月、夏の暑い日に日中学生会議の活動で中国に三週間滞在した。日中学生会議とは日本と中国の学生約六十名が集まり、互いに経済や政治、文化について議論する活動に加え、衣食住ともに生活する中で国際理解を深める団体である。いつか中国に行ってみたいとは幼い頃から思っており、この団体に入れば安い費用で中国に行けるため、軽い気持ちで参加することにした。これが私の初めての中国での滞在経験であった。

長崎県で生まれ十八年間育った私にとって、中国は幼い頃から意識していた国であった。長崎は地理的に中国と近く、上海へは東京よりも短時間で行くことができる。鎖国時代においても、長崎は海外との唯一の貿易の窓口として中国と交易していた。中国人の居留地は唐人屋敷と呼ばれ、自由に出入りが行われていたために、中国文化は長崎に深く根付いていた。長崎くんちや精霊流しなど長崎伝統の年中行事も中国から伝わったものである。私の幼少期のお気に入りの中国イベントは「長崎ランタンフェスティバル」である。中国の旧正月の時期に合わせて、数えきれないほどのランタンを並べて祝う祭りである。この祭りの期間中は長崎が活気付き、街も色とりどりのランタンで賑やかになる。私も毎年、祭りに行き、「よりより」という硬いお菓子を食べるのが楽しみであった。

しかし、私の中国に対するイメージは良いものばかりではなかった。私は中国を身近に感じながらも、政治や経済など国レベルではどうして日中関係はうまくいかないだろうと不思議に思っていた。そのこともあり、日中学生会議に入って滞在することにより、本当の中国を知りたかったのかもしれない。

八月六日に私は北京国際空港に降り立った。常日頃、日本に暮らしているため、外国に滞在することは非日常であり、心が浮き立っていた。バスからは建設が進む高層ビルや広い大地が見えた。それは、私が幼い頃から抱き続けてきた中国への憧憬と重なるものであった。私たちは北京、上海、広州の順で各地に一週間ずつ滞在した。同じ中国ではあるものの三都市とも大きく異なり、それぞれに違った良さがあった。北京では私がイメージしていた中国そのものを感じることができた。どこに行っても人で溢れかえる町。北京ダックをはじめとする中華料理。

日本人と中国人の学生が交流しているシーン

広大な故宮。中華街は幼少期に通っていた長崎のものとはスケールが全く異なり、本当の中国を見ることができ感動した。上海では経済成長する中国が垣間見れた。外灘のロマンチックな景色は生涯忘れることはないだろう。また、街並みも欧米風で街行く人々もアジア系から欧米系まで様々であり、さすが、中国きっての国際都市であると感じた。広州は中国というよりも東南アジアの国々に近いような雰囲気であった。広州で最も印象に残っているものは「食」だ。魚から肉まで美味しかった。物価もとても安くついつい食べすぎてしまった。「白酒」という酒に出会ってしまった私は飲みすぎて、ある時点からは記憶がない。他には、どの都市でも共通して、人々が「電子決済」

を行っていることに最も驚いた。日本は未だ現金主義の国なので、中国人の技術を取り入れるスピードには感心した。

私たちは六十名ほどで団体行動していたため、寝る時間以外、終始中国の学生と行動をともにしていた。中国に来る前は、「中国人は自己主張の強い人が多いのかな」という勝手な偏見を持っていた。あながち、それは間違っていなかったが、中国人も日本人と同様に穏やかな人からよく喋る人まで多様であった。中でも、私は中国人学生の向上心の高さには驚かされた。日本人学生は同調していく傾向が強い。その一方で、中国人の議論や学ぶ上での積極的な姿勢が印象的であった。学生の中には中国で起業している者もいた。そのような血気盛んで積極的な姿勢が中国での急速な経済成長を可能にしたのだと感じた。加えて、彼らはとても親切であった。彼らは懇切丁寧に三都市を案内してくれ、親身になって話を聞いてくれた。私は中国人の温かさに触れることができ、実際に滞在したことで中国をより好きになった。民間の交流においては、日中関係はとても良好である。政治や経済などマクロレベルでもきっと良い関係を築けるだろう。

中国での三週間の活動を終え、私たちは広州白雲国際空港から日本への帰路に就いた。その際、日本人学生、中国人学生どちらも涙を流し、別れを惜しんだ。それは、私たちが日中間で深い友情を築けたことを表す光景であった。

翌年、日中学生会議は日本で開催され、今度は私が中国人学生を招く立場となった。私は日中学生会議の団体運営にも携わっていたため、日本のどの地域で開催するのかを決めることができた。迷わず、私は故郷の「長崎」を開催地にした。開催日は長崎の原爆投下日の八月九日に合わせた。当日は平和式典にも参加することができ、日本人と中国人学生で平和に対する理解を深めることができた。これは、いつか国境を越えて平和の大切さを説きたいと考えていた私にとって、夢が叶った瞬間でもあった。

大学時代に中国に滞在し、中国との関わりを深めたことで、私が幼い頃から抱き続けた中国に対する憧憬は未来への希望に変わった。昔から不思議と中国と縁がある私は、今後もどこかでつながっていくのだろう。

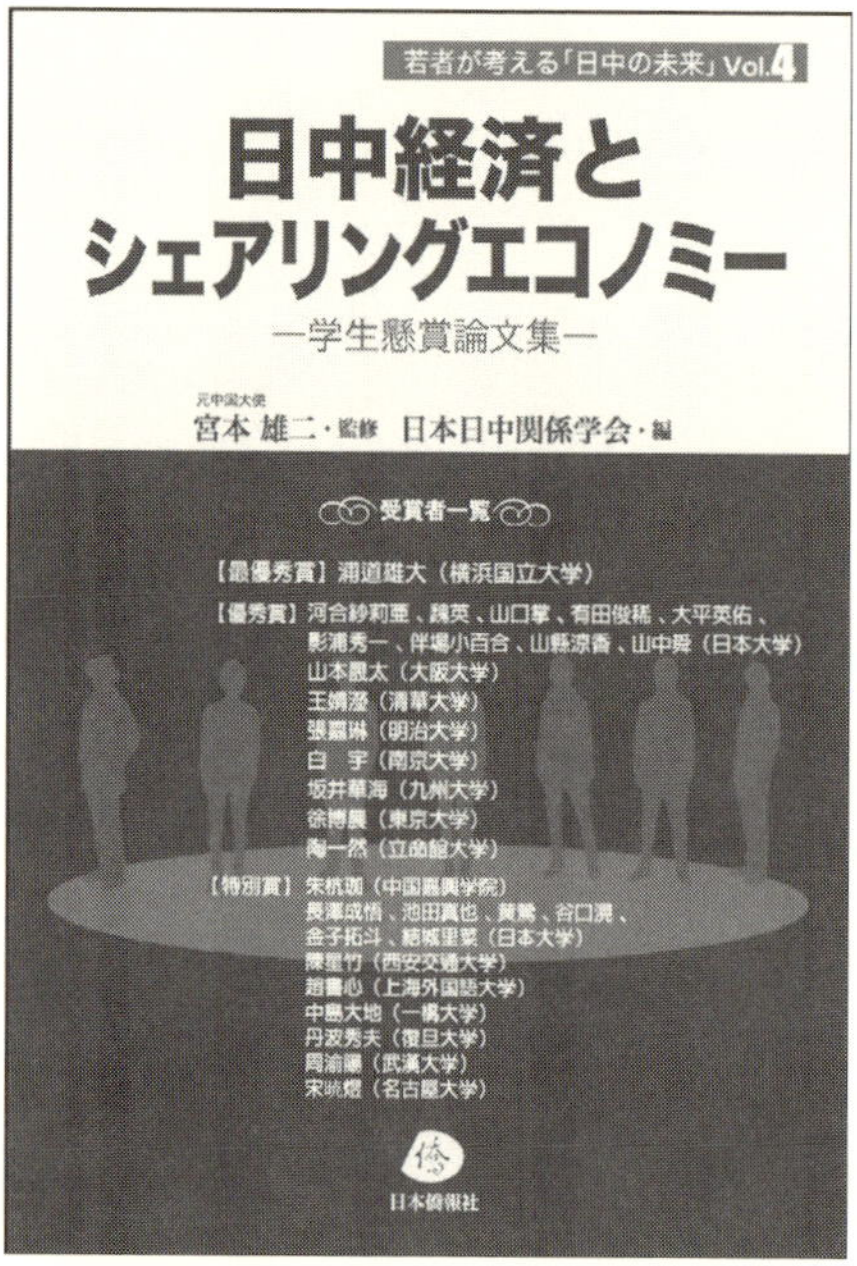

浦道氏の受賞作が収録された論文集の表紙

中国滞在を通して見た中国の変化と発展——大石ひとみ

私をひっくり返した中国

何気なく選んだ中国語に「一聴き惚れ」し、猛勉強の末両親を説得し半年間の留学許可を勝ち取った私は、中国人の優しさに触れ、少しずつ不安が取り払われていった。そしてそれは就職後も同じだった。

中国での滞在を経て、視野も広がり、自分の成長にも確実につながっている。知ることは理解すること、そして友好関係を築くための第一歩だと思う。

今年、中華人民共和国成立70周年を迎える。中国のより良い未来を願い、日中の相互理解を深めるため、私はこれからも積極的に発信をしていきたいと思う。

大石ひとみ

（おおいし ひとみ）

2012年大学へ入学、独学にて中国語の勉強を始める。2014 ～ 15年福建省厦門大学海外教育学院へ語学留学。2016年1月黒竜江省と上海へ弾丸一人旅。2016年大学卒業後、中国に子会社を持つ食品メーカーへ就職。2017 ～ 18年中国の関連会社へ短期研修。2018年中国のお客様を担当する部署に所属、現在に至る。

今までの人生で、私は三回中国にひっくり返された。

一回目は大学一年生の時。ここで私は初めて中国との接点を持った。入学式後のオリエンテーション。どの科目を受講しようか悩んでいた私の目に「中国語」という文字が飛び込んできた。元々漢字が好きだから、単位のため受講するか……という安易な理由で、何気なく中国語を選んだ。初講義、中国人の先生から発せられた発音に私は骨抜きになった。「一目惚れ」ならぬ「一聴き惚れ」だった。まるで琴のようにサラサラと流れる中国語と、漢字のみで構成されたシンプルな世界。この語学を何としてでも身に付け、自由自在に操れるようになりたいと思い、私はすぐに独学で中国語の勉強を始めた。

中国語の発音は思った以上に難しかった。漢字も日本の漢字と混ざり頭の中が混乱した。多い時には一日十時間、中国語と向き合った。不思議だったのは十時間勉強しても全く苦ではなかったこと。恐らく、それほど中国語の魅力に取り憑かれていたのだと思う。また、大学に留学している中国人留学生に片っ端から声を掛け、仲良くなり中国語を教えて貰っていた。

勉強を始めて三カ月後、中国へ留学し現地で学びたいと思い、両親に相談をした。最初は反対されたが、ひたすら両親を説得する日々が続いた。しっかりと勉強していますアピールをするため、わざと目の前で語学勉強チャンネルを付け大きい声で発音の練習をしたり、「今日は私がご飯を作る」と宣言し、全て中華料理のメニューにしたりと、今思えば少し困らせていたかも知れないが、この頑固な思いは遂に実を結んだ。二年後の大学三年に上がる春、ようやく半年間の留学許可が下りた。留学先は提携校である福建省の厦門大学になった。

中国での留学が始まり、二回目のひっくり返しを受けた。それは中国人の優しさだ。周りに知り合いが一人も居ない中、「日本人である私と友達になってくれるだろうか」という不安が常に付きまとっていた。

また更にもう一つ、大きな障壁があった。最初のうち、中国の食べ物が身体に合わず頻繁にお腹を壊し苦労していた。中華料理が好きだっただけに、現地で中々堪能できないことが非常に辛かった。

しかし蓋を開けてみると、それは杞憂に終わった。大学には思っていた以上に日本に興味を持っている学生が多く、積極的に話しかけてくれた。そのおかげで沢山の友人ができた。中国の有名スポットへ行って遊んだり、一緒に卓球やバスケットをした。食べ物が合わないと悲観的になっていたら食堂に連れて行ってくれて、何か体に合う食べ物がないか一生懸命探してく

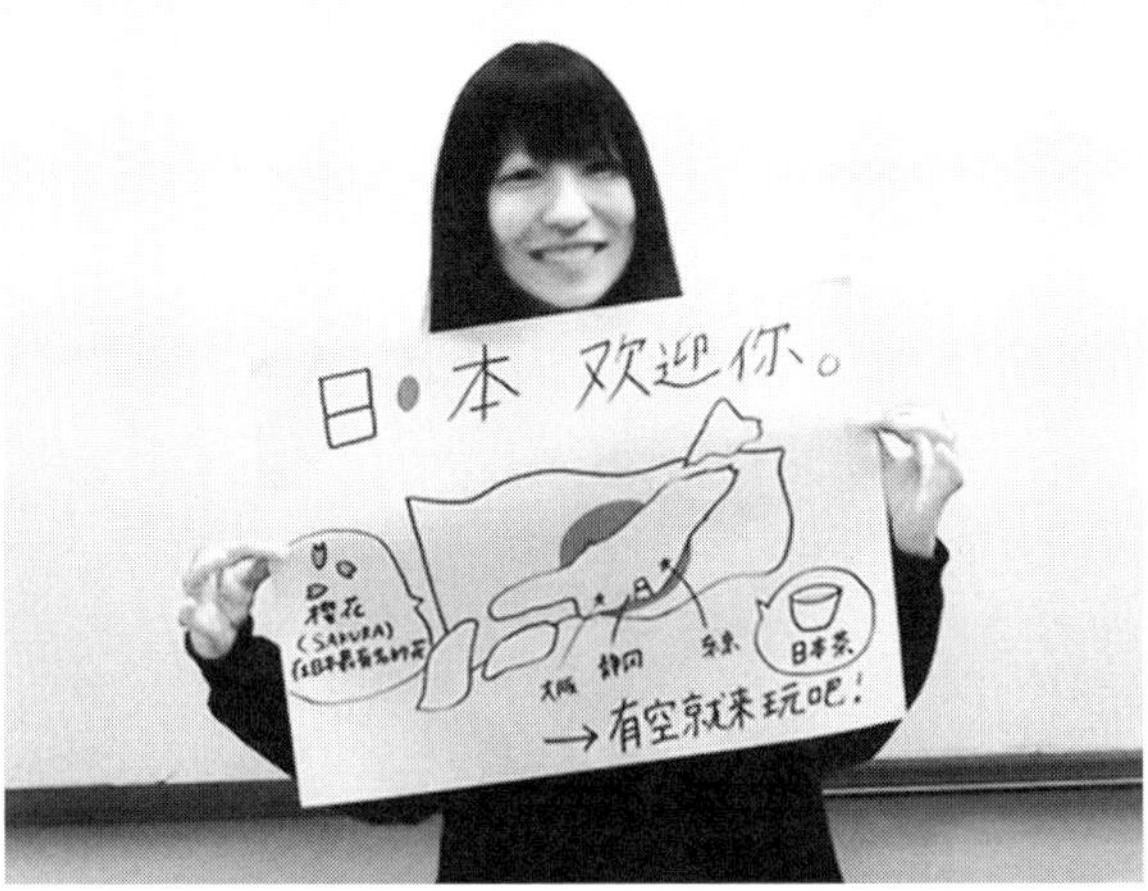

2015年1月、授業にて

れた。住んでいる寮の下まで食べ物を届けてくれたり、しばらく体調が優れなかった時期には看病をしてくれた。毎日がとても楽しく、彼らの優しさに少しずつ不安が取り払われていった。

私は中国留学を通して、実際に現地へ赴き、自分の目で見て判断をする重要さを思い知った。日本に居たままでは分からなかった、現地の人達のあたたかさにも触れた。それと同時に、留学を選択して良かったと心底感じた瞬間だった。もし行っていなかったら、今でも勝手なイメージで、中国や中国の方を決めつけていたかもしれない。

私は中国の虜になり、人や文化を含めて中国がもっと好きになった。半年ぶりに家族に再会し、中国の土産話に花を咲かせていたところ、一番反対していた父が「俺達が思っていた中国へのイメージと全然違うな」とポツリとつぶやいたことも忘れられない。

帰国し、三回目のひっくり返しが起きた。中国から日本へ戻った私は、「中国語を生かして、中国に関係のある仕事がしたい」という漠然としてはいるが、大きな目標ができた。そして就職活動をしているうちに、中国に関連会社を持つ現職と縁があり、迷わず就職を決めた。

そして就職をして一年と少しで、その関連会社へ半年間研修へ行く機会を頂いた。以前の留学生という立場ではなく、社会人として現地スタッフと多くの言葉を交わした。今まで聞いたことのないビジネス用語の登場や、年齢が最も若かったが故に大変な思いをすることもあった。しかしここでも新聞やテレビからは見えてこない、日本人とは異なった仕事に対する考え方や想いを知ることができた。現地スタッフとは仕事仲間だという意識はあったが、駐在員ではなく研修生として、どこがベストな距離感なのかを心掛けて接した。次第に心の壁がなくなってきたのか、彼らが仕事外の時間に、相談や身の上話をひっそりと打ち明けてくれた時はとても嬉しかった。

あっという間に半年間の研修が終わり、日本へ帰国。現在は中国の方とやりとりをする部署に所属している。業種問わず色々な方と知り合い、充実した日々を過ごしている。卒業後から今まで、恐ろしい程とんとん拍子できていることに自分自身とても驚いている。だからこそ、中国との縁を感じずにはいられないのだ。

思えば中国語を履修したあの日から、この三回のひっくり返しがあり、中国での滞在を経て、自分の人生がどんどん良い方向に開けてきているように思う。視野も広がり、自分の成長にも確実につながっている。

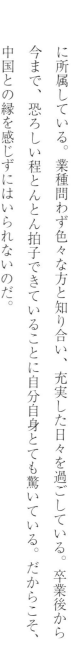

また、周りの方の中国に対するイメージも大きく変わってきている。周りに中国へ留学した経験のある方が少ないからか、仕事中に中国に対する質問をよく受ける。私が説明するたびに、驚いた顔をされる。恐らく以前の私のように、ひとつの情報から印象を左右されている方が多いのだと思う。実はそれは非常にもったいないことで、現地に行かなくても、現地に滞在していたことがある人から話を聞くだけでも印象は随分と変わるはずだ。逆も然りで、訪日経験のない中国の方に対しても、日本の情報をブログやWeChatを通して広めている。中国の友人から言って貰える「あなたと友達になれてよかった」という言葉は私の宝物だ。

私は、知ることは理解することへの第一歩、理解することは友好関係を築くための第一歩だと考えている。中華人民共和国成立七十周年を機に、今後も日本と中国のより良い未来のため、また お互いがお互いの国の理解を深められるよう、積極的に発信をしていきたい。

——大岡令奈

頭《こうべ》を上げて月を眺め、頭を垂れて鄧コーチを想う

中国の恩師から学んで得た人生の糧

父の駐在がきっかけで私は2歳から10歳までを上海で過ごしました。そこで出会ったのが水泳のコーチをしてくれた鄧先生でした。先生の指導は絶妙で、人を動かすことの妙技と、目的達成に向かうための厳しさが共存する深い教育観を私は学び、多くの教示を受けました。

新中国成立70周年の節目を迎えた今、私の心を支え、道を示してくれた先生と中国への感謝を込めて、私の上海での思い出をお伝えします。

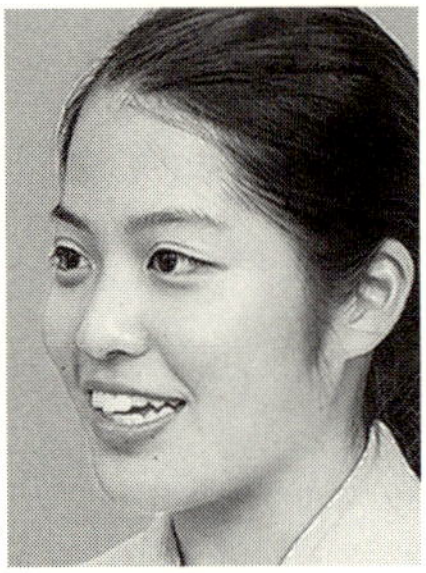

大岡令奈

（おおおか れいな）

医師

2歳で父親の駐在に伴い神戸から上海へ。宋慶齢幼稚園、上海日本人学校に在籍。10歳で父の帰任に伴い東京へ帰国。慶應義塾女子高に在籍中、父の北京駐在に伴い北京順義国際学校International School of Beijing（ISB）高等部に留学。慶應義塾大学医学部卒業。2016年より医師。

「床前明月光」で始まる李白の「静夜思」は私が生まれて初めて習った中国の絶句です。それを教えてくれたのは鄧先生。上海で私に水泳をコーチしてくれた向明中学の教師です。水泳はもとより、鄧先生からは人生の糧となる人としての姿勢を学びました。感謝の気持ちを込めてそれを紹介したいと思います。

中国との関わりが始まったのは私が二歳のとき。父の上海駐在がきっかけです。九〇年代初期は上海でも外国人の子供が安心して泳げる施設は限られていました。日本人駐在員が使用できた唯一の室内プールが花園飯店にある二十五メートルプール。そこに、我々と同じマンションに住む一歳年上のナッチャンが鄧先生をお呼びして水泳を習っており、私も彼女と一緒に習い始めたというわけです。先生は教練の資格を持つコーチですが、ご自身はプールには入らず常にプールサイドからの指導でした。

ただし、その指導が絶妙であったことは私が成人した今になって一層感じるところで、鄧先生ならではという妙技が多々ありました。そのひとつは四歳の頃のこと。今でもその情景は覚えています。鄧先生のもとで浮力補助をつけて練習を開始してから半年ほどを経て、いよいよ道具をつけずに泳ぐことになったときでした。大人用で足が立たないホテルのプールゆえ、浮力補助なしで泳ぐのを躊躇《ちゅうちょ》する私。手を離す勇気が出ずにいつまでもプール脇にへばりついている私の前で、先生はおもむろに自分のズボンのポケットから自宅の鍵束を取り出して何かいじり始めました。そうしているうちに、思わず鍵をプールに落としてしまったのです。「哎呀，怎么办！　令奈是否能给我帮个忙？（わー、困った！　どうしよう。令奈、助けてくれるかい？）」。当時、現地上海の宋慶齢幼稚園に通っていた私は、中国語がある程度わかるようになっていました。困った表情の先生を見て、私が思わずプールに潜ったのは言うまでもありません。プールの底から鍵を拾い、水面に浮かんで、片手でプールの壁につかまりながら、手をいっぱいに伸ばして先生に鍵を渡しました。そんな私に先生は目を細めて大喜びで「谢谢，大冈令奈　你很棒！（ありがとう、大岡令奈はすごい！）」とほめてくれました。気が付くと浮力補助なしで水の中に浮かぶことができている私がいました。

先生のこの「鍵落とし」作戦に対し、見学していた母はもちろん、事の真意をわかっていたようですが、私は当時全く気づいていませんでした。それから数年後、同じプールで新しい小さい生徒に対して先生が例の鍵落としをしているのを目撃し、先生の作戦をようやく理解した

花園飯店プールでの練習風景（鄧先生撮影）

というわけです。力づくではなく、プレッシャーを与えずに人を動かすことの妙技を学ぶ機会でした。

また、先生の練習は決して楽ではありませんでした。いったんプールに入ったらレッスン中に水から上がることは許されません。練習時間は初期の頃は一時間で、四種目ができるようになってからは一時間半でしたが、泳ぐ距離は増え続けても、プール壁につかまって深呼吸をしたら、またすぐ泳ぐというルールは徹底されていました。お陰で目標があるとき「楽」からは何も生まれないということを体得できたと思います。それに加え、鄧先生はプールに通う往復の交通手段について、私の母に、ある日提案をしたのです。母の記憶によると、それは次のような内容のものでした。

「令奈のお母さん、ひとつ提案があります。今自宅から花園飯店のプールまでの往復は車での送迎ですね。外国人ゆえ慣れた運転手による送迎が安心だということは承知していますが、御一家も上海に来て一年以上過ぎ、かなり慣れてきたでしょう。所要時間は多少かかりますが、これから公共バスでの往復を検討してはいかがでしょうか？　バスの中で令奈は上海の人々を垣間見ることができ、令奈の中国理解にもつながります。そして何よりも令奈の水泳レッスンの準備運動として最適だと思いますよ」

鄧先生の教育的提案に賛同した母は、私の父にも相談の上、バスで通うことにしたそうです。それから週に一度九一一路線の黄色の二階建てバスが私のプールへの交通手段となりました。押し合いへし合いの状況を母も心配したようですが、それは思い過ごしでした。幼い私がいるとほとんどの乗客が私に席を譲ってくれ、「何歳？」に始まっていろいろな話しかけをしてくれたのです。それは心温まる感動の場面であったと、今でも母は事あるごとに口にします。加えて私は、九一一の二階部分に上がって街を見るのが大好きになりました。一番前の席が全面ガラスで、私にとっての特等席でした。もちろん乗客全員にとっても大人気の席でしたが、ありがたいことに子供の私が二階に上がると、他の乗客は大抵私をそこに座らせてくれました。先に他の子供が座っていると、その子の親が私を手招きして呼んでくれ、一つの椅子に子供二人で座って仲良く外を眺めるという具合でした。また二階から一階へのバスの階段はすこし螺旋状になっていたのですが、時としておじさんが私を抱っこして安全に下まで降ろしてくれたりもしました。バスの往復を通じて、私は街のみんなに守られているという安心感を得ていたように思います。

鄧先生は、毎回、バス往復は大丈夫かと聞いてくれました。私は、こんなことがあった、あんなことがあったと楽しく報告するのですが、その話を先生はいつも嬉しそうに聞いてくれました。暫くたって、改めて先生にバス推薦のお礼を伝えたことがありました。それに対して先生がつぶやいた言葉は今でも忘れていません。「バスでの体験が気に入ってくれて良かった。上海での体験が、『運転手つきの車で水泳のレッスンに通う』というだけでは、子供の令奈にとって最良という環境ではないと思った。厳しい提案だったかもしれないけれど、私の考え方が間違っていなかったと確信できた。バスを通じて令奈が上海を好きになってくれて嬉しいよ」。先生の深い教育観を幼いながらに感じた一瞬でした。

その後、小学四年生で父の帰任が決まり、私は八年間の上海生活を終えることになりました。少し前に鄧先生の胃に腫瘍が発見され、手術後の療養をされている時期でした。もちろん水泳練習は休止していました。ただ帰国前に先生にお会いしたく、感謝会の提案をしたところ、先生は出席すると回答してくださいました。久しぶりに会場でお会いした先生はかなり痩せていて私は驚きましたが、話しぶりは前のとおり元気な声でした。

先生は私に二つのプレゼントを贈ってくれました。一つは大きめの黒色競泳用水着。もう一つは李白の五言絶句を書いたメモです。中国の小学校の教科書に取り上げられている有名な絶句ということで、一行ごとの意味を解説してくれた最後に先生は「挙头望明月，低头思故乡」のところを「挙头望明月，低头思令奈」と謳ってくれ、涙を浮かべながら頭を撫でてくれました。

鄧先生とは帰国後も手紙でやりとりを続けましたが、残念なことに、私が中学生のとき逝去されました。私は日本で通った中学校でも水泳部に所属し、先生にいただいた水着で練習を重ねました。その学校行事で大学の学部見学に行った際、医学部が私の印象に残りました。鄧先生のことがあったからかもしれません。私はそれから医師をめざし、一昨年に医学部を卒業して医師になることができました。

勉強で苦しい時、励まされたのは先生から学んだ絶句のフレーズでした。「挙头望明月，低头思邓老师（頭《こうべ》を上げて月を眺め、頭を垂れて鄧コーチを想う）」。この絶句を糧にし、鄧先生のような方に一日でも健康で長生きしていただけるように医師の業を成していきたいと思っています。

中国滞在を通して見た中国の変化と発展——大北美鈴

賽翁失馬

アキレス腱を切って知った中国人の懐の深さ

中国滞在の２年間でもっとも忘れられない体験といえば、アキレス腱を切って手術したことだ。まさか中国で手術を受けることになるとは思ってもいなかった。不安と恐怖で泣きそうだった私を、先生や看護婦さん、友人らが気にかけてくれ、優しくしてくれた。きっかけは災難だったが、中国人の優しさ、温かさに数多く触れることができて良かったと思っている。

私は沢山の中国人に助けてもらったこのご恩を、ささやかではあるが、日本に来た中国の人達に親切にすることで返していきたいと思っている。

そして新中国成立70周年をお祝い申し上げるとともに、今後の日中の友好関係が進展することを願っている。

大北美鈴

（おおきた みすず）

1969年長野県生まれ。1985年高校生の時、日本語学科の中国人学生に日本語の書籍を送ったことがきっかけで中国人大学生と文通が始まり、中国語を学び始める。1994年長野県主催の青年の船の事業に参加。初めて訪れた中国に感動し、中国語や中国の文化を学びたいと決意。1996年勤めていた保育園を退職し遼寧師範大学に語学留学。1997年河北大学に転入。2000年日中友好協会主催の行事に参加。現在東京都在住。

私が中国に滞在していたのは遡ること二十三年前。一九九六年から一九九八年の約二年間である。思い返せばたったの二年間という短い期間であったが、忘れることができない数々の経験をし、今でもその体験が心の支えになっている。

中国で体験した中で一番忘れることができない体験といったら、真っ先に思い浮かぶのがアキレス腱を切り中国で手術したことだ。まさか、中国で大きな手術をするとは思ってもいなかった。

一九九七年春、私は河北省の河北大学に転入した。なぜなら以前学んでいた大学は日本人留学生が多く、中国語を学ぶためにはあまり環境が良くなかったからだ。河北大学は日本人留学生も少なく、以前より中国人の友達も増えた。河北大学での生活にもだいぶ慣れた頃、私は空手の練習をしている時にアキレス腱を切ってしまった。夏休みに中国南方一人旅を計画していて護身用に空手を学んでいたのだった。動きがゆっくりな太極拳だったら、もしかしたらアキレス腱を切っていなかったかもしれないが……。丈夫がとりえで生まれてこの方手術もしたことのない私が、まさか中国で手術を受けるだなんて思わなかった。脊髄への麻酔の注射が怖くて泣きそうだった私の手を、看護婦さんがずっと握ってくれた。先生も私のことを気にかけてくれ、優しく声を掛けてくれたことを今でも覚えている。手術の後、私は足の付け根からつま先までの長いギプスをはめられ、松葉杖で移動する生活を余儀なくされた。ギプスが長いので当然だが足を曲げたりしゃがんだりすることができなかった。何か物を落としても拾うこともできず、松葉杖なので何かを持って移動するのがとても大変だった。手を怪我するより足を怪我する方が大変なのだと改めて知った。恥ずかしい話、パンツを履くことすら一人では難しかったのだが、河北大の中国人の友達が手伝ってくれた。衣服着脱の介助や洗濯等、時にはお風呂に一緒に入って身体を洗ってくれた。ある友達はお昼にいつも学食からマントウを買って届けてくれた。地方出身で厳しい生活の中なけなしのお金で毎日のように、マントウを届け励ましてくれた。自分の肉親でもないのにここまで親切にしてくれるなんてと感激した。

しばらくしてギプスも外れた頃、大学は夏休みに入り友達はほとんど帰省して、私は一人寂しく留学寮で過ごしていた。そんな時「暇だったら遊びにおいで」と北京に実家がある中国人の友達が誘ってくれた。お言葉に甘えて遊びに行かせてもらったのだが、結局二週間もの長い間ホームステイさせてもらうことになったのだった。友達の家では、毎日のように美味しい中華料理を振る舞ってくれ、時には家族一緒に皮から餃子を作って、皆で美味しく頂いた。私は

お世話になった北京のお父さんとお母さんと一緒に食卓を囲んで。
1997年8月撮影

代わりに手巻き寿司やコロッケなどの日本食を作って、みんなで食べた。友達の家のクーラーの効きがあまりよくなかったのだが、気を遣ってくれていつも夕方になるとお父さんが夕涼みに誘ってくれた。上半身裸で夕涼みするおじさん、歩道橋の上なのに自分の家から椅子を持ってきて夕涼みするおばさん。北京の人達はとても素朴でおおらかだった。自分の子供の友達とはいえ、突然来た外国人を二週間もご飯を作って泊めてくれる、そんな人達が居るだろうか？　もし私だったらそんなことは到底できない。なんて懐の広い温かい人達なんだろう。

私は中国でアキレス腱を切り手術をすると

いう災難にあったが、この経験をしなければきっと中国人の懐の深さにも気付かなかったと思う。アキレス腱を切るという大怪我をしたおかげで、中国人の優しさ、温かさに数多く触れることができて良かったとつくづく思っている。

留学を終え帰国をして二十年ほど経つが、今でも留学時代に仲良くしていた友達とずっと交流は続いている。八年前、留学生寮のルームメイトだったドイツ人の友達の結婚式に娘を連れてドイツまで行ってきた。そして昨年は再び娘と共にドイツにルームメイトに会いに行ってきた。私とルームメイトとの会話はもちろん中国語。中国語を学ぶことがなければきっとドイツに行く機会もなかっただろうし、ドイツ人の友達もできなかったと思う。その他にも、アキレス腱を切った時にお世話になった中国人の友達が二人も東京に遊びに来てくれた。二人とも留学以来の再会で、二十年近くぶりに会って話すことができて本当に嬉しかった。そしてそのことがきっかけで、ホームステイさせてもらった北京のお父さん、お母さんに会いに中国へ行くことになった。今から再会がとても楽しみだ。

昨年久しぶりに中国語を話す機会ができて、せっかくできた海外の友達と会話ができなくなってしまうのは嫌だと思い、久しぶりに中国語の勉強を再開した。四十歳を過ぎての勉強は、なかなか頭に入っていかなくて大変だが、毎日少しずつ勉強をし今年の春、中国語検定三級に合格した。次はもっと頑張って二級を取りたいと思っている。仕事でも中国語を使う機会がある。ドラッグストアで今年の春から働き始めた。薬の専門用語は難しいので時々上手く言えなかったり聞き取れなかったりすることもあるが、中国、台湾、シンガポールなどいろいろな国の外国人と中国語で会話ができてとても楽しい。

この頃は高校生になった娘も中国語に興味を持ち始め、一緒にテレビの中国語講座を見て中国語を勉強したり、中国で流行っている歌を一緒に歌ったりしている。中国にはとても素敵な歌や映画があるのに、なかなか日本に浸透していないことはとても残念だと思っている。私が留学した二十年前と今を比べても、日本と中国の文化交流はさほど変わりがなくあまり進んでいないと思う。

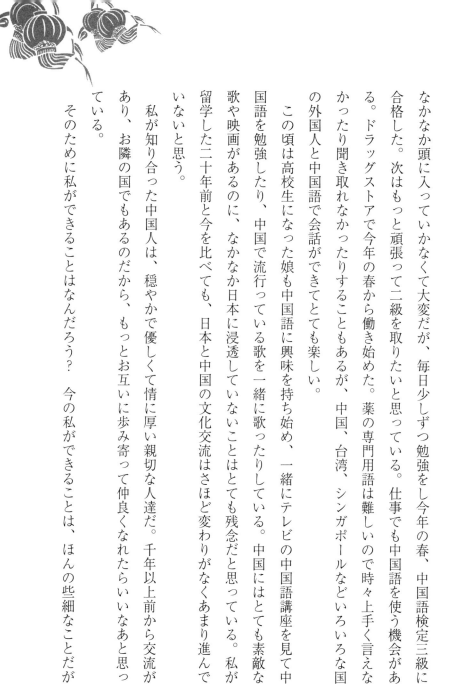

私が知り合った中国人は、穏やかで優しくて情に厚い親切な人達だ。千年以上前から交流があり、お隣の国でもあるのだから、もっとお互いに歩み寄って仲良くなれたらいいなあと思っている。

そのために私ができることはなんだろう？　今の私ができることは、ほんの些細なことだが日本に来た中国の人達に親切にしてあげることだと思っている。私の住んでいるところはディズニーランドに近いので、駅でよくディズニーランドに遊びに行く中国人観光客を見かける。時々切符の買い方や行き方が分からず迷っている人たちがいるので、そういう人たちに声を掛けている。私ができることはほんの些細な事だが、少しでも日本や日本人のイメージが良くなるのではないかと願って声を掛け続けている。二〇二〇年の東京オリンピックでは娘と共に都市ボランティアのキャストをする予定だ。オリンピックを見に来る沢山の中国の方々にも、手助けやおもてなしができたらと思っている。

私は中国滞在中に沢山の中国人に助けてもらった。だから、今度は私が恩返しをする番。日本と中国の関係が、近い未来にはもっと文化交流が盛んになり、仲の良い関係になれたらと願っている。

中国滞在を通して見た中国の変化と発展——岡沢成俊

歌声でつながる日本と中国

友好の秘訣は中国で流行した日本の歌のカバー曲

私は2004年から中国に在住し、中国の大学で日本語を教え続けてきた。多くの学生にとって初めて会う日本人となる私にできることは何か。そこで考えたのが、一緒に日本語の歌を歌うことであった。

私の挑戦は大成功だった。素直な中国の学生たちが照れずに歌えるよう、まず私の方から大声で歌うことを始めた。やがて歌が苦手な学生も、周りにつられて歌うことを楽しむようになっていった。

中華人民共和国成立から70年を経て、世界に誇る大国となった。その中国の人々に、日本の言葉や歌が親しまれ、友好が深まることを、私は心から嬉しく思う。

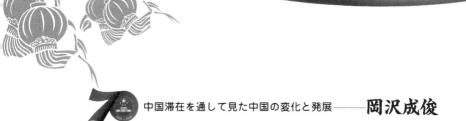

岡沢成俊

（おかざわ しげとし）

大学教員

1977年兵庫県生まれ。東京大学教養学部卒、同大学大学院修士課程修了。専門は日本語文法論。趣味はピアノ演奏。2004年より中国在住。（中国瀋陽）東北大学、上海対外貿易学院、広東外語外貿大学で日本語教師として勤務。

中国の大学で日本語を教えて十四年が経った。最初に赴任した大学では外国語学院日本語科の学生が一学年二十人、そしてコンピュータ専攻で日本語も学ぶ学生が一学年約四百人もいた。日本語を専門とするほとんどの学生は「あいうえお」のひらがなから始めるのだが、一年経つと基本的な会話ができ、二年も経つと流暢に日本語を操る学生もいる。言語学習は子供のうちに始めないと母語話者並みにはなれないと言われるものの、大学に入ってから日本語を勉強し始めた学生は、高い暗記能力を生かしてどんどん単語や文章を覚えていき、二~三年で日本人と変わらないレベルで日本語を使いこなす学生も出てくる。日本語スピーチ大会出場や公費留学のチャンスはそのような学生の間で争われるものとなる。

一方コンピュータ専攻で日本語も学ぶ学生の場合、日本語の授業時間は日本語科の学生と比べれば当然少なく、授業だけで十分話せるようになる学生はあまり多くない。三年生から始まる一年目の日本語の授業は必修科目であったが、私が担当する二年目の授業は選択科目となっており、履修者は少なかった。専門であるコンピュータの授業も多く大変なため、日本語の勉強で単語や文法を大量に暗記する必要があるとなるとほとんどの学生が諦めてしまうのだった。この一年目の学生に少しでも関われたら、日本語を勉強するモチベーションを維持するために何かできたら、と長く考えた。ほとんどの学生にとって私は初めて会う日本人となる。やるからには公平に全てのクラスを回りたい。中国人教師の授業にお邪魔するなら、できるだけ時間は短いほうがいい。しかし単に私が少ししゃべっただけでは効果はあまりない。そこで考えたのが、一緒に日本語の歌を歌うことであった。

歌を歌うために必要な日本語能力は実は非常に少ない。歌詞のひらがなが読めれば十分である。しかしメロディーを歌えるまで教えるのには時間がかかる。そこで利用できるのが日本の歌の中国語カバー版である。二〇〇四年当時、街でも学内放送でも、Kiroroの「未来へ」の中国語カバー、劉若英が歌う「後来」をよく耳にした。あまりに頻繁に耳にしたためこの方法を思いついたぐらいである。日本語の「未来へ」の方も学内放送でよく聞いていた。これだけよく聞く歌だと、どの学生でも聞き慣れてメロディーは覚えている。中国語カバーをよく聞いてメロディーを覚えていれば、あとはパワーポイントで日本語の歌詞を見せるだけである。これで学び始めたばかりの学生にも、いきなり「日本語の歌が歌える」という経験をしてもらうことができる。

試しに日本語科の一年生の授業でやってみると、大成功であった。コンピュータ専攻の三年

気合の入った学内イベントの合唱コンクール

生の日本語の授業は八クラスに分かれており、担当の中国人教師に相談し、授業の始めや休憩前、休憩後の五分をもらって歌を歌い、週に一回全クラスを回るようにして歌を歌うようになった。

大学生がいきなり歌えと言われて歌ってくれるのだろうか、という懸念はあったが、実際にやってみると実に簡単なことであった。素直な中国の学生に大声で歌ってもらうためには、こちらが大声で歌ってしまえばいいだけだったのである。照れずに本気で大声を出せば、学生側も恥ずかしがる余裕もなく歌ってくれる。照れてしまうとそれが学生にしっかり伝わり、ちゃんと歌ってくれる学生などほとんどいなくなってしまう。私自身それまで大声を出すことも人前で歌を歌うことも大の苦手であったが、やっているうちにすぐに慣れてしまった。普段歌なんて歌わない、カラオケも嫌い、という学生であっても、周りが大声で歌っているとつられて同じように歌い、歌うのも結構楽しいものだと思ってくれるようである。

皆が日本語で簡単に歌えるという経験を与えることはできたものの、「未来へ」を延々と続けるわけにもいかないので、使えそうな曲を他にも探す必要がある。日本語科一年生の授業でいろいろと試してみたところ、日本語の歌の中国語カバー版自体は八〇年代に香港や台湾で大量に作られたため数は多いものの、カバー版が大ヒットして現在の中国の大学生が「全員」知っている歌となると非常に限られてくる。「未来へ」と同様に使いやすいのは、つじあやの作詞作曲の「風になる」(映画『猫の恩返し』主題歌、中国語カバー版は梁静茹「小手拉大手」)で、曲調も歌詞の内容も明るいので使いやすい。他の曲となると、中国語版は有名だが元の日本語の歌が非常にマイナーなものになったり、クラス全員が中国語カバー版を知っているわけではないという感じになってくる。

新しい歌が次々と出て、一年前どころか数カ月前の歌がもう古い曲として忘れ去られていってしまう日本のポップスと異なり、中国では歌のサイクルが長く一度ヒットすると何年も歌い続けられる。とはいえ十年も経つとさすがに状況が変わってきて、最近は「未来へ」の中国語カバー版を知らないという学生もちらほらみられるようになってきた。しかし、「時の流れに身をまかせ」は十年前も今も全員がしっかり知っている。今の大学生が生まれる前に亡くなっている歌手の歌を誰もがよく知っているというのは不思議なものである。変わったのは「お父さんお母さんが好きな歌です」と言っていたのが「おじいさんおばあさんが好きな歌です」に変わってきたことだけである。

中国に来て十四年が経つ。勤務校は変わりつつも、五分で歌を歌うという「課外活動」は続けている。現在の勤務校は外国語大学であるため、日本語科のクラス数も一学年六クラスと多い。自分が六クラス全ての授業を担当することができるわけもないが、スピーチ大会の練習や演劇大会の練習の手伝いといった様々なイベントのためにも、日本語科の学生は皆こちらの顔を知っているというようにしておいた方が何かと便利である。何より、一年生で日本語の勉強を始めて数週間、ひらがなが読めるようになった段階でもう立派に日本語の歌が歌えるという楽しさを経験してもらいたい。そのため、現在でも他の中国人教師の授業の開始前の五分を使わせてもらって、一年生の各クラスを回っている。二年生三年生と勉強を重ね、専門的な文章が読めるようになり、日本語で卒業論文が書けるようになったあとでも、卒業式のイベントでクラスで何かやるとなった時、一年生の時に歌った歌を歌おうかとなるクラスが時々あり、知らずに観客として見ていると驚くと同時にうれしく思う。そんな学生の思い出になれたらと思い、今日も大勢の学生と一緒に楽しく日本語の歌を歌っている。

中国滞在を通して見た中国の変化と発展——清﨑莉左

私たちが繋ぐ日中関係とこれから

近くて遠い国から親しき隣人へ

私は大学３年の時、日中友好大学生訪中団に参加し、約一週間かけて北京・西安・上海の三都市を訪問した。五感のすべてで感じ取った雄大な文化と悠久の歴史、それらの何もかもが私の中で新鮮であった。

中国人学生との率直な交流を通し、日本と仲良くなりたいという彼らの純粋な気持ちを受け取った私は、中国という国が一気に親しく感じられた。

国家間の交流だけが外交ではない。私たち自身が日中両国を代表し、日中関係を支える一員となることが必要である。新中国成立70周年という節目を、両国の発展に向けての新たな出発点としたい。

清﨑莉左
（きよさき りさ）

熊本県熊本市出身。早稲田大学大学院修士課程修了。大学院では国際関係学を専攻しており、環境問題に関心がある。学部時代は法律を専攻し、フランスへ留学。初めての訪中は2015年。趣味は語学や世界遺産めぐりで、特技はスポーツ全般。社会人として経験を積みながら、将来は、国連職員として世界中の課題に向き合い解決することが夢。

私が初めて中国を訪れたのは、公益社団法人日中友好協会が主催する日中友好大学生訪中団に参加した、大学三年次であった。約一週間の訪中では、北京・西安・上海の三都市を訪問した。これまで私は、中国というと各種メディアを通しての表面的で一面的な中国しか知らず、先入観で決めつけているところが少なくなかった。しかし、中国人留学生や日本にいる中国人の友人と話すたびに、メディアとは違った印象を持っている自分に気づいた。そこで、自分の目で直接中国を訪れて確かめたいと思い、訪中団に応募したのだった。

初めての中国は、期待よりも不安ばかりが先行していたが、振り返ってみるとこんなにも充実した一週間は、これまでの大学生活においてもなかったように思う。直接訪れたことで気づくことが多々あり、何もかもが私の中で新鮮であった。

自分の足で登った万里の長城からは中国の雄大さを知り、日々の食事を通して感じた多彩な食文化、壮大な兵馬俑資料館を訪れて知ることのできた悠久の歴史の一部、伝統芸能や自分の目で見た景色など、五感のすべてを使って学んだ一週間であった。国家の中枢を担う首都北京、数千年の歴史を持ち、城壁に囲まれた西安、そして近代の中国を見た上海と、過去から現在までの中国の歴史を約一週間で一度に歩んできたような思いだった。自分の目で見たものは、一部であるかもしれないが、直接訪れ、肌で感じたことは何より確かな情報であり、伝えるべき事実である。

訪中に際し、同世代との交流が特に印象的であった。会話を通して、お互いに率直な意見を交わすこと、飾ることなく自分の言葉で気持ちを伝えることこそが交流の原点であり、日中友好に向けた出発点でもあった。そこにはなにひとつ歪んだ感情などなかったことを記憶している。中国人学生から聞こえてきたのは、日本についてもっと知りたい、仲良くなりたいという純粋な意見ばかりであった。このような意見は、誰かが介入するのではなく、直接会話をすることで知ることのできた事実である。最後にまた会いましょうと約束し、お互いに笑顔で握手をして別れたことは非常に印象的であった。これまで自分の中で、近くて遠い存在だった中国を一気に最も親しい国であるかのように感じた。

お互いに言葉が通じないからこそ相手のことを理解しようと必死になり、自分のことを伝えようと努力する。この姿勢が大切なのである。同時に、この対話による交流が異文化を知るうえで最も大事な手段のひとつであり、難しさでもあるということに気づかされた瞬間でもあった。知識による学びだけでなく、現地に足を運ぶことの大切さを実感した一週間でもあった。

敦煌、鳴沙山にて大ジャンプ（筆者は左から２番目、2018年６月）

中国と縁があったのか、今年の日中友好大学生訪中団の学生ボランティアとして選んでいただき、随行する機会をいただいた。訪問都市は、前回に加え、敦煌を訪れた。敦煌は以前から私の中で一番訪れたい都市であり、夢が一つ叶った瞬間でもあった。砂漠の中のオアシスとも呼ばれる月牙泉、そして鳴沙山、莫高窟、シルクロードなど教科書の中で見た以上の景色がそこには広がっていた。そこでの景色は今でも鮮明に目に焼きついている。

北京での学生交流においては、私が初めて訪中団の一員として訪中した時の学生に偶然にも再会することができた。お互いに驚き、三年前に交わした「また、会いましょう」という約束を果たすことができ、感無量であった。これは日本と中国がつないでくれた一つの縁であり、今後も大事にしたいと思える時間となった。

他方、これから日本が世界の中で成長していくためにも、国際社会を形成していくためにも、隣国隣人である中国とどのように付き合っていくかが重要となってくる。

また、国と国を繋ぐということは、人と人を繋ぐということでもある。訪中を通して得たもの、そのときに感じたありのままの事実、見た景色を他者に伝えるという責任が私たちにはあるはずだ。瞬時に連絡を取り合えるデジタル化した便利な社会であるからこそ、直接膝を交えて対話することの大切さに気づくことができた。決して、国家間の交流だけが外交ではない。一人ひとりが両国を代表とする大使なのである。私は、これまでの訪中を通し、その一員となることができ、大変感謝している。先人たちが努力して築きあげてきた、日中友好の歴史を、これからは私たち両国の若い世代が日中関係を支える役割を担っている。

現在、私は大学院に進学し、国際関係学を専攻している。環境問題を中心に研究する中で、将来は、国際人として世の中に貢献できる人材になりたいと考えている。そこに訪中時に得た経験がきっと活きてくるだろう。外交とは、一人ひとりの経験が国交を支えている。訪中時の経験と自分の目で見てきた事実は、私を支える大きな軸となっていることは確かである。中華人民共和国成立七十周年という節目の年を迎え、これからの日中両国の発展に向けての新たな出発点としたい。様々なきっかけを与えてくださった恩師、日中両国に深く感謝致します。

中国滞在を通して見た中国の変化と発展——桑山皓子

子どもはみんなで育てるもの

私を驚かせた中国人の子育て観

40年も前になるが、我が家の子どもたちは冬でもスカートや半ズボンという格好だった。そしてそれを見た中国の人に、「そんな格好をさせてるなんて！」と騒がれたことが一度ならず何度もあった。

中国では「我が子、孫さえよければ」でなく、身内であろうがなかろうが、みんなで見守っていくのが当然のことになっているのだなと、強く感じられた。私の子ども、そして孫を本気で心配してくださった見ず知らずの中国のおばあさんたちに心から感謝している。

そしてそんな中国の人たちのすばらしさを、日本の人にもっと知ってもらいたいと思っている。

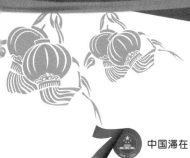

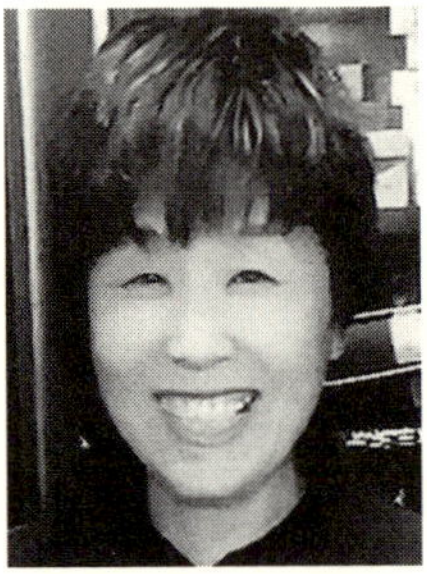

桑山皓子

（くわやま ひろこ）

1972年大阪外国語大学中国語科卒業。1972年大阪でコンピューター関係の会社に就職。1973年結婚して岡山へ。公民館、文化講座などで中国語講師。岡山県残留邦人生活自立支援、日本語指導員。岡山市小、中学校中国帰国児童日本語指導。1988年上海交通大学短期留学。1991～2005年上海交通大学短期留学引率。1997～2011年中国「上海朝日商務培訓中心」日本語教師。2011～2016年南京大学金陵学院日本語教師。2016年帰国。

「子どもは宝」、これはどこの国でも同じであろうが、中国では身内であろうがなかろうが、みんなで見守っていくのが当然のことになっているのだなと、強く感じられることを三度も経験した。

もう四十年も前のことである。

夏生まれの末の息子が初めての冬を迎えたころ、中国東北地方出身の中年夫婦がわが家を訪ねて来てくれた。楽しいひとときを過ごし、別れのときになった。その日は接待の準備や何やかやで忙しく、日課の外気浴ができていなかったため、「ちょうどいいから、見送りを兼ねてやってしまおう」と夫婦について子どもを抱いて家を出た。すると、夫婦は血相を変えて、「こんな寒い時に外に連れ出すなんて！　ダメ、ダメ！」と強く私を家の中に押し返したのである。いくら毎日していることだからと言っても、聞いてもらえなかった。その見送りを遠慮するという以上に子どもの外気浴を心配する気持ちは、正直言ってあまりよくわからなかった。

それから十年。上の女の子が中三、中一、末の息子が小四になった三月末、春休みを利用して、初めて子連れで中国旅行をした。上海のホテルに着き、「さあ、みんなで街に繰り出そう」と二両連結のトロリーバスに乗り込んだ。昼過ぎという時間帯だったからだろうか、座席がちょうど埋まるくらいで、立っている人はいなかったように記憶している。「へえ、めずらしく空いているな」と上機嫌で乗り込んだその時、一斉にみんなの目が私たちに向けられたのを感じた。「?」と思ったとたんである。その車両のあちこちから、ばらばらと声がかかってきた。「どうしたの? その格好は!」「そんな格好をさせてるなんて!」「風邪でもひいたらどうするの!」あまりのことに動転して記憶があいまいだが、声をかけてきたのはほとんどが六、七十代の女性だったように思う。

子どもたちはわけがわからず、「どうも自分たちのことでお母さんが非難されている、何が悪かったのだろう」と、震えあがっていた。

実は、子どもたちは三人とも日本にいる時と同じような服装、つまり女の子はセーターにミニスカート、男の子も、セーターに半ズボン、ソックスという姿だったのだ。私たちの住んでいる岡山では、真冬なら、その上にコートを着るが、もう春なのだからと、ましてスカートと半ズボンは一年中のことなので、なにも思わず、いつものままで出かけてきたのだ。

私はあわてて、「大丈夫です。いつもこの格好ですから、もう慣れています」とできるだけ笑顔で答えて言ったが、みんな納得していない顔つきだった。

1989年3月、復旦大学で家族と

そしてまた十数年たった頃、私と夫は上海に日本語教師として住んでいた。私たちが住んでいた所は、学校が手配してくれた街中の「社区」と呼ばれる中のマンションで、周りはみんな中国の人たちだった。

ある冬の日、そこへすでに結婚して男の子二人の母親になっている長女が息子たちを連れて遊びに来た。

娘は洛陽と上海に一年ずつ留学していたことがあり、中国の空気が懐かしくて、部屋に着くや否や、「ちょっと散歩してくる！」と六歳と三歳の息子を連れてウキウキと出て行った。しかし、ほどなくして、なんだか元気なく戻ってきたのである。わけを聞いてみると、三人で「社区」の広場に向かって歩いているとたちまち数人のおばあさんに取り囲まれ、口々に子どもの服装で注意されたと言う。子どもの服装はというと、やはり十数年前と同じでセーターに半ズボンという格好であった。この時も、「いつもこんな格好ですから、大丈夫です」と娘がいくら言っても聞いてもらえる雰囲気でなく、あきらめて帰ってきたというのである。

不満そうな娘の話を聞きながら、私は思わず笑ってしまった。以前のことが頭に浮かび、娘を取り囲んだというおばあさんたちの様子が目の前にありありと浮かんだからだ。冬の日、小さい子どもに短いズボンをはかせ、足をむき出しにして歩かせているとんでもない若い母親には一言（ではない勢いだったらしいが）言わないと気がすまなかったのであろう。

そういえば、上海の子どもたちは日本の子どもに比べてずいぶん厚着をしているように感じる。

日本の幼稚園や保育園では、園児たちが真冬の屋外でシャツ一枚、時には上半身裸で走りまわっていることもある。剣道や柔道などの武術を習っている子どもたちは、伝統の「寒稽古」を水の中でしたり、滝に打たれたりして体と心を鍛える。

私たちの住んでいる岡山は、比較的気候が穏やかで、冬に氷点下になることも少なく、通学、通園の子どもたちも、病気など特別な時以外は薄着で過ごすのが当然のことなのである。

そういえば、我が家から電車で三駅のところにお寺がある。そこでは毎年一年で最も寒い二月の深夜に、日本三大奇祭と言われている「裸祭り」が行われる。この祭りは五百年の伝統があり、毎年一万人にも上る体力自慢の男性たちが県内外から集まる。本番の数時間も前からふんどし一丁で準備態勢に入り、たった二枚の宝木を奪い合うのである。最近では外国からの参加者も少なからずいると聞く。

いくら穏やかな気候と言っても二月の深夜である。祭りを見ているこちらは完全に防寒対策をして行っても寒いどころではない。

大人だけではない。その日の午後には「少年裸祭り」なるものが開催される。男子の小学生たち四百名ほどが、やはりふんどし一丁で争うのだ。実は、これには例の私の孫も小学生の時に参加している。

真冬の午後、小学生たちが真っ裸に近い格好で外を走り回っているのを見たら、あの上海のおばあさんたちはなんと言うだろうか。

中国には伝統の漢方の考え方が日常生活の中に浸透しており、体を冷やすことを特に嫌うそうだ。だから、服は多めに着、冷めた食べ物は口にしないように普段から気をつける。

中国では夫婦共働きが一般的で、子どもはたいてい祖父母が預かっているようだ。昼間、街を歩いているとおじいちゃん、おばあちゃんに連れられた子どもをよく見かける。だから、その日に何を着るかも、おじいちゃん、おばあちゃんが天気や気温を見ながら決めているのだろう。公園やちょっとした広場には、そういう人たちが集まって、みんなで子どもたちを囲んでおしゃべりを楽しんでいる。

その中で、子どもたちはみんなで見守り育てるものという考えが自然に生まれてきて、私たちのような見ず知らずの者にまでまるで我が孫のように気にかけ、声をかけてくださったのだろう。この時、以前の二つのことも「こういうことだったのだ」と、ようやく結びついたような気がした。

今や日本も中国も子どもの数が減ってきている。両親、祖父母にとって我が子、我が孫が大事だというのは当然のことである。厚着で育てるのも薄着で育てるのもすべて子どもを思う気持ちは同じであろう。

だからこそ、「我が子、孫だけは」とか「我が子、孫さえよければ」というのでなく、みんなで子どもを守り育てる気持ちを共有できる地域や社会であることはすばらしいと思う。

私の子ども、そして孫を本気で心配してくださった見ず知らずの中国のおばあさんたちに心から感謝している。

中国滞在を通して見た中国の変化と発展——小林謙太

私の見た本当の中国

大学での中国の友人との出会いがきっかけで、私は２年生の時の天津留学以来、何度も中国に滞在しました。２カ月の長期休暇で20カ所を訪れ、夏休みには中国の友人の家に泊まらせてもらい、中国語スピーチコンテストの入賞で上海訪中など、様々な経験を通して、たくさんの友人と知り合いました。毎回新しい発見があり、視野を広げてくれた中国滞在の数々は、すべてが忘れられないエピソードです。

今、社会人として再び中国と関係のある仕事ができるようになった私は、今後も日中の友好協力の促進に少しでも力になればと思います。そして新中国成立70周年を、心からお祝い申し上げます。

小林謙太
（こばやし けんた）

2015年武蔵野大学グローバルコミュニケーション学部グローバルコミュニケーション学科入学。2016～17年天津外国語大学へ交換留学。2019年武蔵野大学グローバルコミュニケーション学部グローバルコミュニケーション学科卒業見込み。

初めて中国を訪れたのは大学二年生の時であり、一年間天津に留学しました。メディアなどによる報道もあり、中国に対して元々良いイメージを持っていなかった私ですが、大学一年生の時に中国人の友人と出会ったことがきっかけとなり、中国のことをもっと知りたいと思いました。彼とは授業が同じで私が中国語を少し勉強していたこともあり、私から話しかけたことが始まりでした。「〝眠い〟ではなくて〝すごく眠い〟は中国語でなんと言えばいい？」、このように話しかけたのを今でも覚えています。その後も活発に交流するようになりました。そして、私が思っていた中国と彼と接して知った中国は全く違うと気づきました。私は〝本当の中国〟を自身で確かめたいと思ったことから、中国への留学を決意しました。

中国に到着してすぐに中国人の友人ができました。彼女は中国での生活の仕方を丁寧に教えてくれました。中国に着いたばかりの私は簡単な単語を並べ、何とか話せるレベルでしたが、友人は私のためにゆっくり話してくれました。発音が間違っているとすぐに訂正してくれました。そのおかげもあり二週間ほど経つと、生活に必要な簡単な中国語をスラスラ言えるようになっていました。三カ月経つ頃には友人から「来た時に比べてすごく上達したね」と言ってもらえました。友人は私に中国人は各地域で話し方が違ったりすることがあるので多くの中国人と交流した方が良いとアドバイスしてくれ、新しい友人を紹介してくれました。私が今まで接していた友人とは話し方が異なり聞き取りづらさがありました。一生懸命中国語を勉強していた私にとって悔しいことであり、もっと努力しようと思いました。多くの中国人の友人と交流していると、広い中国は各地域で食文化が異なり、世界遺産もたくさんあることを知りました。そこで、長期休暇を利用して中国を一人で周ってみることにしました。簡単な中国語を使い、ゆっくり話してくれる中国人の先生や友人と話すのとは違い、旅行中に出会う中国人の方々の話す中国語はとにかく聞き取るのが難しかったです。そのため、店員さんに積極的に話しかけることや、地図のアプリを使わずに近くにいる人に道を聞き、できるだけ中国語に触れる機会を増やしました。二カ月間で訪れた場所は約二十カ所（現在では合計三十カ所程の都市を訪れました）、食文化の違いや方言を自分自身で感じることができました。なにより嬉しかったのは新しい友人ができたことです。南京を訪れていた際に私がお土産屋さんで商品を眺めていたら、アルバイトをしている学生の方が商品の紹介をしてくれました。その後、一緒にご飯を食べようと誘ってくれ、他の友人も含めて四人でご飯を食べました。日本とは違いみんなでいくつもの食べ物を一緒に食べる文化のある中国は、人数が多いと食べる料理の種類も増え、とて

友人の実家で春節を過ごした時の料理

も楽しかったです。そして日本に帰国した今でも連絡を取る関係にあることに喜びを感じます。留学して一番良かったことはたくさんの友人と知り合ったことです。

帰国後、私は大学三年生になり、日本での生活に戻りました。中国の生活が名残惜しかった私は、夏休みに中国の友人の家に泊まらせてもらい、一週間ほど滞在しました。私の二回目の訪中は中国の家庭での生活となり、とても新鮮でした。リビングのテーブルにはお茶のセットがあり、お茶を淹れてくれました。親戚もみんな集まり円卓を囲みながらご飯を食べたときは、中国の文化を感じられ楽しいひと時でした。帰国前に友人の両親が「また来てね」と言ってくれ、最初から最後までずっと優しく面倒をみてくれて温かさを感じました。また、大学三年の時は日本でできることとして積極的に中国語スピーチコンテストに参加しました。目的は中国語の上達と日本人に私が知った中国を伝えることでした。私が参加した「漢語橋東日本地区予選大会」では三位に入賞し、中国の上海へ訪中団として行くことになりました。一週間の中国での滞在で同済大学と寧波大学に行き、現地の学生と交流しました。今回の訪中を通して日本人にはあまり知られていない中国人の優しさを知りました。バスガイドさんが中国の文化についていろいろと教えてくれました。今でも中国人が海外に行くときはビザの手続きが少し面倒ですが、昔は海外に行くことは夢のような話だったということです。先祖まで調査をして問題がないと初めて海外に行けると話していました。これを聞いて、もし私が同じ状況で海外に行ける切符を手に入れたらどうするのか考えました。答えは、家族や親戚、友達にたくさんお土産を持って帰ることです。中国から海外へ出る難しさが創り出した中国人の思いやりは素晴らしいことだと思います。中国での体験は毎回新しい発見があり、また多くの人と接することができ、私の視野を広げてくれました。

秋に参加した武蔵野大学主催の中国語スピーチコンテストに参加した際に、中国大手メディア〝網易〟より取材を受けました。中国人に日本を紹介するライブ配信を主に行っていて、中国語を学習している日本人の話を聞きたいということでした。取材終了後、話していると私がライブ配信にゲストとして参加して良いと言ってくれました。初めてのライブ配信は私と中国の方の二人で都内で行われた日本全国のラーメンが集まるイベントに参加し、実際にラーメンを食べてリポートをするという内容です。緊張しましたが、中国の方の助けもあり無事に終えることができました。その後数回にわたりライブ配信を経験し、網易さんからあるオファーをいただきました。大晦日での年越しのライブ配信を私の実家で家族も一緒にできないかということでした。いくつかの海外の拠点で同時に年越しを祝うライブ配信を行い、その日本の撮影場所を私の実家にしてくれました。当日は母親がおせち料理や餅などを用意し、私は日本の文化を伝えるために福笑いや羽根つきなどを用意し、実際にカメラの前で福笑いを遊んだりしました。ライブ配信中の視聴者は二十万人、動画は現在でも再生することができ再生回数は百三十万回を超えました。コメント欄に「地元に遊びに来たらご馳走したい」などと私にコメントをしてくれる方もいてとても嬉しく思いました。

大学三年生までで私は中国に関係する様々な経験をさせていただきました。四年生になった私は中国の大学院に行きたいと漠然と考えていました。しかし、日本の社会を知るために就職活動をしてみることにしました。およそ百社の様々な業界の企業の話を聞き、私も社会で役立つことができると思いました。そして就職することを決意し、選んだ企業は三年間飽きることなく興味を持ち続けた中国と関係のある仕事ができる企業です。面接も無事通過し内定をいただくことができました。私は今まで学生として中国を見てきましたが、社会人になると新たな発見があると思います。私が日中の友好協力の促進に少しでも力になればと思います。

私にとっては初めて中国人の友人ができてから現在まで、すべてが忘れられないエピソードです。日本人から見た中国、中国人から見た日本、ともに歴史などから生み出される偏見がありますが、面と向かって交流してみることが大事だと考えます。一人でも多くの方々に私の経験談を読んでいただけたら幸いです。

中国滞在を通して見た中国の変化と発展——坂本正次

忘れがたき
江南臨安での体験

20年ほどの昔、中国南京の街角で突然話しかけてきて親切にしてくれた中国人青年がいた。彼との出会いがきっかけで、私は退職後、中国の臨安で日本語教師を務めることとなった。

中国の学生たちとの数々の思い出を重ねて早15年、良き師良き友に恵まれ何とかこの年まで続けてくることができた。私を中国江南の地に導き、中国での暮らしを黄金にも勝る日々に変えてくれた友人たちと学生たち、そして私にたくさんの思い出をくれた中国に感謝するとともに、新中国成立70周年を心から祝したいと思う。

坂本正次

（さかもと まさじ）

1939年東京生まれ。國學院大學の第二外語にて中国語を選択。北浦藤郎先生の指導を受ける。高校国語科教師を歴任。訪中30回余。中国語弁論大会参加（日中友好協会、朝日新聞社）。中国語作文コンクール参加（日本僑報社、日中通信社）。現在、袖浦中文会代表。

もう二十年も前のことになろうか、中国南京の街角で探し物をしていた時のこと、終始人懐こい笑みを浮かべた一人の中国人青年が突然話しかけてきた。私が探し物をしていることを知ると、彼は半ば強引に私を外に連れ出した。私は以前、この手の男に騙されて高い買い物をさせられた苦い経験がある。内心「エライ奴にとっ捕まっちゃったな」と思った。しかし、それは全くの誤解だった。彼は根っからの親切な男で、私は結局のところ彼のお陰で探していた物を無事買うことができたのだった。

彼はその後、京都大学に留学、以来刻苦勉励すること八年、蛍雪の功なって農学博士の資格を取得、今や日中両国の学問、産業、教育の分野で輝かしい業績を上げている。

そんな彼張敏さんから、定年間近な私に思いがけない提案があった。「退職後、中国で日本語教師をしてみませんか?」というのだ。確かに国語教師でもあり永年中国語を趣味にしてきた私ではあったが、正直なところ受けて立つ自信はない。しかし、彼の再三の誘い黙し難く、私は遂にうなずく羽目になってしまった。

彼から、赴任地は三方が山と聞かされていたので、私はせめて蚊や害虫から身を守らねばと思って強力な燻蒸殺虫剤をトランク一杯に詰め込んだ。しかし何としたことか、これらはすべて空港で没収されてしまった。「機内搬入禁止物品」だったのだ。

私の赴任した臨安（浙江省杭州市）という街は確かに三方が山ではあったが、四方十数キロという広大な盆地で、私の想像していた箱庭のような土地ではなかった。私は改めて自分の勘違いを日本人的だなと思った。大学は浙江林学院という林業系の大学で、学生数は一万超、田舎の大学という私の先入観を完全に打ち破るものだった。

私の世話係は英語科の青年教師楊暁東さんだった。外事処随一の英語の使い手であるとともに日本語学習意欲も盛んな人で、我々は日中両国語においては「相互学習」の間柄でもあった。

彼はまた、料理の名人でもあり、私たち夫婦はよく彼の宿舎に招かれ、出来たての美味しい中華料理を嫌というほどふるまわれた。妻が五キロほど太って帰国したのも、「犯人」は楊老師であったのかもしれない。楊ご夫妻にはまた、数多くの名所旧跡を案内してもらった。雲海を下に見る千年大樹の天目山、古来文人墨客を惹きつけた天下の景勝地西湖、文豪魯迅を生み育てた風情ある紹興の街並等々、今も懐かしく思い出される。

私が担当したのは英文科の学生四十人ほど、いずれも一見中高生を思わせる純朴な印象、以前日本に居た時、茶髪やアイシャドーを見慣れていた私には少なからぬ驚きだった。

2001年8月、日本語を学ぶ浙江林学院の学生達と（前右四＝筆者）

私が初めて中国の教壇に立ち自己紹介を始めた時、何故かざわめきが起こった。話を止めて尋ねると、「日本人なのに怖くないのでびっくりした」とのこと、これには私のほうこそびっくりした。私はこのことだけでもこの地に来た意味があったと思った。

私は初めから、日本人でさえ難解な日本語文法は持ち出すまいと決めていた。日本への興味さえ深まれば日本語のレベルは自ずから向上すると考えたからだ。そのため私は、可能な限り彼らが身を乗り出してくるような話題を多く取り上げた。私が教室に着くと教室は既に満席ということがよくあり、我が意を強くしたものだった。

ある時私は妙なことに気が付いた。二段ベッド四台の八人部屋に住む彼女らが、夕食後一人また一人と外に出ていくのだ。私は彼女らも年頃、「男朋友」にでも逢いに行くのだろうと思っていた。しかしこれはとんでもない誤解だった。彼女らは十時まで灯りのつく図書館へ勉強しに行っていたのだ。私は自分の勘違いを大変恥ずかしく思ったものだった。

気温が四〇度近くなったある日、彼女らが自分達で作った透明なゼリーを持って来てくれた。かすかな甘みとかすかなハッカの味がした。冷たくて美味しかった。しかし学内の売店にハッカはない。どこで手に入れたのか尋ねてみた。すると返ってきた答えはこれだった。「歯磨き粉を使いました」。私は一瞬まさかとは思ったものの、それ以上に彼女らの工夫の妙にいたく感心させられたのだった。

夏休みに入って学生たちの軍事訓練が始まった。早朝深夜の非常呼集、炎天下での一糸乱れぬ行軍訓練、まさに過酷な訓練だった。ある日私は焼け付く校庭に整列した千人超の学生たちを目にした。解放軍の幹部が訓辞を垂れていたが、十五分くらいした頃からあちこちでバタバタと卒倒する者が出始め、ついには救護班が不足する事態となった。私は思わず校庭に飛び降り、倒れた学生たちを支えたり背負ったりしながら救護所に運んだ。何度目だったろうか、背中の学生を下ろした時、目の前に立っているのが先ほど訓辞を垂れていた軍人と気が付いた。軍人も一目で私が部外者と見抜いたようで、傍にいた学生に尋ねた。「この男は誰だ？」「救護を手伝ってくれている日本人の先生です」。すると軍人は一瞬言葉に詰まったようだったが、事情が分かったのか、私のほうを向いて二度ほど小さくうなずいたのだった。

私が帰国する前夜、学生達が私の宿舎を訪れ、明日も軍訓があるので残念だが見送りできないと言った。翌朝、学園を去る時、私は車窓に行軍訓練をしている学生達を見かけ車を停めた。厳しい上官の下、一人として脇目を振る者はいなかった。しかし、「回れ右」をするほんの一瞬、一人の女学生が私のいることに気づいた。それでも彼女は前を向いたままだった。しかし、「前へ進め」の号令が下り動き出すその刹那、上官の目が届かないほうの手の指先が私に向かってかすかに一、二度揺れるのに私は気がついた。私は遠ざかっていく彼女らの後ろ姿を見送りながら、何故か目の前が次第にぼやけてくることをどうすることもできなかった。

あれから早十五年、私が中国江南の一角にまいた日本語の種が果たしてどれほど開花結実したか、それはともかく、その後私が後任教師に託した「日本語作文コンクール」への参加は幸いにして確実に定着、浙江林学院（現浙江農林大学）は今や受賞の常連校となっている。

思えば「ヨコモジ」が苦手で逃げ込むように選択した中国語だったが、良き師良き友に恵まれ何とかこの年まで続けてくることができた。就中、我が後半生において私を中国江南の地に導いてくれた張敏さん、江南臨安での一年を黄金にも勝る日々に変えてくれた楊暁東さん、更には、縁あってこの私を一外国人老師として親しく接してくれた学生の皆さんに、改めて心からの感謝を申し上げたい。

中国滞在を通して見た中国の変化と発展——佐藤正子

江西省での暮らし

１９９２年以来、毎年のように中国旅行に行っていた私は、猛勉強の末、念願叶って江西省で日本語講師を務めることになった。

学生たちの熱心さ、そして中国の人たちの優しさに心を打たれた。特に、布団屋で出逢った劉さんには色々とお世話になり、帰国から１０年経った今でも、その優しい声は記憶に残っている。

一年余りの短い期間ではあったが、中国滞在のときにもらった優しさを、今度は私が中国人や他の国の人たちに伝えていきたい。中華人民共和国成立70周年に心よりお祝い申し上げる。

佐藤正子

（さとう まさこ）

1951年群馬県渋川市に生まれる。1992年初めての中国旅行（北京）。1993年より上海・南京・西安・洛陽など中国各地を旅行。2002年神奈川大学中国語学科卒業。卒業論文「河北省賛皇県第一号希望工程」。2003～05年江西省九江市九江学院日本語科講師として勤務。2005年より日本語学校非常勤講師。2011年より川越市ボランティア日本語教室に参加。2013年放送大学大学院文化情報科修了。修士論文は「日中対照擬態語研究」。

一九九二年夏、友人に誘われて初めて中国を旅行した。北京の八達嶺に登り、すっかり中国迷になった。

翌年から、上海、西安、南京、洛陽と毎年のように中国を旅行した。いつしか旅行だけでなく、中国で暮らしてみたいと思うようになった。

そのため、一九九八年、子育てが一段落したのを機に、中国語を学ぶため、大学に入学。若者たちと机を並べた。副専攻で日本語教師養成課程を履修した。

そして、二〇〇三年、その願いが叶った。「江西省九江市の大学に日本語科ができるんだけど、行ってみないか」。中国語科の恩師が、声をかけてくれた。

大学で学んだことが実践できる絶好のチャンス。同じ大学の卒業生と行くことになった。だが、彼女の両親は、中国で前の年から流行していたSARSを心配した。結局、九江へは、私一人で行くことになった。

私も、SARSが心配でなかったわけではないが、夫や、高齢の父が元気な今を逃すと次のチャンスはない、と思い決断した。

その年の八月末、南昌空港に到着。空港には大学から日本語科の若い同僚が車で迎えに来ていた。陽はすでに落ち、九江までの道のりは、灯りがあまりなく急に心細くなった。だが、学校に到着した途端、そんな郷愁は一瞬で吹き飛んだ。私がその日から暮らすはずの部屋には、ごみや下着が散乱していた。夏休み中、改装工事があり、その間作業員が使用していたようだ。夕食も、そこそこに大掃除。同僚も手伝ってくれた。私の赴任一日目は、こうしてスタートした。

私が暮らした外国人講師専用の寮は、「白宮」（ホワイトハウス）という名前で、白色の立派な建物。部屋が広くてよかったのだが、時々、ネズミに電話線やインターネットのコードをかじられたり、電気や水道が突然止まったりした。

赴任して一カ月。その日は国慶節で大学の大運動会。午前中は真夏のように暑かったが、午後になると、気温が十度下がり、肌寒くなった。薄い掛布団が一枚しかない私は、もう一枚調達するために、市内のデパートに出かけた。あいにくデパートは、改装休業中だった。仕方なく、布団屋を探して慣れない街を歩いた。やっと小さな店を見つけたが、この店は、注文して作ってもらうシステムだった。そのうえ、店主の話す方言がまったく分からず、店主にも私の普通語が通じない。途方にくれていると、店にいた女性の客が「どんな布団が買いたいの」と普通語で話しかけてきた。私が買いたい布団を彼女に伝えると、方言にして店主に伝えてくれた。私には、店主の方言を普通語にしてくれた。それを何回か繰り返し、やっと花柄の掛布団を作ってもらうことができた。その女性は、婦人小児健康センターを退職した女医の劉さんだった。

布団を抱えて帰ろうとすると、劉さんは「ひとりで九江に来たの」「寮にひとりで住んでいるの？」「大学の中に日本人はひとり？」と、聞いてきた。「そうです」と答えると、驚いたようだった。そして「今度、ご飯を食べに来なさい」と言ってくれた。若くない日本人の女性が寮で、ひとりで暮らしていることに同情したようだった。劉さんが、初対面の日本人の私に、ここまで親切にしてくれたことに驚かされた。そして、胸が熱くなるのを感じた。

劉さんの好意は言葉だけではなかった。何日かすると寮に電話があった。「你吃饭了吗？」（ご飯食べた？）「まだです」というと、「食べにおいで」と食事に誘ってくれた。それまで、私は、部屋や、大学の食堂で、ひとりで食べていた。気さくな劉さんの家族と一緒に食事をしていると、私まで笑顔になった。

大学での生活に慣れるにつれ、放課後、熱心な学生たちが部屋に質問に来るようになった。

夕方、「吃饭了吗？」と劉さんのように学生に声をかけるが、決まって「もう食べた」という。（学生の夕食は、ずいぶん早い時間なんだなあ）と思っていると、ある時、「食べた」と言った学生のお腹が「グー」と鳴った。私は気付いた。中国の学生は、礼儀正しい。先生に気を遣わせないように、「食べた」と言ったのだと。それ以降、学生を誘って大学門前の店で食事をすることもあった。

日本の大学と異なり、中国の大学は全寮制。放課後も、自習だけではなく多彩な文化・体育活動がある。外国語学部の学生は、「映画吹き替えコンクール」に挑戦していた。日本語科の学生は、日本語アニメの吹き替えに出るために、毎晩ビデオのある私の部屋に来て練習をしていた。宮崎アニメ「魔女の宅急便」に挑戦していた陳さんのチームが優勝。彼は今、広州で日本語通訳をしていて、幼稚園に通う女の子のパパだ。

また、私の広い部屋を使って、日語角（日本語交流コーナー）を開いた。日本語科の学生や同僚の先生だけでなく第二外国語で日本語を学ぶ学生や、授業はとっていないけれど日本語に興味のある学生も集まって、覚えたての日本語でワイワイおしゃべりを楽しんだ。

あっという間に、契約の最初の一年が過ぎ、すっかり九江が気に入っていた私は、さらに半年契約を延長した。その後も、契約を延長することができたが、実家の父が入院したので帰国を余儀なくされた。

帰国して、十年余り。いまでも、「吃饭了吗？」という劉さんの、やさしい声がよみがえり、学生たちの活気にあふれた顔が浮かんでくる。

実は「ご飯食べた？」は、私の故郷でも子供の頃、よく耳にした。あのころは、日本は、誰もが、お腹をすかせていた。だから、相手もお腹をすかせているだろう」と、お互いに気遣い、「まだ」と言えば、「食べてけ」と誘い一緒に食べたものだ。

この素朴で温かい庶民たちの心遣いは、国は違っても変わることがないのだと思った。

2004年、九江学院で中国人の方々と交流

私の住む川越には、旅行者だけでなく、仕事や結婚、留学生として生活する中国人が増えてきた。

留学生と言えば、九江から留学生してきた珊珊ちゃんは、よくホームシックになった。そんな時、一緒に九江の話をした。

太原から来た蕾蕾ちゃんとは、一緒におかずを作って食べた。今年の三月には、彼女の大学院の卒業式に両親が来日し、一緒に川越を観光した。

また、同じ団地に住む特級料理人の滕さんとは、はじめは「你好」だけだったが、今では、彼が腕を振るっている料理の話などをするようになった。

そして、つい最近、町会のイベントで子供会の役員をしている二人の中国人の女性に出会った。「你好！　わたし、中国語習っているんです」と声をかけると、彼女たちは、驚いて振り返り、「中国語が話せるんですね」と、笑顔になった。彼女たちは登下校の児童の見守りにも参加している。

私は彼女たちの行動に心をうたれた。外国人として「おもてなし」を受けたり「援助」される側ではなく、町の一員として、積極的に、子どもたちの活動をサポートしているからだ。

さらに二人はこんな悩みを話してくれた。「実は、子どもたちが通う小学校には、日本語があまり話せない中国人の両親や子どもたちが、いるんです。何かできることはないかと話していたんです」

日本語の得意でない中国の人の力になろう。心強い中国人の彼女たちと力を合わせればきっと、何かができるはずだ。

一年余りの短い期間ではあったが、九江で、劉さんに出逢い、学生と共に暮らしたことで、旅行では体験することができない多くのことを学んだ。

九江が私にとって、忘れることのできない地になった。

こんどは、この町で私が劉さんになろう。

この街に住む、中国の人、他の国から来た人たちにも、この町が好きになってもらえるようにしよう。外国人が住みやすい町は、日本人にとっても住みやすい町なのだから。

劉さんの優しい心は、私の心の中で今も生きている。

中国滞在を通して見た中国の変化と発展——須田紫野

あたたかさを伝える勇気

もっと出会いたい中国人の心

私のはじめての一人旅は、中国の桂林だった。寂しさ、心配、そして不安。そんな私の心の硬さが、中国で出会った人たちの優しさに触れてだんだん溶けていった。そして私は自分がすごく歓迎されていることに気づいた。

中国って、中国人って、すごく熱い。申し訳なくなるほどのあたたかさ。私は中国人から学ぶべきこと、学ばなければならないことがたくさんある。

私はこのあたたかさをまわりの人に伝え、新中国成立70周年を迎えた中国の本当の姿というものを体験しにいく勇気を与えたい。そして私自身も、ますますそんなあたたかさを秘めた中国に惹かれるのだ。

須田紫野

（すだ しの）

九州大学理学部生物学科3年。福岡県出身。大学に入学してから念願の中国語を学び始め、中国人留学生に初めて出会い、ますます中国が好きになり、彼らとルームシェアをしたり、中国語スピーチコンテストに出場したりしている。将来、異文化への理解と科学への知見を融合させ、文化の違いの架け橋になることが夢。

高鉄は山に囲まれて菜の花の咲く田舎道を進んで行く。その時の私の心は閉じていた。景色は、車内の喧噪や案内放送は、目に入り、耳に入り、すぐに消えてしまう。何もかもが、心の内側に入る隙もなく金属の鈍い光のように跳ね返されていっている。

中国に来て最初に滞在していた友達の家を後にして、吐く息もまわりの人のふかすタバコも白く立ち上る高鉄の駅にひとり立ったとき、さすがに「中国で一番行きたい場所は桂林」とわくわくしていた私もとうとう堪えきれなくなって、心の中に焼き付けた、友達の家で受けた歓迎を、ゆっくり、そして静かに、脳裏でスライドショーのように再生しながら、はじめての「海外一人旅」の重さをかみしめたのだった。今さら日本でも一人旅をしたことがなかったことに気づく。自分でどうしても桂林に行きたい、と選んだのに、あれほどまで旅行計画を立てながらぞくぞくしていたのに、高鉄に何時間も一人で座っていると、寂しくて、一人だから心配で、一人で生きていけるか不安で怖くなっていた。目的地に着いたら、中国語しか伝わらない。中国語を学んではいるものの、ままならないし、きっと中国語が話せない辛さに圧倒されて風景も印象に残らないかもしれない、とまで思った。

桂林駅に着いて、流されるように大通りに突入した。繁華街を歩きながら、からだ中で、中国にいることを感じる。肌寒さの間にあたたかさの混じったゆるい風、レインボーのネオンサイン、金木犀ケーキの匂い、店のＢＧＭのやけに依存性のあるポップソング。どきどきする。露店で焼き鳥を買ったとき、お店のおじさんに「日本から来たんだ！　中国はどう？」と嬉しそうに聞かれて、「すごく好き！」と答えたら、おじさんがものすごい笑顔になった。嬉しかった。心の硬さがだんだん溶けてゆく。幸せの連続。夕食を食べる時も店員さんがわざわざ箸を取って来てくれて、ひとりでいる私にずっと話しかけてくれた。川下りでは、ガイドさんに「日本人なら書いたら分かるかな？　分からないことあったらいつでも聞いてね」と言ってもらえたり、わたしだけ丁寧な説明してもらえたり。いっしょにお昼ご飯を食べたある家族からは、食べ方だけでなくおいしいところを説明されて、そのおいしいところをまるまま分けてくれた。桂林を発つ時たまたま会ったおじさんは「日本人に会ったのははじめて！　ご飯おごれて嬉しい」と言ってお昼ご飯をごちそうしてくれた上、飛行機を待っている時も私のことを気にかけてくれて、到着後のバスチケットまで手配してくれた。絶対に私は間違えた中国語を話しているし、発音もなまっているし、聞き取れなくて相手にもどかしい思いをさせてしまっているはずなのに。出会ったたくさんの人が、同じことを私が分かるまで何度も言ってくれて、「中国

地理の教科書で、桂林ほど私を引き込むものはなかった。写真は、私が初めて中国語で写真を撮ってもらうことを頼めた時のもの

語、上手だね」って褒めてまでくれる人もいた。びっくりした。私は自分がすごく歓迎されていることに気づいた。

打ちのめされると思っていた。中国に行くのはもういいやと思ってしまうと思っていた。でも、実際はその逆だった。中国って、中国人って、すごく熱い。申し訳なくなるほどのあたたかさ。他人への愛。時間、労力、お金、そんな全てを他人のために使うこと。中国にいて、ほんとうに溢れるぬくもりを幾度も感じた。私は中国人から学ぶべきこと、学ばなければならないことがたくさんある。中国人の優しさがあったからこそ私は旅を楽しめたし、当初の目的であった風景を味わうことも達成できた。春霞の間にぼうっと見えて、でも力強いタワーカルスト。川は広くて穏やかで、どこまでも流れてゆくようだ。

私が中国に興味を持ったのは六年前、中学三年の時に初めて中国に行った時だ。新聞社の事業だったのだが、中国に特別な思いがあったわけではなく、海外に行ってみたかっただけだと思う。中国語は一言たりとも知らなかったし、自分の名前の中国語読みすら分からなかった。周りには日本人もたくさんいたけれど、それ以上に中国語が溢れていて、話している日本語の間に中国語が聞こえて、見えて、取り憑かれているようで、私だけ置いていかれている気持ちがした。テレビも、新聞も、看板も、全て中国語。かなわない、逃れられない、と思った。怯えるほどの疎外感だった。自分がはっきり覚えている中で初めての海外とは、こんなにも斬新で新鮮で、そして苦かった。

「絶対に中国語を学ぶのだ」と決め、大学に入り念願の中国語を習い始められて、思っていたよりもずっと面白いことに気づいた。それでも正直に言うと、今回中国に行く前は私の中で中国にいる中国人は、留学生とは違って日本に興味はないだろうし、もっとぶっきらぼうで、愛想がなくて、些細なことで腹を立ててしまうかもしれないと思ってしまっていた。ようやく、「中国語が好き」に、「中国が、中国人が好き」という思いが加わった。

行かないとたまらなくなるほど、中国が、中国語が好き。自分でもよく分からないくらい好きだ。

旅をする前は、人に出会うことも、笑顔に、優しさに出会うことも期待してはいなかった。桂林は地理の教科書で写真を見た時からの憧れで、今回の旅でも、ただ風景が見てみたいと思って行くことに決めたわけである。それが、実際タワーカルストを初めて見た感動よりも中国人への感謝が大きいのだ。人とは本来あたたかいのだと思う。文化も習慣も言葉も違うけれど、日本人でも、中国人でも、それは同じ。確かに、すぐにステレオタイプ、偏見を生んでしまうけれど、一度イメージが作られたら壊すのには相当なエネルギーがいるけれど、私は自分が体験することでこんなふうにより一層まっすぐ物事を見られるようになりたいし、こんなあたたかさをまわりの人に伝え、本当の姿というものを体験しにいく勇気を与えたい。もっとたくさんの中国人に出会いたいし、他の日本人にも出会ってほしい。

日本に帰ってから、出会った人の中には、「連休だけど一緒に旅行できるかな?」とメッセージをくれる人もいれば、「中国に来たら案内するからね」と何度も言ってくれる人もいる。私のタイムラインにコメントをしてくれる人もいる。そんなメッセージを見るたびに一人旅の怖さが、寂しさが幸せに変わった瞬間を私は思いださずにいられない。そして、中国のことをもっと理解したい、中国語をもっと勉強したい、もっと頑張らなくちゃ、と思うのである。

中国にまた行きたいのは、単にご飯をおごられたいから、案内されたいから、ではもちろんない。ほんの数日の間に、渡航前には分かり得なかった熱烈な歓迎に出会った。中国人がこんなに熱いとは知らなかったし、こんなに親身になってくれて、人を助ける精神に溢れていて、中国語の不自由な私にも決して特別な感じではなく、できることを尽くして面倒を見てくれるとは想像すらしていなかった。私にはないもの、忘れているもの、普段日本では感じにくいもの。そういうものを見つけたいから、ますます中国に惹かれるのだ。新中国成立七十周年を迎え、私はこれからもっと中国を好きになっていくだろう。

中国滞在を通して見た中国の変化と発展——長谷川玲奈

好奇心が強く、コミュニケーション好きの中国人

自分の目で見た中国人の面白い魅力

私は2011年の冬、短期語学留学というかたちで初めて中国を訪れた。1カ月という短い期間だったにも関わらず、数々の中国人との出会いは、今までの中国人のイメージを大きく変えた。

彼らは自分の思いを率直に相手に伝え、人の壁を簡単に取っ払ってしまう名人だった。気前が良く、好奇心旺盛で、礼儀正しかった。

何事も実際に自分の目で見て、感じてみる必要があると思った。私自身、大きなことはできないが、小さな会話をきっかけに、中国を自分の目で見て判断する機会を沢山の人に与えていくことができればと願う。

今年は中華人民共和国成立70周年。これからの中国のますますの発展を祈り、私の中国を知る旅もまだまだ続く。

長谷川玲奈
（はせがわ れいな）

千葉銀行勤務。1992年生まれ。27歳。女。千葉県出身。麗澤大学外国語学部中国語学科卒。2011年2～3月に天津理工大学に短期留学。2014年、日中関係学会第2回宮本賞優秀賞受賞。受賞論文のテーマは「中国人富裕層をターゲットとしたメディカルツーリズムの可能性について」。

「どうして中国に行くの？」私が中国へ行く時に周りの人々から聞かれた。私はその時、必ずこう返事をする。「中国って、実はとても面白い国ですよ。折角あんなに面白い国が隣にあるのに、知らないなんてもったいない。どうして中国へ私が行くのか、その理由を教えてあげようか？」

大学に入学し、中国語を学び始めて一年が経過しようとしていた時、私は、ふと「なぜ中国語なんだろう？」と考えることがあった。

今まで私の人生に一切関係のなかった中国。なんとなく中国語を専攻したけれども、実際の中国ってどんな国なんだろう。よくわからない。授業、ニュースや本で理解する中国は、実像を表しているのだろうか。私は中国がどんな国か漠然としか知らないまま中国語を学び続けることに不安を感じることもあった。

それならばと自分の目で確かめようと決意した。私は二〇一一年の冬、短期語学留学というかたちで初めて中国（天津）を訪れた。一カ月という短い留学であったが、私の結論は、「中国って面白い」「とっても魅力的」であった。

では、具体的に何が面白くて魅力的なのか。それは、「人」であると私は感じた。

私は、授業が終わると、できるだけキャンパスを出て、天津の街を散策に出た。大学以外での中国人の生活の様子を見て、地元の人と話す機会が欲しかったからである。

留学開始から間もない頃、ふと小さな化粧品のお店に入った。すると「あなた日本人？」と店内にいた二十代半ばの中国人店員が声をかけてきた。「あなた、肌がきれいね。あなたが使っている日本の化粧品は何？」「日本の化粧品のおススメを教えてちょうだい」といきなり質問攻めにしてきたのである。更に店内にいた他の中国人女性客の何人もが私の周りに集まってきて、色々と質問をしてきた。彼女たちの多くは南方出身のようで、訛りが強く、北京語を学んでいる私には非常に聞き取りづらかったが、私は彼女たちのあらゆる質問（とくに美容系）に何とか答えていった。最後には「あなたと話せて良かった。これ、もって行きなさい」と商品のハンドクリームをくれた。

彼女達との出会いは、今までの中国人のイメージを大きく変えた。中国人は自分が疑問に思ったこと、感じたこと、興味を覚えたことを率直に相手に伝えているのだ。そして、好奇心が旺盛で、相手を知るために近づいているだけなのである。聞き上手といってもいいだろうか。この意味では、コミュニケーションがうまいと言ってもいい。人の壁を簡単に取っ払ってしま

2015年、西湖の手漕ぎ船にて

う名人なのだ。そして、中国人はケチではない。むしろ気前が良く、太っ腹なところがある。
さらにもう一つ、「人」に関する印象的なエピソードを紹介しよう。
就職後に夏休みを利用して、中国旅行にいささか腰が引ける友人と二人で杭州の観光名所西湖に行った時のことだ。西湖は手漕ぎ船を貸し切って湖を観光することができるのだが、船の船頭に乗船したいと伝えたら「二人では乗せない」と断られてしまった。おそらく、船頭からすると、一度に多くの人を乗せて船を動かしたかったのであろう。
折角ここまで来たのに、しょうがないかと諦めていると、隣にいた男性が「一緒に船に乗らないか？　俺たち三人だけど、君たちと乗れば船を出すって言ってるから。どうだい？」と声をかけてきたのである。

流石中国人。簡単に人の壁を壊してきた。〝これはきっと面白いことになる〟と私は感じ、すぐに了承した。船が出発するとすぐに、「俺たちは温州から来た。地元の友達三人で杭州へ旅行に来たんだ」「君たちはどこから来たんだい？」と質問をされた。日本人だと答えると三人とも黙ってしまった。「何か日本人に対して嫌なことでもあるのかな」とこちらも様子を伺いながら黙っていると、「君たち日本人だったのか！　気づかなかった。日本人と船に乗れるなんて面白い！　中々こういう機会はないよ！」と大笑いしながら話してきたのである。

彼ら三人からも質問攻めにあい、周りの美しい風景をゆっくり見ている時間すらなかった。私の西湖での思い出は彼らとの思い出ばかりになってしまったが、とても有意義な時間であったことには間違いない。そして、下船時には、「すごく面白い時間を過ごせた。日本人とこんなに話したことはなかったから、とてもよかったよ。ありがとう」「君たちの船の代金は俺たちに払わせてくれ。そのくらい楽しかったよ」と言ったのである。彼らも好奇心旺盛で、礼儀正しかった。ここでも、私の思う中国人の面白い魅力と出会った。

日本人の礼儀正しさには、他人行儀的なところがある。知らない人に対して自分からは容易には口を開かない。しかし、それではコミュニケーションができないのではないか。初対面の見ず知らずの人、しかも化粧品店などでいきなり話しかけてくる行為、または観光小舟への相乗りの誘いなどは、日本だと礼儀をわきまえないとか、無神経、厚かましいというような評価になってしまうのかもしれない。しかし、そうだろうか。日本でも徐々にシェアリング・エコノミーや民泊などが普及し始めている。コミュニケーションをしたいのではないだろうか。中国人に学ぶことも少なくないのではないだろうか。

私は、実際に中国へ行って本当の中国と出会ったから、中国の面白さに気付いたのだと思う。「どうして中国なんかに行くの?」という人に「中国は面白いですよ。理由を知りたいですか? 中国は人が魅力的なんです」と返す。すると、決まって次のような会話が続く。「実は中国に一度は行ってみたいと思ってはいるんだよね。だけど、周りに中国に行ったことがある人いないし、あなたみたいに中国人が魅力的だという人に出会ったことがないんだよね」「隣の国の中国、せっかくだし、行ってみようかなあ」と。このように、実は心の中では気になっているが、本当の中国に巡り合えるきっかけに出合えていない人というのは実は多くいるのではないかと思う。

私はこれまで紹介したようなエピソードを何回となく何人もの人に話したことがある。そうすると、「中国って面白そうだね。若い女性の二人旅でも安全そうだし。今度、中国に行ってみるよ」という人が多い。さらに、「中国に行ってきたよ。面白かったし、とても良かった。今度は、家族を連れて○○に行ってみたいな」と報告してくれる人がいる。

私自身は、大きなことはできない。が、こうした小さな会話をきっかけに中国を自分の目で見て判断する機会を沢山の人に与えていくことができればと願う。中国は、懐が深い。今年中華人民共和国成立七十周年。これからの中国のますますの発展を祈り、私の中国を知る旅もまだまだ続く。

中国滞在を通して見た中国の変化と発展——原 麻由美

世界で一番 美味しい食べ物

私の心を照らしてくれた中国の餃子

私は中学生のとき、家庭の事情で中国に転校することになりました。新しい環境に不安を覚え、海外の暮らしと勉強についていけず苦しんでいた私に、継父は真摯に向き合ってくれ、優しい言葉と熱々の愛情で支えてくれました。

大学を卒業し帰国した今でも、約10年の時間を過ごし、他にない経験をくれた中国は、私にとって第二の母国であり、大好きな国です。

そんな中国の魅力、中国の文化をもっと多くの人に伝えていきたいと思いつつ、新中国成立70周年を心からお祝い申し上げます。

原 麻由美

（はら まゆみ）

1995年に生まれ、神奈川県で育つ。2008年に中国に留学し、2009年に遼寧省阜新市第一中学校で中国現地の学生と勉学に励む。2014年北京第四中学卒業。同年清華大学新聞学部に入学し、在学中に清華大学生徒会（文化交流部）、新聞学院生徒会（海外交流部）、日本人留学生会（会長）に所属。語学に興味を持ち、カナダ、韓国に語学留学。2018年清華大学卒業。

日本僑報社主催、中華人民共和国駐日本国大使館など後援の第1回「忘れられない中国滞在エピソード」コンクール最優秀賞（中国大使賞）受賞。

人と人との絆。それは時に国境をも超えることができる、心と心の繋がりである。十年という長い月日の中で、本気で何度もぶつかり合い、そして誰よりも近くで支えてくれた人は、十年前私が一番敬遠していた中国人継父でした。

忘れもしない二〇〇八年の夏、私の人生を大きく変える出来事がありました。私は家庭の事情により、日本の中学校を転校し中国で生活することを余儀なくされたのです。住み慣れた町を離れ、新しい環境、ましてや海外で暮らすことへの不安。大好きな友達、クラスメイトとの突然の別れ。あの頃まだ十二歳の私にとっては状況を整理するだけでも精一杯でした。

そんな時、継父とレストランで初めて会いました。日中ハーフではあるが中国語が全くわからない私と、日本語が全くわからない中国人継父が唯一交わせる言葉は「ニーハオ！」だけでした。私が新しい中学校に通い始めて中国語が少し話せるようになってからは、放課後に中国語を教えてくれたりもしました。当時私は継父を母の友人の一人としか思っていなかったのですが、会う回数が増えるにつれ子供なりに色々と理解していきました。それでも、私はどうしても継父を受け入れることができませんでした。

中国語を勉強し始めて一年が経った頃、私は中国現地の学生のみが通う中学校へと転校しました。毎朝七時半から午後五時半までの授業、放課後には中国語、英語、数学の塾に通い詰め、夜十時にやっと帰宅し、学校の宿題をこなし夜中にやっと眠りにつけるという勉強漬けの日々でした。まだ流暢とは言えない中国語で中国現地の学校に通うということは、自分の想像をはるかに上回るほど厳しく、過酷でした。このような生活をしているのは学校唯一の留学生の私だけではなく、中国の学生達も毎日勉強に明け暮れていました。私は中国の学生達の勉強熱心さに驚かされたと同時に危機感も感じていました。私がこんなに頑張って勉強している時に、他のクラスメイトも当たり前のように勉強をしているという現実。当時クラスで成績がビリの私はその現状をなかなか受け止めきれず、成績表が配られる度に家に帰っては泣いていました。「留学生が中国現地の学生と成績を比べる必要はない。ビリで当たり前、ビリでもいいや。頑張ってもずっとビリならもう頑張りたくない」と考えるようになり、家の中でも常にピリピリした状態で家族に接してしまいました。

反抗期真っただ中の私に、継父はいつもより積極的に話しかけてくるようになり、そんな継父を私は鬱陶しく思うようになりました。ぶつかり合うことも増え、心に思ってもいない言葉を言い、継父を沢山傷つけることも日常茶飯事でした。

そのような日々が続いたある日の放課後、いつも通り家に帰ろうとした時、学校の前に見慣れた赤色の車が止まっていました。車に近づいてみると、そこには母ではなく、継父の姿が見えました。とりあえず車に乗り込むと、継父は何も言わずに車を運転し始めました。いつも通り学習塾に向かうのかと思いきや、着いた先は大きな公園でした。そして車から降りるなり継父はこう言いました。「今日は塾を休もう。勉強のことは考えずに、たまにはアイスでも食べながらゆっくりしようか」。一本三元のバニラアイスを片手にベンチに座り、お互い一言も発さずに、ただただひたすら芝生を眺めていました。日も暮れ始めた頃、私達は近くにある餃子屋さんに入り、夕食を食べることにしました。熱々の餃子を口いっぱいに頬張っている時に継父は長い沈黙を破り、優しい言葉をかけてくれました。

「ビリは格好悪いことじゃない、たとえ今成績がビリでも、あなたは確実に進歩している。一年間だけ習った言語で全科目勉強しているあなたと、母国語で勉強してきたクラスメイトの成績は違って当たり前なのだから。クラスメイトを目標に頑張り、過去の自分を超えて、どんどん進歩していけばいい」。その言葉を聞いてから、今まで悩んでいたことが嘘のように、心がスッと軽くなりました。

そして、餃子は中国人にとってとても大切な食べ物だと言うこと、「上車餃子、下車麵」という言葉があるように、餃子には物事や、行く先々が順調であるようにという深い意味があること、私がこれから歩む道が順風満帆であるようにという願いを込めて、今日餃子を一緒に食べたということを、継父は教えてくれました。

当時は照れくさくて言えませんでしたが、私はあの言葉に本当に救われ、今でもあの時の餃子館を、餃子の味を鮮明に覚えています。

餃子を食べ終えた後、継父は少しお茶目な表情で私に、「今日塾を休んだことはお母さんには内緒ね！」と言い、初めて二人だけの秘密ができました。それは私にとってはとても大切な思い出であり、未だにこのことを母には秘密にしています。

それからゆっくりではありますが、どんどん継父を家族として心から受け入れられるようになり、心から尊敬するようになりました。

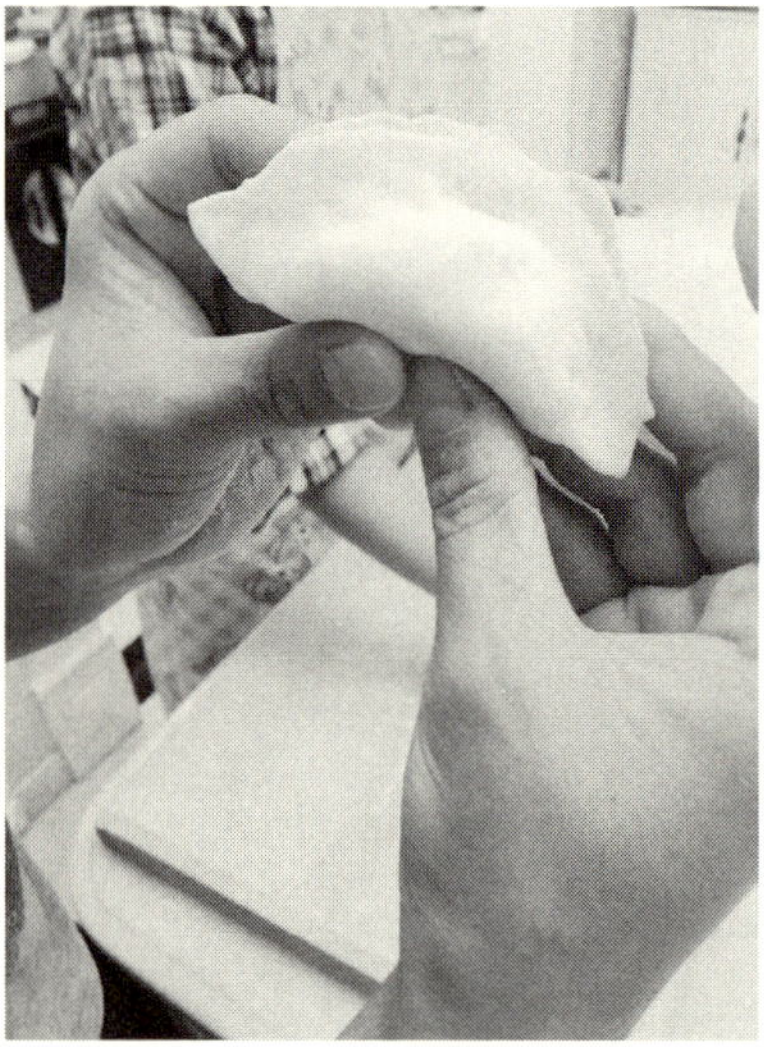

2016年、遼寧省にて家族と餃子作り

その年の春節休みに、私は継父に今年の春節は家族みんなで一緒に餃子を作ろうという提案をしました。春節は中国で最も大切な日であり、春節の前日には家族で硬貨が入った餃子を食べます。餃子の中に入っている硬貨の数は家庭によりそれぞれですが、硬貨が入った餃子を食べ当てた人は次の年、運が良くなると言われています。その他にも家族で一緒に団欒《だんらん》して食べる物という風に認識されています。

私が落ち込んで自暴自棄になっている頃に、餃子の「順風満帆」という意味をプレゼントしてくれた継父に、私は餃子のもう一つの意味、「団結、団欒」をプレゼントしたかったのです。餃子作りを通して、私は血は繋がっていなくても継父のことを本当の家族だと思っているよ、ということを伝えようと思ったのです。

その提案に継父も、私の母もとても喜んでくれました。そして、私の兄も含めた四人で餃子を包み、談笑をしながら、お腹がはち切れそうになるほど餃子をいっぱい食べました。その夜は間違いなくきっと、私と継父と母と兄が本当の意味でちゃんと家族になれた日だと思っています。心からぽかぽかとなるくらい暖かい春節を家族で過ごしたことを私は忘れることはないでしょう。

たとえ国籍が同じではなくても、血が繋がってはいなくても、私のことを本当に心の底から考えてくれ、真摯に向き合い、歩み寄って、支えてくれ、十年にわたる中国留学生活の中で、餃子に負けないくらい熱々の愛情を注いでくれた人は、紛れもなく継父でした。

餃子は太陽となり私の心を照らし、希望を与え、私の中国留学生活を支え、私と継父の間に国境、血縁をも超えた親子の絆をくれたのです。そして国境をも超え、人と人の絆を強くし、心と心を繋げてくれる、世界で一番美味しい食べ物だと、私は思っています。

今年の夏、私は大学を卒業し中国を離れ、日本に帰国します。約十年の時間を中国で過ごした私にとって、中国は第二の母国であり、大好きな国です。長い留学生活を経て、大変なこと、辛いことも沢山ありましたが、それ以上に数えきれないほどの楽しいこと、学べたことがありました。中国現地の中学校、高校、大学で勉強、生活をし、普通の留学生では経験できないようなことも経験することができました。中国の方々とふれあい、中国現地の文化を学べた経験は私の誇りであり、一生の宝物です。中国での素敵な思い出を胸に、中国の魅力、中国の文化をもっと多くの人々に伝えていきたいと思っています。以上をもって、新中国成立七十周年を心よりお祝い申し上げます。

中国滞在を通して見た中国の変化と発展——吉田怜菜

草の根交流で変わる中国人観

日本の隣国であり、経済がグローバル化する中で大きな経済成長を遂げる中国。中国は、いかなる意味でも日本にとって、世界にとって重要な国と言えるでしょう。

「四海内皆兄弟也」という言葉を知り、留学先の生活を通して中国人の勤勉さ、礼儀正しさ、思いやりを実感しました。日中の文化の異同を明らかにし、先入観を覆してくれた中国での草の根交流が、相互理解を促進するものだと改めて感じました。

新中国成立70周年をお祝い申し上げるとともに、この交流の輪をより広げていけたらと思います。

吉田怜菜

（よしだ れいな）

麗澤大学外国語学部中国専攻4年。1997年生まれ。東京都出身。2016年8月から2017年1月までの間、天津理工大学に留学。卒論のテーマは「日中の冠婚葬祭について」。日中の冠婚葬祭の比較研究により、日中の文化の異同を明らかにし、相互理解の促進をしたいと思ったので、このテーマで研究をしています。大学では梶田教授の比較文化ゼミに所属。

日本の隣国であり、経済がグローバル化する中で大きな経済成長を遂げる中国。中国は、いかなる意味でも日本にとって、世界にとって重要な国と言えるでしょう。私は世界の五人に一人が話す中国語を学習しようと、中国語専攻のある大学に進学しました。そして、二年生の後期に待望の中国への半年間の留学をする機会を得ました。

さて、人にとって大切なのは食べること。中国の大学に着いた翌日、寮の片付けも終わると早々に学生食堂に嬉々として行きました。食堂は、中国人学生も留学生も一緒のところで、ホーローの容器を持って順番を待ち、食堂の給仕をしているおばさんに料理をお皿に盛ってもらう方式でした。私の前はみんな中国人学生で、おばさんはにこやかに機嫌よく給仕をしていましたが、私の順番になった時にはむっつりと無愛想に料理をお皿に盛ってくれるだけでした。

こういうことが一週間くらい続いたでしょうか。いつも私は、「無愛想だな、デリカシーがなく、乱雑な盛り付け方をするな。日本人が嫌いなのか」と感じるようになり、いささかふくれ面をして皿を出すような感じになっていました。日本での報道は、一部その通りだなとも意識するようになっていました。

一週間経つと、私は、学習・生活のリズムにも慣れてきて、正規の授業以外にも四字熟語や歇後語（言葉遊びの一種）などを学習する課外活動などに参加するようになりました。留学生受け入れ担当の先生、日本語専攻の中国人学生もとても親切でした。こんな時に中国人学生に食堂のおばさんが無愛想だと不満を漏らすと、「そんなはずはない。誰に対してもとても親切な人だよ」と言われました。

翌日、中国人の友人と郊外にハイキングに行く約束をしながらウキウキした気分で食堂に行き、列に並び、自分の番になった時、嬉しい気分だったので、つい「你好！」と言いながらお皿を出すと、いつも無愛想なおばさんも「你好！」と笑顔で返し、「学校に慣れたみたいだね。よかった」と言ってくれました。「えっ」と思いました。

翌朝、食堂に行くと、おばさんが「あなたは、朝は毎日、麻花とヨーグルトだね」と注文をする前に準備してくれました。そして、夕食では、「好きなのは魚香茄子？」と聞かれました。「今日はなににする？」「これはきゅうりとピーマンが入ってるよ」「あともう少しでできるからね」と必ず会話をするようになりました。

ある日、キャンパスでおばさんが自転車で帰るところにすれ違いました。この時に最初は何も声をかけてくれなかったことを言うと、「緊張していたみたいだから、あまり話しかけて混乱させるといけないと思ったからね」と。

私自身が、知らず知らずのうちに日本の報道などから知らない中国人に対する警戒心を持ち、固定観念を抱いていたようです。いけないのは私の方でした。自分で体験し、検証するという初志を忘れかけていたのかも知れません。

私が四字熟語などを勉強していると言うと、「四海兄弟」という言葉を教えてくれました。これは、正確には「四海内皆兄弟也」といい、意味は「天下の人は互いに親しみ合う兄弟だ」ということです。食堂のおばさんが好きな言葉だそうで、留学生に接するときはいつもこのように感じているとのことです。この言葉を教えてもらって、私自身も留学先の大学の村落共同体の一員になったと感じられるようになりました。中国人の欠点を知らないうちにあげつらっていた自分が恥ずかしくなりました。そう思うと、中国人は勤勉で、礼儀正しく、思いやりがあるところが多く思い起こされます。

北京首都国際空港に到着したとき、留学先の大学から教員の方が出迎えに来てくださいました。私のつたない中国語も優しく見守って聞き取ってくださいました。空港から大学寮までの車の中でも「飛行機はどうだった？　疲れた？」「中国は初めてなの？」など気遣ってたくさん話しかけてくれました。北京に着いたころには既に夜の九時を過ぎていて、「疲れているだろうから大学の寮に着くまで寝ておく方がいいよ」と言ってくださいました。大学の寮に着いたのは夜の十二時過ぎでした。「今日はしっかり休むんだよ！」と最後まで声をかけてくださいました。

日本語学科の学生とも随分と親しくなりました。一緒に食事に連れて行ってくれたり、観光スポットやショッピングの案内など色々と世話を焼いてもらいました。日本語のテストがあるから教えてほしいと言われ、一緒に図書館で勉強することもありました。

半年間の留学を終え帰国する前の晩に大学の留学生担当の先生、日本語学科の中国人学生が中心となり、歓送会を催してくれました。とても仲の良い、四字熟語をボランティアで教えてくれていた中国人学生が、「明日、雨が降るといいね」と言いました。「意地悪だな」と思ったのですが、友人曰く「下雨天留客天留我不留」という言葉があり、これには二つの意味があると。一つは、〝雨の降る日は、天が客を引き留める。天が引き留めても、私はここに留まらない〟という意味で、もう一つは、〝雨の降る日は、客を留める日だ。天が私を引き留めようが引き留めまいが、私は留まる〟という意味だそうです。友人は、私に、最後に中国の有名な別れの

2016年、天津理工大学にて友人と

時の言葉を教えてくれたと同時に、帰って欲しくないということを言ってくれたのでした。

私は日本に帰国してからも中国人の友人たちと連絡を取り続けています。ある友人は、「日本にプレゼントを送りたいから住所を教えて！」と言ってくれて、天津の特産品を日本に送ってくれました。留学中に知り合った友人と今度は日本で是非再会したいです。

今、アルバイト先や大学にいる中国人留学生とは、自分から歩み寄って声をかけるようにしています。アルバイト先で中国語を使って話しかけると一瞬驚いた顔をしますが、無愛想だった表情が一変して、笑顔で話してくれます。些細なことですが、私も中国で感じたのと同じように、日本のイメージは良かった！と自国に持ち帰ってもらいたいです。

中国への留学経験はとても大きなものでした。中国語を学ぶと決断してからいいこと続きです。自分の先入観を覆すことができました。また、今後中国人と関わることが多くなると予想されている中で、中国について偏見を持たず、固定観念にとらわれずに理解しようとする人が増えていけば、良好な関係が築けるのではないかと思います。異文化交流は、相違点をあげつらうのではなく、共通点を見つけて共通の秩序を構築することだと思います。ミスコミュニケーション、コンフリクトの発生は、文化の相違にあるのではなく、相互の信頼の欠如にあるのではないでしょうか。

「四海内皆兄弟也」。草の根交流は、相互理解を促進するものだと改めて感じました。

中华人民共和国成立70周年
The 70th Anniversary of the Founding of
The People's Republic of China

第三章

中国留学を通して見た中国の変化と発展

私にとっての中国留学

中華人民共和国成立70周年を心からお祝い申し上げるとともに、私の中国留学の思い出をご紹介いたします。

私が中学生だった頃に日中国交正常化が実現し、空前の中国ブームが訪れました。その後北京に留学した私は、授業だけではなく、中国や他の国のたくさんの人々との交流に努め、そうした中で知り合った顧士元さん一家とは、留学から30年たった今もなお家族ぐるみの交流が続いています。

父から子へ、世世代代と続く交流を通し、日中が共にwin-winの関係で深く発展することを願います。

近藤昭一

（こんどう しょういち）

衆議院議員、日中友好議員連盟幹事長

衆議院議員（8期）、立憲フォーラム代表、リベラルの会代表世話人、日中友好議員連盟幹事長、中国留学経験者同窓会会長。環境副大臣（菅第一次改造内閣・菅第二次改造内閣）、衆議院総務委員長、立憲民主党副代表等を歴任。

1958年5月26日愛知県名古屋市中村区生まれ。愛知県立千種高等学校、上智大学法学部法律学科卒業。大学時代には、中国の北京語言学院へ留学。卒業後、中日新聞社に入社した。

社会制度や習慣の違う国を見てみたい。多くの人が関心を持ち、海外旅行をするきっかけでもあると思います。私は日本を見つめるため、自分自身を見つめるため、じっくりと、ほかの国に住んでみたいと思いました。

それを実現するため、私は、大学時代に休学をして、一九八一年九月から一九八三年二月まで北京に留学しました。当時は、まだ中国に留学する学生は多い時代ではありません。一方で、英語圏などと異なり、外国からの学生を受け入れる学校も多くはなく、限られた学校に集中していました。また、私の場合は語学留学ということもあり、当時も今も外国人への中国語教育で最も優れた学校のひとつである北京語言学院（現在の北京語言大学）に留学しました。

私が中学生だった頃、国交正常化が実現し、全国で記念物産展が開かれ、空前の中国ブームが起こりました。毛沢東語録がはやり、多くの人が関心を持つ、ある意味で神秘の国でした。なぜ、それまで国交がなかったのか、共産主義の国の人はどんな生活をしているのか（失礼な話ではあります）、大いに興味を持ちました。

留学した私は、極力授業だけではなく、多くの中国の人と接したいと思いました。同時に、この機会を利用して、他国からの留学生とも交流したいと努めました。シリア、タイ、カンボジア、ペルー等々、ＰＬＯの学生も来ていました。

しかし、当時の中国は、文化大革命の余韻もまだあり、外国人に、日常の生活をさらしてくださるような方はなかなかいません。そんな中、北京に到着した、その日から、親身に付き合ってくださったのが顧士元さん一家です。元々、北京の美術彫塑工場の技術者の方で、我が家との関係は、南京―名古屋の友好都市提携記念で南京市から名古屋市に「華表」（石柱、標柱）が贈られたのがきっかけでした。これは、同市の郊外にある梁朝（六世紀）時代のものの複製ですが、製作されたのは北京の工房で、その技師として来日したのが顧士元さんでした。顧さんが、留学のため中国に渡った私を北京空港に迎えに来てくださった時のことは、一生忘れられません。実は、私の中国語は、第三外国語で一年勉強しただけですから、会話は全く通じず、とても、顧さんと話が出来るようなものではありませんでした。ですから、顧さんがクルマで迎えに来てくださり、日本語の出来る先生が同乗してきた学校手配のマイクロバスに乗る他の留学生の人たちと離れるのは大いに不安だったのです。

そんなクルマ（当時、中国で多かった「上海」）の中、話題もなく、中国語も出来ない私が、何か話さなければと、発したのが「这是你的汽车吗？」（これは、あなたのクルマですか？）

万里の長城に登った筆者

でした。よく考えれば、わかったはずなのですが、共産主義の中国では、当時、個人所有のクルマは存在しませんでした。その時の顧さんの戸惑った表情は今も鮮明に思い出されます。

顧さんは、「中国には、個人のクルマはない。個人的に運転免許を持っている人もいない。このクルマは会社のクルマであり、運転しているのは会社のドライバー、今日は休みをとって来てもらった」と。ただ、中国語のほとんど出来ない私は何を言っておられたのか、その時は分からず、後日、顧さんのおうちに招かれた時に分かったのでした。一緒に行ってくれた、日本人の友人が通訳してくれて、一同、大笑いとなりました。その友人は、暫く北京にいた後、浙江省の美術学院に移って行ったのですが、大いに助けられました。

顧さん一家には本当に家族同様に大事にかわいがってもらいました。泊まりにも行きました し、顧おじさんと、二人で自転車をこいで夕涼みに天安門広場などに行きました。もちろん、帰国する際には、家族総出で送ってくださいました。実は、中国では、一度会えば、老朋友(古くからの友人)とされて、人によっては、なんだと言われる方もおられるのですが、中国では、真の友人を「自己人」と呼びます。顧さん一家と私たちは、まさしく自己人でした。私が帰国した後、顧さんの息子さん、お孫さんが、日本に留学した際には、父が保証人を務めました。

留学から帰国した後、新聞社時代、政治家になってからと、時々、中国に訪問するのですが、毎回、必ずホテルに会いに来てくださり、母へのお土産をくださるのです。また、都合がつく時には、食事に呼んでくださいます。しかし、驚くのですが、私の留学生時代は、共産主義の中国では、個人経営などの民間レストランは皆無で、人民中国が成立する以前からある、いわゆる老舗の店が、国営である他は、数少ない簡素な食堂があるだけでした。それも、夜はほとんど営業していなかった気がします。それが、今では、先進国と言われる多くの国と変わらない、おしゃれな民間レストランが溢れ、そうしたお店の個室で顧さん一家がもてなしてくださるのです。そして、私が北京に着いたばかりの時に恥ずかしい思いをした、個人所有のクルマで迎えに来てくれるのです。正直言って、こんなに早く経済的な発展を遂げるとは想像していませんでした。地方と都会の格差が課題ではありますが、その急速な経済発展には目を見張るばかりです。鄧小平さんの進めた改革開放政策の成果とそれこたえた人々の力なのだと思います。

留学から、三十年以上が経ちました。きっかけをつくってくれた父はいませんが、顧さんとの交流は、世世代代と続きます。これからも、日本人と中国人との関係がｗｉｎ－ｗｉｎの関係で深く発展していくように、頑張っていきたいと思います。

中国留学を通して見た中国の変化と発展——西田実仁

留学の思い出は貴重な「宝」

私の原点となった中国の日々

1982年夏、大学二年生の私は北京語言学院に留学した。それは私にとって初めての海外経験だったが、そこで得られた経験と思い出は「宝」となった。

その後経済記者を経て、2004年に国政に挑戦してからも、私と中国との縁は続く。後に国家主席となった習近平氏に、党の山口代表とともに会談の場に陪席させてもらったこともあった。

この度、新中国成立70周年をお祝い申し上げるとともに、この70年間における中国の変化を感じ、理解してもらうためにも、皆さんにもぜひ、中国の人々に触れ合ってもらえればと考えている。

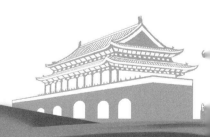

西田実仁

(にしだ まこと)

参議院議員、公明党参議院幹事長

昭和37年8月27日東京都田無市（現西東京市）生まれ。参議院議員。昭和61年3月慶應義塾大学経済学部卒業。昭和61年4月㈱東洋経済新報社入社。「会社四季報」記者、「週刊東洋経済」副編集長を経て、平成15年4月退職。参議院憲法審査会幹事、公明党税制調査会会長、同参議院幹事長、同広報委員長、同埼玉県本部代表。著書「人民元・日本侵食」、「日本元気宣言」、「まことの『底力』宣言」

留学したのは、私が慶應義塾大学経済学部の二年生の夏。十九歳だった。留学先は、北京語言学院。当時、海外からの留学生は皆ここで学んでから、志望する各大学へと送り込まれていたため、世界中の各国からの留学生で溢れていた。

私も中国留学を希望したが、実際にそれを実現するには、両親の理解はもちろん、大学の指導教授の物心ともの支援がなければ、ありえないことだった。当時、父が経営する町工場は、大きく傾いていたからだ。

初めての海外が中国・北京。一九八二年の夏だった。両親と離れて一人暮らしをするのも初めて。薄暗い洗い場で、衣服を手洗いするのも初めて。初めて尽くしの中国留学は、想定をはるかに超えて多くの成果が得られたことは間違いない。その思い出は、年を重ねるごとに、より膨らみ、私にとって貴重な「宝」となっていることを実感する。

大学を卒業して、東洋経済新報社という出版社で経済記者をしながらも、その「宝」は年々、成長しているように感じた。私が所属した「週刊東洋経済」でも、中国への取材旅行がたびたび重なり、やがて特集を組むようにもなった。中国の政財界の要人へのインタビューも数多く、一九九七年には浮上する中国経済の現場レポートを書籍にまとめるまでになった。

二〇〇四年、国政に初めて挑戦してからも、今度は政界において、日中の諸問題に直接、携わる機会も得た。二〇一三年一月には、まだ国家主席になる前の習近平氏に、わが党の山口代表とともに約七十分間、会談する場に陪席させてもらった。二〇一五年十月にも同代表とともに中国北京へと渡り、安倍総理からの親書を手渡しするなど、中国との交流窓口として、働かせていただいている。

それもこれも、あの三十五年前の留学がなければ、到底、ありえないことだ。今日までの私の人生に欠かせないエピソードとして、中国留学がある。

当時の思い出話は、楽しいことばかりである。語言学院の前の五道口の商店で、当時はまだ配給制だった肉票や布票を使って、肉や洋服を買ったこと、ちょうど二十歳になったお祝いに、同班同学と気の抜けたビールで乾杯したこと、まだ郊外には馬車でわらを運ぶ農家がいて、その鞭に当たりそうになったこと、などなど。きりがない。

中国留学が「宝」となったのはなぜなんだろう。そんなことは、普段はあまり考えたことがないが、改めて、この文章を書きながら思った。それは、当時の中国の皆さんと同じ空気を吸い、生活したからなんだろう、と。観光やビジネスでの訪中も、もちろん、別の意義があるが、

留学時代の仲間たちとの写真（右から3番目が筆者）

やはり日々の生活を中国の中でする、しかも、世界中から留学生が集まり、語学を勉強する、同年代の中国人学生と一緒に、キャンパスで生活させてもらったことが、何よりも大きいのではないか。

中国での生活は、中国を知り、日本、日本人である自分を知る大事なきっかけとなる。留学の効用はもちろん、語学の上達にあるだろうが、人生にとっての効用といえば、アジアの中の日本、そして日本人である自分を知ることにあると思う。長い交流のある隣国・中国での生活は、そんな不思議な「場」である。

それは、留学中の人との出会いを通じて培われる。

私にとって、キャンパスで知り合った、ある初老の大学教授との出会いがそれだった。中華人民共和国が誕生して三十三年、それまでの様々な出来事を振り返りながら、先生の自宅で夜の「互相学習」の時間がとても心地よかった。目的は、日本語と中国語を相互に学びあうことだったが、実際にはほとんど中国語による会話となった。ご自身の息子に当たる年齢の私にときに諭すように、ときに嘆き、ときに笑い、そして期待を込めて、話しかけてくれた優しい眼差しは今も忘れていない。当時の中国を、そして日中関係を深く考えるきっかけとなった。

もう一つ、やはりキャンパス内で中国人学生との交流は、若い同世代どうし、楽しい思い出である。なかでも、複数の日中の学生が集まって、誰かの誕生日に「餃子会」として称して、宿舎内で（禁じられていた電炉を使用して）、いろんなものを餃子の皮に包んで食べた思い出は昨日のことのように思い起こす。

その時に、校庭でバドミントンを一緒に楽しんだり、学校の体育館で仲間と一緒に映画を見た中国の友人と、つい数年前にネット上で再会した。いまは、アメリカで大学の先生をしているらしい。中国留学での出会いは、本当に一生ものだと思う。

とりとめのない文章になってしまった。結論はとくにない。少しでも役に立てれば嬉しいが、食わず嫌いはよくない。中国に留学できれば最高だが、旅行でも、仕事でも、とにかく触れ合うことから始まる。引っ越すことのできないお隣の国だから。

中国留学を通して見た中国の変化と発展——瀬野清水

遼寧大学での出会い

1976年9月、私は外務省語学研修生の一員として文革終了間際の中国へ留学した。留学先は希望していた北京ではなかったが、遼寧での巡り合いがきっかけで私は後に結婚し、子や孫たちが生まれた。

中国は留学当時は計画経済の時代だったが、その後改革開放政策の下で成長を遂げ、今では世界第2位の経済大国となった。私は新中国成立70周年を心からお祝い申し上げるとともに、中国に滞在した通算25年の間にお世話になった中国の皆さまに心から感謝申し上げたい。そして今後はそのご恩に報いられるよう、日中の相互理解を一層増進させるために全力を尽くしたいと思っている。

瀬野清水

（せの きよみ）

元在重慶日本国総領事

（一財）Marching J 財団事務局長

1949年、長崎県生まれ。75年外務省入省。76年から香港中文大学、北京語言学院、遼寧大学に留学。アジア歴史資料センター資料情報専門官、外務省中国課地域調整官、在広州総領事館首席領事、在重慶総領事、大阪電気通信大学客員教授などを歴任。現在、（一財）Marching J 財団事務局長のほか、（一社）日中協会理事、（一財）アジア・ユーラシア総合研究所客員研究員など。

一九七六年九月二十三日、私は外務省語学研修生の一員として初めて中国へ足を踏み入れた。香港の羅湖から深圳河にかかる川幅五メートルくらいの鉄橋を歩いて渡ると、そこが中国だった。橋のたもとに入国管理事務所の建物があり、事務所では一様に黒い腕章をした係官が黙々と作業をしていた。長時間かけて所持品の一つ一つを細かく調べた後に、ようやく入国が認められた。

一九七六年は中国にとって国難ともいうべき一年だった。一月に周恩来総理が、七月に朱徳委員長が、相次いで逝去し、追い打ちをかけるかのように同月、河北省唐山地区で強い地震が発生し二十四万人が犠牲になった。そして九月九日、毛沢東主席が逝去し、国中が喪に服していた。道行く人までも喪章や黒い腕章をつけていたのはそのためだった。

私は、最初の一カ月を北京語言学院で過ごし、その後の留学先は「分配」と称して中国の教育部が決めることになっていた。私は北京での留学を希望していたのだが、何故か瀋陽の遼寧大学に行くことになった。瀋陽は北京から東北に八百キロも離れたところと聞くと、まるで地の果てにでも行くような心細さを感じた。冬はマイナス三十度以下にまで気温が下がる、極寒の地だったが、そこに住む人々は皆、春のように暖かかった。

今でこそ、中国はものであふれているが、当時の中国は計画経済で国民が一カ月に購入できる生活物資の量が決められていた。このため、衣服を買うには「布票」を、そこに綿が入っていれば「綿票」を、肉には「肉票」、主食には「糧票」、砂糖には「糖票」といった具合に、お金がいくらあっても様々な「票」と呼ばれる切符がないと売ってもらえない時代だった。

遼寧大学での冬のある日、私は街中でミカンを買おうとした。黒く干からびたミカンの小さな山を前に、店の人はお金の他に何かを出さないと売れないという。当時の私の語学力ではとても聞き取れず、紙に書いてもらうと、そこには「大夫的診断書」と書かれていた。日本人はこういう時、紙と鉛筆さえあれば何とか意思疎通ができることに、改めて感謝したものだ。ミカンは病人が食べる貴重品なので医者の診断書がないと売れないというのだ。私は驚いて、それなら結構である。私は日本から来た留学生で冬にミカンを食べる習慣があったもので、などと話していると留学生なら話は別だと、それでなくとも安いミカンをさらに安く売ってくれた。外国人や留学生を大切にしてくれる気風がこんな街中にまで浸透していることに、この国の文化力を感じたものだ。

遼寧大学では「文革」の名残か、「開門弁学」というカリキュラムがあった。農村や工場に

大学の正門でクラスメートと。左端が筆者

行って社会の実際と結びついた勉学をするという教育改革の一環で、学生が農村や工場で一定期間働いていた。留学生も例外ではなく、工場と農村でそれぞれ一週間、「労働」という名の課外学習があった。特に農村では、農家に寝泊まりして、昼は農作業を手伝い、日暮れには近所で収穫したばかりの果物や地元料理をつまみながら、様々な国籍を持つ学生が農家の人たちとのよもやま話に花を咲かせた。日本にいては到底できない貴重な経験だった。

ある日のこと、大学で生活指導をしている先生が留学生をご自宅に招いて下さった。当時は切符がないと買えない大きな魚や肉の料理など、テーブルに乗らないほどたくさんの料理でもてなして下さった。そこに、食事の場には加わらず、少し離れたところから私たちを見ている小学生くらいの女の子がいた。「うちの娘です」とその先生が紹介すると、少女は恥ずかしそうに隠れてしまった。それから三十七年後、私が外務省を退職して第二の人生を送っているとき、その娘さんから電話がかかってきた。うちの学校の卒業式に来賓として出席してほしいというのだ。なんとその娘さんは東京で三つのキャンパスを擁する大きな語学学校を経営しており、指導教官だったお父様も東京で一緒に住んでいるという。私は二重、三重に喜んだり驚いたりした。

私と妻は同じ遼寧大学に学ぶ留学生だったので、その指導教官は私の妻の恩師でもあった。私たちは留学を終えた二年後に結婚し、今では三人の子どもと四人の孫に囲まれている。三人の子どもの一人は現在、中国語の通訳として、日中の架け橋となっている。

北京での留学を望んでいたのに、名前も聞いたことがない遼寧で学ぶことになったが、ここでの留学がなければ妻と巡り合うこともなく、子や孫たちも生まれてはいなかったであろう。人生、思い通りにならなかったとしても、そこにはきっと深い、大きな意味があるということを教えてくれた留学時代でもあった。

今年、新中国成立七十周年を迎えることに、心からお祝いを申し上げたい。

あの貧しかった中国が今では日本を追い越すほど豊かな国へと変貌したことを、まるで自分の事のように喜んでいる。遼寧大学を卒業後も私は仕事の関係で通算二十五年を家族ともども中国で過ごすこととなった。その間お世話になった大学と教職員を始め、中国の皆さまには感謝の言葉もない。今は何とかそのご恩の一分でも報じたいと、中国から来た学生をホームステイで受け入れたり、日本の学生に中国のことを伝える講演会をしたりして、後進の育成に努めている。日中の相互理解に役立つことなら何でもさせて頂こうと心に決めている昨今である。

中国留学を通して見た中国の変化と発展——浅野泰之

忘れられない研修旅行の思い出

僕は北京の首都師範大学に一年間留学し、そこで伝統的な中国書法を学んだ。その期間中唯一の日本人として年に一度の研修旅行に参加した。言葉もわからない中で、寝食を共にする中国の友人たちがとても親切にしてくれた。普段ほとんど会話を交わしたことのない方にも、いつしか「大哥」と呼べる仲になり、中国人がよく言う「我的兄弟」「我的哥们」の意味が少しわかった気がした。研修旅行では、貴重な文物をみることもさることながら、お互いをより知ることができた。留学生活一番の思い出である。

今年中華人民共和国成立70周年を迎える。これを機に中国の友人たちとより一層友情を深めていきたい。

浅野泰之

(あさの やすゆき)

1989年(平成元年)、神奈川県横浜市に生まれる。中国美術学院中国画と書法芸術学部書法科修了。芸術学博士。現在、湖北師範大学美術学部書法学科専任教員。

僕が留学したのは北京市にある首都師範大学中国書法文化研究院。そこは当時在学していた日本の大学と姉妹校であった。大学では書を専攻し、書を学ぶ身において一度は、中国に留学したいと考えていた。しかし、あと一歩踏み出す勇気がなく、いつのまにか大学を卒業し大学院生一年目も終わりに近づいていた。そんな時当時の指導教授から大学の学生海外留学制度の奨学金に、まだ人員に空きがあり、追加募集が出たと連絡があった。僕は今行かなければ一生後悔すると思い、すぐに指導教授と相談し留学を決めた。

当時の中国書法文化研究院には、日本人留学生は僕を含めて二人。しかし、もう一人は博士研究生だったため、授業はいつも日本人一人だけだった。日本でほとんど中国語を勉強してこなかったため、留学先の授業が始まった頃は授業の内容どころか、友人との交流もままならず、焦りとともにとても悔しい思いをした。ところが、幸いにも中国書法文化研究院の学生は日本からの留学生に対してとても親切にしてくれた。わからないことは、ボディーランゲージやメモに取って一生懸命伝えてくれた。また、当時中国では「微信」（携帯アプリ）が普及し始めた頃で、僕もそれを利用し、皆と交流をしていた。それは、現地の情報をすぐに手に入れられるだけでなく、辞書に載っていない言葉の勉強にもなった。開講されていた授業すべて聴講していたことも功を奏して、日に日に中国語が自分の生活の一部となっていくのを実感できた。

そんな中、中国書法文化研究院の一年生は毎年年度末に研修旅行を行う。行先は毎年違うが必ず書と関連のある場所へ行き、その年僕も参加させて頂けることになった。中国に来てから十カ月が経過したものの、中国語にはまだまだ自信がなく、交流もままならなかった、さらに中国人と一緒に寝食を共にしたこともなく、楽しみよりも不安の方が大きかった。この時の旅行先は「西安、洛陽、安陽」であった。行きは鈍行列車で西安へ向かった。生まれて初めて寝台列車に乗ったが、僕は長時間電車の中で何をすればいいのかわからず、周りをきょろきょろしていた。そんな時ある友人が「電車の中ではひまわりの種を食べながら外の風景をみて、あとカードゲームをするんだよ！」と言って、無理やり座席に座らされ、ひまわりの種の食べ方を指導された。おかげで夜就寝する頃には食べ方をすっかりマスターしてしまった。西安に着いてから「昭陵」「昭陵博物館」、そして「西安碑林」「陝西博物館」「大雁塔」「兵馬俑」、さらに「崋山」にも登った。洛陽に移動し「龍門石窟」、最後は「殷墟」「文字博物館」にも足を運んだ。

研修中の宿泊は中国人と相部屋、相手は僕よりずっと年上だったため、拙い中国語で何を話

2014年、崋山下山後の集合写真

せばよいのかわからず、最初はとても緊張してしまった。それを見てか仲の良い友人数名誘って夜食に連れて行ってくれた。アルコールも少し入りすぐに打ち解けることが出来た。また、他の日にはマッサージにも連れて行ってくれた。普段授業等でほとんど会話を交わしたことがない方とも、途中から「大哥（お兄さん）」と呼べる仲になった。また、毎晩部屋では友人たちと、日中の書の話に花を咲かせた。日本の話をするとどうしても日中関係のことを心配していたが、その問題について話す人は誰一人としていなかった。僕たち日本人は中国の書にとても関心をもっているが、中国人も日本の書道にとても関心があり、日本の「三筆、三跡」が中国でも有名であったことに、当時僕はとても驚いた。

六日間という長期間の研修旅行だったため、夜ホテルに着くと皆下着などを洗濯し、部屋中にそれらを何も気にすることなく干しはじめた。こういう光景を見ると、まるで家族旅行に来ている気分になった。よく中国人は「我的兄弟」「我的哥们」というがその意味がその時少しわかった気がした。

研修旅行では、貴重な文物をみることもさることながら、皆と寝食を共にし、お互いをより知ることができた。また何よりもうれしかったのが、自分は日本人留学生であったが、特別扱いすることなく中国人の仲間の中に入れてくれたことである。この研修旅行は留学生活一番の思い出である。

この留学から帰国し日本で修士号を取得したが、一年間の留学だけでは飽き足らず今度は中国政府奨学金で再び中国に留学した。あの頃の友人はすでに卒業し皆離れ離れになってしまったが、今でも時々連絡を取り合っている。一年間という短い時間でしか一緒にいられなかったが、僕の一生の友人である。

最後に研修旅行で登った崋山のことについて当時詩を作ったので、拙い詩ではあるがここに紹介し筆を擱きたい。

『崋山』

西岳無塵俗、書生弄物華。山容雲四合、峡谷路三叉。
冷気寒威迫、濃嵐雪意加。同行尋絶景、一帯見疑花。

中国留学を通して見た中国の変化と発展――伊坂安由

人生を変えた重慶留学

2010年、私は中国政府奨学金留学生として重慶大学大学院へ一年留学しました。そこで中国の人々の心の温かさと、中国の目まぐるしい経済発展を支えるハングリー精神を知り、私の人生観が大きく変わりました。

帰国後は、留学時に感じた不便や苦労がきっかけで生活インフラの重要性を実感し、「世界に快適な生活を提供したい」という就職の目標ができました。

若い人には「井の中の蛙」にならぬよう、世界へ飛び出し、人々と触れ合ってほしいと思います。新中国成立から70年、変化と発展を続ける中国に学ぶことは多く、それは私にとって大きなエネルギー源です。

伊坂安由
（いさか あゆ）

名古屋出身。高校時代東方神起の追っかけとなり台湾、韓国のファンと交友、アジアに興味を持つ。2008年津田塾大学英文科入学。中国語を履修し、北京旅行がきっかけで中国に魅了され、留学を目指す。2010年重慶大学大学院貿易・行政学院へ中国政府奨学金留学生として留学。留学中に新HSK六級を取得。韓国語、英語も話す。2013年津田塾大学卒業後、日立製作所 都市開発システム社入社。国内営業を経て、現在医療分野で海外マーケティングに従事。

二〇一〇年大学三年時、私は中国政府奨学金留学生として重慶大学大学院へ一年留学しました。日本人が殆どいない環境で不安もありましたが、これまでの人生で最も辛くもあり、最も楽しくもあり、様々な経験をし、その後の私の人生観が大きく変わりました。

何故重慶かと言うと、北京に旅行した際、大地と歴史的建築物の壮大さに魅了され、また急速な経済発展を目の当たりにし、内陸部では？　と想いを馳せたからです。更に、日本人が極力少ない地域が良いと思い、重慶を選びました。

実際、重慶大学のクラスは五十人程いた中で、日本人の私と二人の留学生以外全て中国人でした。大学で第二外語として中国語を履修していたものの、最初は授業（全教科中国語）が全く解らず相当苦労しました。私はもう自分から話さなきゃ何も始まらないと思い、毎日クラスメートに話しかけました。そして「好朋友」と呼んでくれる程になると、彼らの何倍も予習復習に時間がかかる私の為に食事を用意してくれたり、「安由用の授業解説ノートだよ！」とノートを手渡された時は、感激し泣いてしまいました。最初中国人は冷たいというイメージを持っていましたが、日本と中国で親切の仕方に違いがあるだけで、「身内」と判断した人にはとことん手助けしてくれます。そんな心の温かさが身にしみました。

次に、最も驚いたのは中国人学生の勉強への意欲です。授業は朝から夜十時頃まであり、授業後も図書館で閉館（十二時頃）まで自習していました。全寮制でアルバイトをする学生はおらず、日本の大学生の生活とはまるで違っていました。私も多い日は十時間程授業を受け、彼らに負けじと奮起させられ、これまでの人生で一番と言ってよい程勉強を頑張れました。「何のために大学に進学させてもらったのか」「結果を出し上に這い上がりたい」という言葉を聞いた際、私はハッとし、このハングリー精神こそ中国の目まぐるしい経済発展に繋がっているのだと思いました。また同時に、日本はうかうかしてられないと危機感も持ちました。何百人の留学生の中で日本人はたった五人程でしたが、世界中、特にアフリカやイスラム圏の国々、東南アジアの学生の多さに圧倒されました。そしてそれは、経済において、中国が世界中の国にとって重要な存在となっている事の現れだと実感しました。

生活上では、決して便利で快適ではありませんでしたが、そこから多くのことを学びました。当時はまだインフラが整備されておらず、真冬の冷水シャワー（中国人学生寮にはシャワーもなく、熱湯をバケツに汲み部屋に運び、水を足して体を洗っていた）、流れないトイレ、寮のエレベータの閉じ込め等色々と大変でした。交通手段もほぼバスとタクシーのみで、道は常時

重慶黒山谷にて、中国の友人及び留学生と

大渋滞でした（起伏が激しく、自転車は一台も見ませんでした）。そんな中、颯爽と駆け抜ける重慶モノレール（日本のODAで建設、日立製作所製）を目にし、感動したのを今でも覚えています。私は日本がいかに恵まれているか痛感すると共に、生活インフラの重要性を実感しました。

その後帰国し就職の際、留学時に不便・苦労したことから、インフラ等の日本の技術を通じて、世界に快適な生活を提供したいと日立製作所に入社しました。エレベータ、発電機等の国内営業を経て、現在医療分野で念願の海外関係の仕事にチャレンジ中です。

今社会に出て改めて思うことは、若い人には「井の中の蛙」にならぬよう世界へ飛び出して欲しいということです。いかに日本の環境が恵まれているか客観視できると共に、中国人とは、経済発展の所以、世界から見た中国、都市と内陸の違い、重慶で言えば何故辛い食べ物ばかりなのか等、現地に行き、人々と触れ合い、初めてわかることばかりです。そして一番は、中国の学生のハングリー精神、勉強への意欲を間近で見て、危機感を感じてほしいのです。私は留学がきっかけで、自分の勉強への姿勢を見直し、また将来どうなりたいか目標をもち、それに向かって懸命に努力することを学び、そしてそれが今に繋がっています。更に、七年経った今でも、結婚式参列の為に遥々来日してくれた友人に出会えたことは、一生の宝物です。

中国留学を通して見た中国の変化と発展――稲垣里穂

私の初旅行

私が触れ合った中国の雄大な自然と人々の心

私は大学３年生の夏から１年間、四川省に留学しました。国慶節を利用して５泊６日、稲城亜丁という自然保護区を１日おきにキャンプしながら旅行しました。中国の自然は広大で、そして本当に過酷でした。お風呂に入らない、壁のないトイレなど、日本に住んでいたら想像もつかないことも多々ありました。「参加しなければよかった」と思うときもありましたが、迷ったら挑戦してみることで乗り越えられないことはない、と知ることができ、今では行ってよかったと思えます。

新中国成立から70年の間に著しい経済成長を遂げた大都会も素晴らしいですが、自然の中で国境を越えた友人たちと過ごした日々が私は忘れられません。

稲垣里穂

（いながき りほ）

愛知県立大学外国語学部中国学科四年。初めての海外旅行で上海万博に行き、中国に興味を持つ。その後、2年次に上海、華東師範大学への1カ月の短期留学。3年次に学内の交換留学制度を利用し四川師範大学に1年間語学生として留学。

私が留学をしたのは、大学三年生の夏から一年間でした。場所は四川省成都市。日本人のイメージとしては、四川料理の麻婆豆腐くらいでしょうか。あとは、パンダや三国志好きには有名な場所かもしれません。私は、学校の交換留学制度で奨学金のために四川を選びました。どこにあるかも知らないままに。本当は上海に行きたかったのに、と思いながらもたどり着いた成都市は、私の住んでいる岐阜県よりも大都会でした。そして、日本より大きい。四川と一言で言っても広大で世界遺産の宝庫であると知りました。

そんな私の初めての旅行が四川省内の標高四千メートル近い山々を連ね、最後のシャングリラと称される稲城亜丁という自然保護区への国慶節を利用した旅行でした。これが、忘れられない旅になるとは露知らず友人たちと旅行の準備を行いました。企画は、旅行学科の中国人学生、この学生ツアーに留学生八人と共に参加しました。国慶節を利用した五泊六日、費用を抑える為に一日おきにキャンプをする、という予定。中国留学経験者の中でも、少数民族が暮らす高原地帯でキャンプをした人はあまりいないのではないでしょうか。

よくわからないままバスに乗り出発しましたが、どれだけたっても到着しない。朝六時に出発をしたはずなのに気が付けば夕方、途中、トイレ休憩は一元を払ってようやく使えるトイレ状の穴でした。そこからまだまだ山道は続きました。四川省をなめていました。夜中十二時にバスが止まったのは宿の駐車場でした。運転手さんは宿ですが、私たちはここからテントを準備して火をつけて煮詰まっていないインスタントラーメンを二十五人で分ける夕食。もちろんシャワーも洗顔も水が十分にないので初日に化粧は諦めました。この旅行ほどお風呂に入りたい、顔を洗いたいと思ったことはありません。そして、水の大切さを実感しました。

一日目を終え、次の日バスはまた走り続けました。結局三日間、毎日十五時間ほど走り続けてようやく目的地に到着です。もうこの頃にはスマホは電源を切って鞄にしまい、ずっと外の景色を眺めていました。日本では、上海では見ることのできなかった景色でした。野生のヤクの群れが遠くを歩いていて、山の上にはチベット文字が見えました。途中からヤクの群れも見飽きてテントの片付けも早くなっていき自分が強くなっているのを感じて友人と笑うしかありませんでした。

この中で最も印象的な出来事はチベット族の宿に宿泊した時です。チベット族のおばあちゃんが最新薄型テレビとスマホを片手に、もう片方で手作りのヤクのチーズとサラミを勧めてくれました。そして、フランス人の友人とおばあちゃんが普通話で話している光景は、とても愉

国慶節、国境を越えた友人たちと共に

快でした。語学を勉強していて、はっきりと通じ合える人が増えたことを自分の目で確かめられた瞬間でした。

稲城亜丁の景色は、本当にどこをとっても絵葉書のようで下まで透き通った小川と野生の馬、雪化粧をした山々を一度に目にしてとても贅沢な気持ちになりました。三日間バスに乗ってきたからこそ観られた景色だと思うと頑張った自分をほめたくなりました。今でも、この時の写真は何度も何度も見返します。何度見ても満足します。もう一度行く勇気はありませんが。楽しい旅行記のようですが、実は本当に過酷でした。折り返し四日目には半分以上のメンバーが体調を崩し、お金を払って宿に行くかキャンプをするか選択を迫られることもありました。体調もお金も気持ちも自分しか頼りになるものがなく、誰もがイライラを積もらせ拙い中国語で喧嘩をしながら過ごしました。この時は、皆参加しなければよかったと思っていたと思います。しかし、最終日にはみんなでビールを買ってピーナッツを食べながら歌を歌ったりトランプをしたり、留学生と中国人の壁を越え、頑張った私たち、という見えない団結力が生まれたように感じました。

参加しなければよかったと思った四日目、五日目を振り返りながら今では行ってよかったと思えます。お風呂に入らない、壁のないトイレ、なんて日本人には耐えられないと思いますが、やってみたらどうにかなるものです。途中で食べたインスタントラーメンも本当においしく感じました。そして、普段汚いと文句を言っていた宿舎に帰った瞬間の安心感。いかに日々の生活に不満ばかりを見出していたか気が付きました。感謝するべきことに気が付けた旅行でもあり、また迷ったら挑戦してみることで乗り越えられないことはない、と知ることができた旅行でもありました。

大都会上海や北京も素晴らしいですが、ぜひ日本人の少ない場所を留学や旅行先に選んでみてください。語学以外の経験もできると思います。

中国留学を通して見た中国の変化と発展———岩佐敬昭

中国留学から30年

1988年、大学4年生の私を中国留学に駆り立て、人生を変えたのは1枚の張り紙だった。

初めての外国だったが、行く先々で出会いに恵まれ、時には初めて会った日にビール片手で語り合い、家族のように仲良くなることもあった。

十数年後に北京で勤務する機会を得たが、留学時代に腹を割って話せる友人を持てたことで、どうしたら理解し合えるかに考えを巡らせるようになった。作文コンクールを機に、連絡の途絶えていた河南省の友人と再会を果たした。今は貴州省で要職に就いているが、SNSで連絡を取れるようになった。

新中国成立70周年を迎え、日本は中国とどう関係を深めていくべきか。私は本音でぶつかり合ってこそ、次世代の日中関係が生まれると信じる。

岩佐敬昭

（いわさ たかあき）

沖縄科学技術大学院大学准副学長

1966年北海道生まれ。沖縄科学技術大学院大学准副学長。1988年9月から1990年2月まで、北京大学で中国語と現代中国文学（特に魯迅、曹禺、候宝林）を勉強。留学中は中国人学生と同じものを食べ、授業の合間を縫って中国人料金で各地を旅行しながら、中国を体感することに努めた。帰国後は公務員となり、2003年から2006年までの3年半、念願かなって北京の日本大使館で教育、文化、スポーツ交流に汗を流した。趣味は旅行と卓球で、中国の世界遺産制覇が目標。

一枚の貼り紙が人生の方向を変えることがある。一九八八年の大学四年生のある日、掲示板に中国留学の募集が掲載されていた。第二外国語で多少は中国語を勉強したが、まじめな学生ではなかったため、話せるのは「你好」「謝謝」「再見」のみ。留学費用もなかったが、学生時代に一つは語学をマスターしようと若気の至りで申し込んだ。その年の九月、バイト代や奨学金をかき集め、一年分の学費、寮費、食費その他生活費諸々込みの四十万円を握りしめて、北京大学に向かった。

私にとって中国は初めての外国で、授業も日常生活も好奇心をくすぐる出来事の連続だった。中でも、何度か単身で電車旅行した思い出が強烈に脳裏に焼き付いている。当時は高速鉄道もなく、各駅でたっぷりと停車する牧歌的な電車の旅だった。ウルムチに行ったときには七十二時間、まさに三日三晩電車に乗り続けた。懐が寂しく二等車しか乗れなかったので、豪華寝台列車とはほど遠かったが、行く先々で中国人との出会いに恵まれた。

最初の旅行は、留学開始のふた月後に、遼寧省、山東省を電車と船で巡った。瀋陽の九・一八記念碑や撫順の平頂山惨案記念館で日中戦争の歴史に直面した。また、大連から当時は外国人に開放されていなかった旅順に中国人を装ってツアーに潜り込み、日露戦争の舞台を目の当たりにすることができた。

この旅行でも電車内や船内で、まわりの中国人乗客からの千本ノックのような質問攻めに遭った。彼らにとって私は初めて話す日本人だったろうし、私も中国のことが知りたくてたまらなかったので、好奇心と好奇心がぶつかり、拙い中国語と筆談で時が経つのも忘れて話し込んだ。

ある日、旅先で出会った中国人に手紙で誘われ、電車とバスを乗り継いで河南省の彼らの村に行き、親戚や隣近所の住民も集まってくれて熱烈な歓迎を受けた。中国式おもてなしには強烈なアルコールは欠かせない。最初はいつものように外国人珍しさからの質問攻めに遭いながらも気持ちよく飲んでいたが、次第に打ち解けて友達と飲んでいる感覚になり、最後は家族と飲んでいるような温かさに包まれたところで記憶が途切れた。一夜にしてよそ者から親密な関係になれたことは、忘れることができない。翌朝は二日酔いに苦しみながらもさわやかな朝を迎えた。

留学から十数年経って、二〇〇三年から二〇〇六年までの三年半、北京で勤務する機会を得た。

多くの日本人にとって、中国は歴史的にも文化的にも親近感があるだろう。また、今の日本には留学生や旅行者として訪れる中国人が多く、会話を交わす機会も増えている。今の中国人と日本人は、本音でぶつかり合ってこそ、次世代の日中関係が生まれると信じている。

船内で出会った２人と青島市内観光

中国留学を通して見た中国の変化と発展——岩本公夫

「門礅」調査の思い出

私達夫婦は退職後、北京語言学院に３年間、陝西師範大学に３カ月間留学しました。当時オリンピックを控え、工事に沸き立ち大発展の真っ只中にあった中国の地で、「門礅」と言う門扉開閉資材と出合い、私の退職後の人生は変化に富んだ有意義なものとなりました。

それからは留学期間を延長し、数々の「門礅」資料を作ってきましたが、調査活動にあたって中国の多くの方々のご尽力が忘れられません。

新中国成立から70周年、さらに経済成長を遂げた中国。その見事な近代化に感動しつつ、漢字文化の素晴らしい文化遺産である「門礅」の魅力を皆様にお伝えしたく、報告書《中国門礅》出版実現に努めています。

岩本公夫
（いわもと きみお）

　1937年、広島県福山市生。1960年、山口大学経済学部卒業。同年、大阪マツダ販売株式会社入社。1994年、大阪マツダ販売株式会社退社。1995年、北京語言学院（現在の北京語言大学）留学。1996年、北京門礅調査開始。1998年、「北京門礅撮影展」開催（於国立中国歴史博物館）。《北京門礅》出版。1999年、北京語言文化大学卒。2001年、陝西師範大学社会発展研究中心留学。留学終了。2012年、『中国の門礅』出稿。2015年、在日留学中国学生に郷里門礅撮影呼びかけ開始。『中国の門礅』概要はHPを参照。http://mendun.jimdo.com

私達夫婦は、私五十八歳・妻五十六歳で退職し、一九九五年九月に北京語言学院（略称「北語」）に三年間、二〇〇一年秋に陝西師範大学に三カ月間留学しました。

門礅に出合う！

四合院の門に夕日を受け黒光りする太鼓型の石を見たのは、留学半年後の九六年二月です。北京孔子廟から帰り道、廟東の官書院胡同を右に曲がったら眼に飛び込んだのです。全体に模様が彫られた大変美しい石彫美術品だと思い、留学記念に写真を撮りました。

一年後、漢語促成系（学部）を終え、留学目的の書道・墨絵学習のため、芸術系（学部）に転入。日韓学生五人に

保存第１号の門礅と共に

教師三人と大変恵まれた二年目の留学生活を迎えました。この間も石への疑問は私の心を離れない大きな関心事でした。折り良く北京の民俗に詳しい侯長春老師が短期講師でこられました。これ幸いとたどたどしい中国語で教えを請いました。石は「門礅」と言う門扉開閉資材で、起源も沿革も定かではないが、邸宅主人の身分が分かる民俗工芸品であり、彫られている美しい模様は、一音が多くの文字を表わす漢字の特性を活かした吉祥模様で、当時の中国人の倫理観・人生観・願望を表す他国に無い文化財だと教わりました。

門礅との出合いが退職後の人生を変化に富んだ有意義なものにしてくれました。

私の決意

私が留学した二十世紀末は、オリンピック準備など大発展の時期でした。街中至る所で古い物を壊し、新生中国への工事で沸き返っていました。後日談ですが、「北語」創立五十周年に招待され母校を訪れた時、その周辺や旧城内の見事な近代化には感激しました。

留学中の或る日、西城区南楡銭胡同を歩いていると壊された四合院の瓦礫の中に門礅（写真の保存第一号門礅）が埋まっていました。当時あちこちで見た風景でしたが……。その時、ふっと日本の「根付」の事が私の脳裏に浮かびました。

「根付」は和服の帯に「煙管」や「矢立」を吊る為の小物です。日本人が和服から洋服に着替えた時、日本から消滅しました。住宅が高層化し門礅が不用品になっている今、保存と調査をしないと、門礅は「根付」と同じ道を辿ると直感しました。

石刻博物館・北京古建築博物館の職員に幼稚な中国語で訴えたら「門礅？　それより保存すべき物が多くて無理！」との返事。そこで、言葉の出来ない私に出来るのは現状記録作業だと思い、妻に話すと「良い事ね、やったら。でも私は二年留学で帰るわ」と私の留学延期に賛同。それから二年半、北京旧城内の全胡同を自転車で廻り、六五〇〇余組の門礅の型と所在地番号を記録した《北京旧城内門礅所在地図》を完成させ、保存価値有る一〇六〇余組を写真に撮りました。

芸術系は学期後半の授業出席不要。早朝から一日中の調査活動を了解してくれ、これは留学を延ばした九九年七月まで許されました。

留学と調査活動を振り返って

多くの方々のご尽力が忘れられません。寮の従業員が所在地図作りに必須の北京胡同詳細地図を黙って机に置いていてくれた事。文化学院前庭に門礅展示を許可下さった学院長。二十キロメートル離れた市内から重い門礅を大八車で運んで下さった緑化職員。屋外展示場「枕石園」を造って下さった大学。調査保存活動を朗々とした漢詩で讃えて下さった侯先生。九八年十二月中国歴史博物館で《北京門礅写真展》開催。報告書《北京門礅》出版。十数年間の各地門礅調査報告書《中国門礅》を未来出版社を通して国家出版署民間文化基金に申請し、〝十二五〟（第十二次五カ年計画）国家重点図書に選抜されるよう推して下さった張維佳北語大学教授。

陝西師範大学留学でも、自転車で六五八組記載の門礅所在地図製作と三三七組の撮影を行いました。

私のこの活動を知った澳洲大学院からの華僑留学生は、論文提出期限直前なのに「貴方の行動は政府がやるべきです」と私を文化局へ引っ張って行き、小雁塔文物保存所長に面会、私の門礅保存の活動支援をする約束を取りつけてくれました。二十年後でも所長は多方面で支援してくれています。彼女の祖国文化財への愛情に感動！　しかし彼女の名は覚えていません。

可能な限り北から南まで中国各地の門礅を撮影、採拓して廻りました。

浙江省寧波市で。門礅撮影調査に同行された初対面の楊氏は、帰国後、氏撮影の周辺の歴史と由来有る門礅写真五枚（蒋介石家祖廟含む）を説明文付きで郵送下さいました。

福建省漳洲市旅館で。従業員が通勤に使う自転車を十日間貸してくれ、礼金は取らず林檎と香蕉（バナナ）だけ受け取り、にっこり笑った笑顔。

全てが老留学生には身に余る感激で「忘れられない中国留学最高のエピソード」です。

中国留学を通して見た中国の変化と発展——宇田幸代

香港で掴んだ友情と誓い

私は国際都市への興味から、大学三年生の夏に香港へ留学した。元々病弱だった私だが、皆の真心からの励ましと心遣いに勇気をもらい、元気になって帰国日を迎えることができた。10カ月に渡る留学生活は、私自身の視野を広げ、そして心身共に強くしてくれた。

縁あって留学できた私だからこそ、学生が実際に中国へ行ってみたいと思える、中国の魅力や中国の人々の温かさを自分の体験を以て伝えていきたい。

そして新中国成立70周年を迎え、中国の著しい変化を、ぜひ皆さま自身の目で見ていただければと思う。

宇田幸代

（うだ さちよ）

1992年北海道札幌市に生まれる。北海道札幌南高等学校を卒業後、東京学芸大学教育学部国際理解教育課程多言語多文化専攻へ入学。2012年に北京師範大学へ短期留学を経て、2014年夏から香港中文大学IASPへ10カ月の交換留学に行った。帰国後は、中学・高校の英語の教員免許を取得したほか、中国語の教員免許も取得するため佛教大学の通信課程で学ぶ。現在は、東京学芸大学大学院において、中国語教育について研究している。

私は、大学三年生の夏に香港中文大学へ留学した。敢えて、香港を留学の地に選んだのは、イギリスから香港が返還され十五年近くが経ち、広東語はもちろん標準語や英語などの多言語と異文化が交わる国際都市に興味があったこと、そして標準語を学ぶ環境が中文大学では整っていると留学した先輩に話を聞いたからである。実際に香港へ来てみると、食文化や標識ひとつとっても、イギリス文化を残しながら、中国文化が生活に根付いており、それでいて大陸とは異なる独自の文化を形成していたので、驚きや戸惑い、一方で新しいことを知る喜びで溢れる毎日であった。中国語の授業も初めは指示すらもわからなく、ただの「音」のように聞こえていたが、それも必ず言葉として聞こえてくる日が来るから辛抱強く勉強を続けなさいと現地に住む日本人の方々に励まされ、不安を尻目に中国語を習得するという目標に向かって勉強に励んでいた。

元々病弱だった私だが、現地に来て一カ月が過ぎた頃、体調を崩し、救急車で病院へ運ばれた。幸い大事には至らず、抗生物質を服用し完治したが、そこからが試練の始まりだった。微熱が下がらず、ご飯を食べる度に、吐き気・腹痛・下痢に悩まされるようになった。学校内のクリニックを受診すると、ホームシックだから帰国した方が良いと勧められた。食事の時間が憂鬱になり、授業後毎回恒例となっていた夕食会にも参加できずクラスメイト達との交流の機会が無くなっていくことに寂しさや焦りが募っていった。症状は日々悪くなる一方で、病院を数カ所受診するも、原因不明とのことであった。拙い言葉でうまく自分の病状も説明できず、集まりに参加しなくなる内に、どんどん孤独になり、毎日の大きな楽しみであった食事も満足に摂れないことから次第に元気を無くし自暴自棄になっていった。

そんな折、香港に来た頃に知り合った現地在住の日本人の方が心配して訪ねてくれた。自分の不安な気持ちを泣きながら打ち明けると、「大丈夫だよ。絶対良くなるからね」と励まし、香港人の友人を紹介してくれた。体調の悪い私を気遣って、友人は度々薬膳スープなどを作ってくれた。香港では、漢方薬局が至るところにあることからわかるように、薬膳や漢方が生活に浸透しており、まさに医食同源を目の当たりにした。健康に配慮された食べ物も教えてもらい、中国らしい粗食も体験できた。特に印象に残っているのは、飲み水であった。病院の先生も含め、友人はよく、「冷たい飲み物は体を冷やすから飲んではよくない。お湯を飲みなさい」と言っていた。私は冷たい水しか飲みたくない、と最初は抵抗があったものの、お湯を飲み続けるうちにお湯独特のおいしさを感じるようになり、日本に戻った今でも水はお湯を飲んでい

2015年、香港国際創価学会文化会館で友人と

る。中国の人ははっきりした味が好きなイメージであったが、お湯の魅力を知っている繊細さもあると感じた。友人と仲が深まると家族との交流も始まり、最初は語気が強く、冷たい印象を受けたが、一度打ち解けるとまるで家族のように迎えてくれる温かさがあった。今の日本では家族間・親戚間の距離が遠いことは多いが、中国では親戚の繋がりが非常に強いことを感じた。海を越えた遠い親戚が香港に訪ねてきた時は、私にも紹介してくれ、華僑のネットワークの広さにも驚いた。

一方で症状は着々と進行し、発症して七カ月が経った頃、私は遂に自分で歩けない程弱り切っていた。時を同じくして、ようやく病院から、病気の原因がわかったとの知らせが届いた。なんと、初めに飲んだ抗生物質が原因で、腸の病気を起こしていたのだった。緊急入院をした際も、毎日代わる代わる現地の方々がお見舞いに来てくれ、中華家族の温かさを身をもって感じた。皆の真心からの励ましと心遣いに勇気をもらい、治療は成功し、元気になって帰国日を迎えることができた。一番の課題だった語学も自分の病状を伝えたい一心での必死の勉強、香港の友人との交流が実を結んだ。病気のお陰で、語学も大切な友人もできたと今では思っている。

香港での十カ月に渡る留学生活は、私自身の考えや視野を広く、そして肉体的にも精神的にも強くさせた。現在、日中はアルバイトに徹し、学費と生活費を賄いながら、夜は大学院で中国語教育への学びを深めている。虚弱だった以前の私では考えられないようなハードな毎日をこうして送ることができているのも、香港での闘病を乗り越えた経験、何よりも友人達への感謝の気持ちがあるからだ。私の夢は日中友好の一助となる大学の教員になること。普段、私たちが目にする報道などで知ることのできる中国はほんの一部である。縁あって留学できた私だからこそ、学生が実際に中国へ行ってみたいと思える、中国の魅力や中国の人々の温かさを自分の体験を以て伝えていきたい。そのためにも、一日一日を着実に努力し続けていく決意である。

中国留学を通して見た中国の変化と発展——遠藤英湖

中国で過ごした「ローマの休日」

友好の銀河の輝きよ、永遠なれ!

　間違い電話から始まった、かけがえのない出会いと友情。北京語言大学で過ごした２年間の中国滞在の日々は私の一生の宝となり、オリジナルな人生を歩む大きなヒントを与えてくれた。帰国後は新聞記者を経て、中国語編集者やNPO法人での文化交流など、日中相互理解に奔走する日々である。

　新中国成立から70年、今後の日中関係の課題である「次の世代への継承」について、私は隣人に対する関心・共感の中にこそ友好の源があると信ずる。互いに興味を持ち、好きになることから、日中友好の様々な努力も実を結んでいくのではないだろうか。

遠藤英湖

（えんどう えいこ）

東京都出身。英国・ロンドンで生まれ、幼少期をインドとベルギーで過ごす。慶應義塾大学総合政策学部卒業。2001年～2003年、北京語言大学に留学。2004年～2013年、中国語新聞『東方時報』『東方新報』記者。2013年～現在、各種翻訳・編集業務に従事。NPO法人 田漢文化交流会理事。東方文化芸術団理事。工学院大学孔子学院 中国・アジア研究センター客員研究員。『東方時報』『東方新報』特派記者。アジア連合「アジア経済発展文化フェス」親善広報大使。

映画『ローマの休日』で、最も印象に残った訪問地を記者に問われたアン王女が「ローマです」と答えるシーンがある。私の視野を広げ、心を解放し、大きく包んでくれた魅力的な大地と人々。私にとっての永遠に忘れ得ぬ〝ローマ〟は中国山西省の万栄《ワンロン》である。

北京に留学したある秋の日、それは一本の間違い電話から始まった。

「もしもし、○○会社ですか？」

「いいえ、違います」

先方によると、ある会社にかけているつもりが、なぜか毎回外国人の私につながるのだという。とうとうお互い笑い出し、友達になることにした。潘《はん》さんという同い年の男性で、北京で働く山西省出身の会計士だった。

電話では李白の漢詩「静夜思《せいやし》」や読むべき本について教えてくれたので良い人だと確信。学校で何度か会ううち、幸運にも春節に故郷で行われる本人の結婚式に招かれた。

九州の留学生・志保ちゃんと北京を出発し、山西省の太原《タイユアン》で潘さんの従姉の崔《さい》さんと合流。山西省発祥の刀削麺《とうしょうめん》に舌鼓を打ち、世界遺産「平遥古城《へいようこじょう》」や『三国志』ゆかりの地を歩き、三人で旅を続ける。崔さんとも日に日に打ち解け、「友情とは染める度に少しずつ色が深まっていく藍染めのようだ」と感じた。

運城《ユィンチェン》・万栄の村に着くと大歓迎され、初めて会う日本人を見に老若男女が次から次へと遊びに来た。

結婚式の日は朝から準備で大わらわ。なにしろ村全体が〝招待客〟のため大変だ。コックさんたちは大きな鍋を庭にずらりと並べて調理。春雨、かための豆腐、白菜が入ったスープと、小麦の香ばしさが立ちのぼる熱々の焼きマントウの朝食が、普段着で次々とやってくるお客さんに振る舞われた。

時間が来たので、銅鑼をたたき、チャルメラを鳴らしながら、大勢で真っ赤なウエディングドレスのお嫁さんを迎えにいく。花嫁は新しい靴に履き替え、馬に乗って村の入り口へ。新婦を背負った新郎は、村の青年たちからの〝難問〟をいくつかクリアした後、やっと家に入れるという風習だった。

式では大きなピンクのリボンを身につけた新郎新婦が天地の神や父母などを拝む「拝堂成《はいどうせい》親《しん》」に思わず見入る。祝宴では夫婦が互いの腕を交差してお酒を飲む「交杯酒《こうはいしゅ》」に、みんなと直スプーンでつついた豚の角煮スープ。透明ビーズのようなざらめ糖をザアーッとかけ入れた

2002年、北京語言大学の恩師・ロシアの友人たちと

極甘のご馳走は今でも時々思い出す。

バイクで見に行った「秋風楼《しゅうふうろう》」と黄河の跡地、唐辛子と黒酢で味わった独特のそば文化、抱きついて離れなかった子供たちや纏足《てんそく》のおばあさんとの出会い、オンドルで毎日一緒に寝起きした潘さんのお母さん……。中国の大自然、多様で豊かな文化、そしてなにより人にすっかり魅了されてしまった。

お礼に日本の歌を歌った時、戦争の経験で日本嫌いだった人が「あなたと出会って日本人が好きになった」と言ってくれたことは忘れられない。

一本の電話がひとつの出会いとなり、こんなにも貴重な体験につながった。北京に戻る日が近づき、感謝と寂しさで胸がいっぱいになる。

漆黒のデザート・亀ゼリーのような真冬の夜空。寒風で大気が揺れる。「落っこちまい」と必死で空にしがみつく満天の星々。その瞬きをロバと一緒に見つめながら、困難に負けず友好の信念を貫いた両国の先人を思い、「私も後に続こう」と固く心に誓った。

二年間の中国滞在は一生の宝となり、オリジナルな人生を歩む大きなヒントを与えてくれた。帰国後は新聞記者を経て、現在は中国語編集者やＮＰＯ法人での文化交流など日中相互理解に奔走する日々である。

日中関係の重要課題の一つに「次の世代への継承」がある。そのために、いかに「一人」と出会い、相手国に関心を持ってもらうか。いかにメディアを有効活用し、若者の直接交流を増やしていくか。

私は「日中の若者が一緒に日本と中国を旅するテレビ番組をつくり、両国で放送する」ことを提案したい。観光地だけでなく、今まで知られていない場所も紹介。土地の人情に触れ、新しい発見をし、友情を育み、恋もし、時にはけんかや議論をしながら相互理解を深めていく。見る人の声も生き生きと反映できる視聴者参加型にすればいっそう盛り上がるのではないか。番組や関連イベントで現役留学生や留学経験者に現地での経験を伝えてもらう。また、ユーチューブやスマホのアプリを活用し、文化の差異に着目したコンテンツを両国の若者が共同開発するのも面白い試みとはならないか。幼少時から相手国に興味を持ってもらうため、〝未来の若者〟向けの番組をつくるのも大切だと思う。

未知の体験に、認識の更新、新しい感覚に、懐かしい感覚……。それぞれの〝ローマ〟を見つけてほしい。隣人に対する関心・共感の中にこそ友好の源があると信ずる。まず互いに興味を持ち、好きになること。それがあって初めて、日中友好の様々な枠組みが生かされ、政府や民間の努力も実を結んでいくのではないだろうか。

「友好の銀河の輝きよ、永遠なれ！」と願ってやまない。

中国留学を通して見た中国の変化と発展――小林美佳

真の美しさを求めて

北京電影学院演劇学部にただひとり、生粋の日本人として留学した一年間は、私の人生に強烈な刺激を与えてくれました。「美しさ」について語り合ううち、中国人と日本人の価値観の違い、そしてその違いの背後にある相手への関心と思いやりは同じなのだと感じました。

あれから24年、中国との御縁が続いています。本音で向き合い、たとえ喧嘩をしても理解し合う努力を重ねれば、それがいつか必ず強い絆となり、さらなる友好につながると信じます。

新中国成立70周年からさらに未来へ、今後の日中関係のさらなる進展を願ってやみません。

小林美佳（こばやし みか）

1969年、東京都出身。大東文化大学文学部中国文学科卒業。大学卒業後すぐに上海外国語学院（現在の上海外国語大学）へ留学、その後北京大学へ留学。約2年3カ月の語学留学を経て帰国。帰国後、NHK日中合作ドラマ「大地の子」の制作スタッフの一員となり、中国語通訳として第三次中国冬ロケにも参加。その後1995年9月～1996年7月北京電影学院表演系九五表演訓練班で演劇や歌等の技術を学ぶ。その後中国で数々の人生経験を積む。トータルで約六年ほど中国で生活する。現在は、埼玉県小川町の町民会館で自ら作成したオリジナルの台本を教材として中国語会話を楽しく教える。2017年5月から、小川町社会教育委員として地域の文化教育の発展に力を尽くしている。中国での経験と自分の全てで、誰かを笑顔に出来る様な人生を送りたいと願っている。

北京電影学院表演系九五表演訓練班に留学した約一年間ほど、私の人生に強烈な刺激を与えてくれた時はありません。四十名ほどのクラスメートの内、外国人は二名と記憶しています。日本生まれの日本育ちは私だけでした。

当時、中国語の問題以外で私を悩ませたのは自分の容姿です。私は日中のマルチタレントになるという壮大な夢を持ち、この大学の演劇養成特別クラスで学びました。クラスメートとコンビを組み授業等で小品（寸劇）を発表する際、クラスメートの足を引っ張らないように、母国語でない中国語と日々必死に格闘していました。

中国語は日々進歩しましたが、努力してもどうにもならない事がありました。容姿です。ここでの留学経験を通して中国人の国民性を根本から深く体感し、学ぶ事となりました。ある日の放課後、あるクラスメートが寮の私の部屋に来てこう言いました。「美佳がどんなに才能豊かでも、先生方がどんなにあなたを褒めても、あなたがどんなに努力をしても、美佳は中国でタレントになんかなれない。その大きすぎる顔、ダイエットした所で所詮無理よ。もともと背が低いというデメリットの上、顔の中の骨格が太いのだから美容整形手術を受けて骨を削った方がいい」と。とんでもない事を言われたショックで頭にカーッと血が上り、思わず大声で

「何て事を言うのよ！　ひどい！　じゃ、あなたは自分が私よりも美人だとでも言いたいの？自分は整形しなくても顔が小さくて美人だから大丈夫だとでも言いたいの？」と激しく言い返していました。すると彼女は、「私も自分の容姿が良くないから実は手術をしようかどうかを悩んでいるの」と答えました。そして美容整形の広告が載っている新聞の切り抜きを私に渡してくれました。当時私は悔しくて、悲しくて一晩中泣き明かしました。国際電話をして今は亡き母に美容整形手術をすべきかどうか相談した事もありました。

　クラスメートだけでなく、先生から「タレントになるには先天的な条件が悪い」と仰られた事が何度もありました。それに輪を掛けて、他のクラスメートからは「私のような美人ですら彼氏がまだいないのよ。美佳に彼氏が出来る訳ないでしょ」と、これまた胸をえぐられるような事も言われて、あっちもこっちも綺麗？綺麗じゃない？のオンパレード！毎日自分の姿を鏡で見ては、辟易していた時期がありました。

　あれから私も年を重ねて、今振り返って思い出すと、整形を勧めてくれたあのクラスメートは、私のために彼女なりの精一杯の気持ちでアドバイスをしてくれたのだと確信しています。私の容姿に不利があると言って下さった先生も、当時の中国の芸能界事情を理解していたから

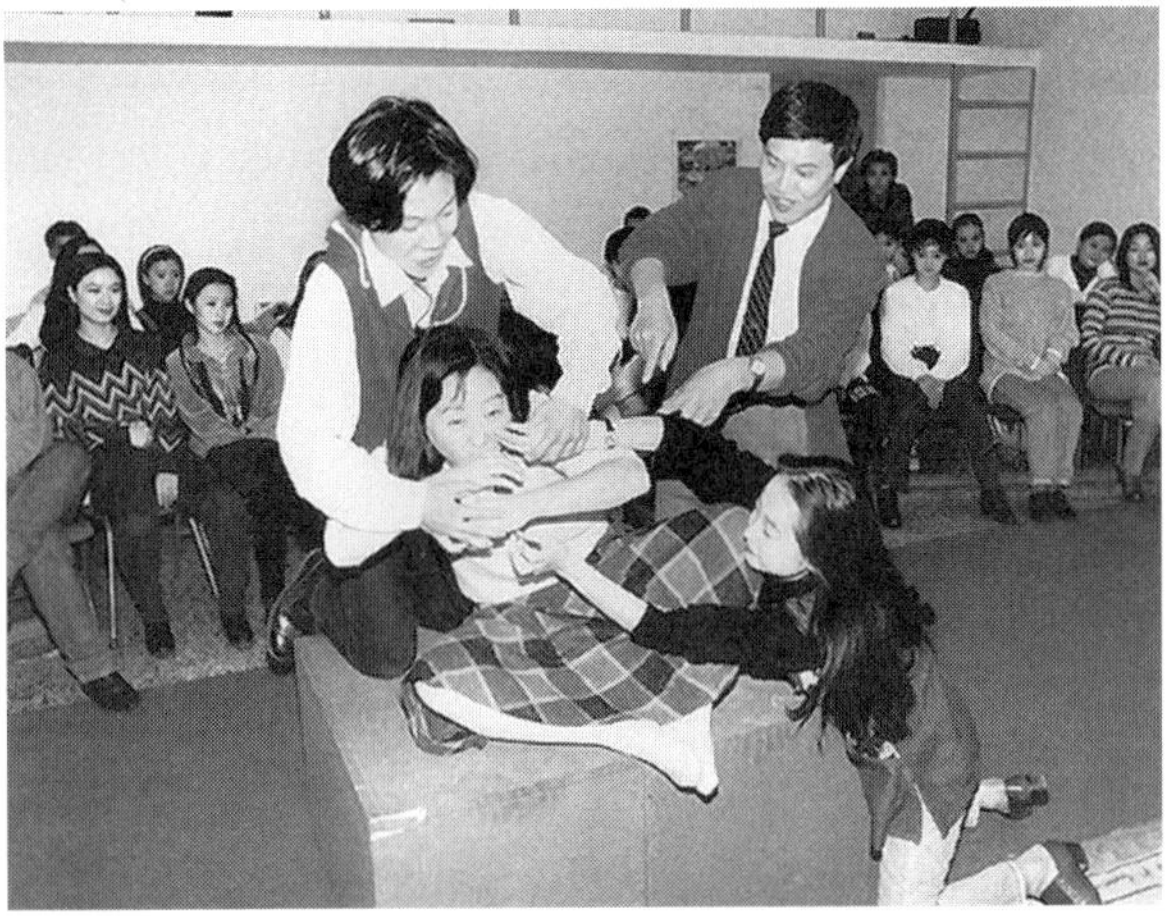

動物のまねをする授業（羽交い締めにされる猿役の筆者）

こそ、私の事を思い、言って下さったきつい一言であると今は理解しています。美人なのに彼氏がいないと嘆いていたクラスメートも、彼女の当時の価値観で、背が低くてぽっちゃり型は、彼氏が出来ないと思っていたのでしょう。結局私は自分の容姿を受け入れて美容整形はしませんでしたが、これらの出来事ではっきりと国民性の違いを実感しました。相手を思いやり気を遣って敢えて本音を言わない道も選ぶ日本人の国民性と、たとえ相手に恨まれても本音を包み隠さず伝える中国人の国民性。一見相反しているように見えますが、根本はどちらも相手への関心と小さな思いやりから生じています。

　当時あるクラスメートがこんな事を言いました。「人并不是因为美丽而可爱，而是因为可爱而美丽」（美しい人が可愛いのではなく、可愛らしい人が美しいのである)。この言葉に先生方も興味を持ち、クラスの中で話題になりました。そして有難い事に、クラスメートや先生方は、「美佳は可愛らしい人です」と言って下さいました。後にこの言葉はロシアの文豪トルストイが残した言葉だと分かりました。クラスメート達は、心の奥底で心の美しさが本当の美しさだと理解しているようでした。

あれから約二十四年の時が経ちました。中国との御縁は続いています。中国の友人と私のMTV「我的宝贝」(私の宝物)という歌を作ったり、江西省の大学で日本語を教えた事もありました。日本国内でも、中国の友人達と泣いたり怒ったり時に喧嘩もして深く関わっています。約十年前、離婚と難病の母の看病に疲れきっていた私は、深圳で療養していた際、中国の友人が毎日届けてくれる手作り弁当に救われました。今は再婚して埼玉県小川町の町民会館で中国語講師として自ら手作りのオリジナルの台本を使い楽しく中国語を教えています。

日中間の様々な問題がある今、日中間の一庶民同士が本音で向き合い、たとえ喧嘩をしても理解し合う努力を重ねれば、それがいつか必ず強い絆となり、強い絆がたくさん集まれば、日中間の大きな問題を解決する糸口が見つかると私は信じています。

出会った中国人の皆様に心からの感謝です。

中国留学を通して見た中国の変化と発展——畠山絵里香

私が訪れた中国

私は中学３年生の時に中学生の海外派遣で訪れた上海がきっかけで中国に興味を持ち、20歳の冬に１カ月の留学で再び上海を訪れた。そこで私の想像をはるかに超える経済発展を目の当たりにし、中国への認識が大きく変わった。また、その後の留学生活では、中国の持つ多種多様な大自然に驚いたりもした。中国の魅力は一言では言い表せない。

留学に行く前には多くの人に心配されたが、メディアで伝えきれない実際の中国は、活気に満ちた人情溢れる人たちばかりの国である。私は皆さんに、ぜひ中国を訪れ、可能性に満ち溢れ刻々と変化を遂げている「中国」を発見してほしいと思っている。

畠山絵里香

（はたけやま えりか）

2014年3月、愛知県立江南高等学校卒業。2014年4月、愛知県立大学外国語学部中国学科入学。2016年2月25日～2016年3月26日、中国上海華東師範大学留学。2016年9月12日～、中国四川師範大学留学。2017年6月30日、留学修了。

私が住んでいる愛知県犬山市は、毎年中学生を対象に一週間程の海外派遣を実施している。行き先はその年によって様々である。中学三年生の時、担任の先生や両親の強い勧めもあって、勇気を出して応募してみた。行き先は万国博覧会を開催中の上海だった。派遣メンバーに選ばれた時、当然うれしかった。実際に行ってみると私の想像をはるかに超える光景を目の当たりにした。中心街は、見上げると首が痛くなるような高層ビルで埋め尽くされ、車線の数は両手で足りないほどだった。子供ながらも日本とは比べ物にならない経済力の高さを実感した。それ以来、私の中で「中国」は経済力がある発展した国だという認識に変わった。

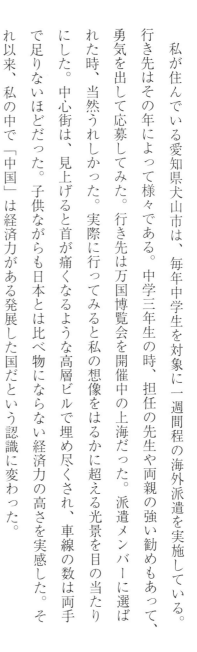

「中国」に対して興味を持ち始めた私は大学で中国語を専攻した。二十歳の冬に再び上海へ行き、一カ月間の留学生活を送る。日々の生活の中で、これといって不自由に思ったことはなかった。五年前に感じたあの驚きが変わらず、むしろその経済発展がさらに進んでいるように思えた。

昨年の秋から、私は四川師範大学で留学生活を送っている。一年間の留学期間はすでに残り一カ月余りとなった。今回の留学生活の中では、友人との国内旅行を通して、経済発展以外に違う印象を持つようになった。北京の「万里の長城」へ登った時には、造られた当時の技術力

留学中旅行した昆明

の高さを実感した。教科書だけではあの力強さ、壮大さは感じ取れない。青海省へ行った時は、中国の持つ多種多様な大自然に驚いた。私が実際に見たのは北欧を連想させる「雪山」、アフリカを思わせる「砂漠」、海のように果てしなく続く「湖」、そして南米さながらの「塩湖」といったものだ。どれも日本では見ることのできない自然の雄大さに立ち尽くしてしまった。中国にいるはずなのに、まるで違った外国にいるかのような感覚にさえ陥った。そんな国内旅行を通して、私はいろいろと考えさせられた。

一週間や一カ月では知ることができなかった中国を、今身をもって体感している。私が見ている「中国」は発展しているところもあれば、大自然に恵まれた雄大なところもある。どちらも魅力で溢れておりそれは一言では言い尽くせない。

私は、留学に行く前に多くの人に心配された。しかし、実際は活気に満ちた人情溢れる人たちばかりの国である。

日本に帰ったら、私は自分が体験したエピソードをできるだけ多くの人に伝えたい。テレビやインターネット、教科書からは読み取れないことがたくさんある。「中国」に少しでも興味があったら、思い切って旅行または留学に行くことをお勧めしたい。メディアにはまだ取り上げられていない、可能性に満ち溢れ刻々と変化を遂げている「中国」を発見してほしいから。

中国留学を通して見た中国の変化と発展――細井 靖

世代を超えて引き継ぐべきこと

1981年、当時銀行員だった私は北京留学で2年の歳月を過ごしました。新中国は1949年の成立以来、文革などの様々な試練を乗り越えて今の繁栄を獲得してきました。そうした歴史を持つ中国の人達の強さを私は留学時代に肌で感じ、以後深い尊敬の念を持つに至っています。

世界情勢は複雑ですが、私たちが経験した交流や出会いを引き継いでいければ、日本と中国は互いに理解しあい、信頼関係を築ける筈です。両国の留学生がその礎になることを祈りつつ、中華人民共和国成立70年をお祝い申し上げます。

細井 靖
（ほそい やすし）

1956年生。1979年東京大学卒、日本興業銀行に入行。北京語言学院（現在の北京語言大学）、北京大学留学後、中国業務に従事。2003年みずほ北京支店長。北京駐在12年、大連駐在1年。2008年に東洋証券に転出、現在に至る。東洋証券株式会社アジア戦略委員会顧問。

私が初めて北京に降り立ったのは一九八一年九月十日のことでした。当時、私は日本興業銀行という銀行で働いており、他の銀行の留学生十数名と一緒に中国銀行の受け入れで中国に足を踏み入れました。到着時刻が遅かったこともあり空港は非常に暗く、留学先の北京語言学院（現北京語言大学）までの道もでこぼこで、よく見ると道路脇には羊が草を食み、まだ暑い時期だったからでしょう、多くの農民が外にベッドを持ち出して寝ている風景が目に入りました。「これはとんでも無い田舎に来てしまった」と思ったのは私だけでは無かったと思います。語言学院の宿舎に着いてもその暗さは同じで、これからここで二年の歳月を過ごすのか、と思うと日本に残してきた家内のことが思い出され感傷的になったことを覚えています。語言学院の裏を走る蒸気機関車の「ポー」という汽笛、「ガシャンガシャン」という蒸気機関車特有の車輪の金属音が聞こえてきた時は一九六〇年代、自分が子供だった頃を思い出し何とも言えない郷愁を感じたことも鮮明に覚えています。そんな形で始まった留学生生活も、翌朝「北京秋天」の言葉の通り素晴らしく晴れ渡った北京の町を歩くと一気に不安も消え、新しい生活に対する夢や期待が膨らんでいきました。

学校の授業は語学力に応じたクラス分けがなされ、文法や発音、閲読など、いくつかの科目を各担当の先生方が熱心に教えて下さいました。生徒は必ずしも全員が熱心だった、とは言えなかったかも知れません。授業は午前中で終わり、午後、私は何人かの先生に「補導（補習）」という個人授業を受けていました。先生方は非常に親切で、私も先生の熱意に押されて「もっと真面目に勉強しなくては」と思ったものです。その時の先生の一人、宋春菊先生には二年目に遅れて留学してきた家内もお世話になりましたし、二十二年後、私の息子もお世話になっています。

当時は文化大革命の後遺症が残っていた時期で、同じ敷地内に住む中国人学生との交流には制限がありました。それでも届出をすれば留学生宿舎に彼らを呼んだり彼らの宿舎に我々が遊びにいったりすることができました。我々留学生は学校の提供する住環境に不便を感じていましたが中国人学生の部屋を訪れると彼らは二段、三段ベットで暮らしていて、外国人留学生が如何に優遇されているのかを知ることも出来ました。彼らは部屋では勉強がしづらいのでしょう、試験前には街灯の下で遅くまで教科書を読んでいて、その勤勉さを見るとお酒を飲んで騒いでいる自分達が恥ずかしく感じられたものです。また、我々外国人がゴミ箱に捨てたカップ麺の容器を学校の先生が拾って鉢植えにして花をベランダに飾っているのを見て物を大事にす

1982年春節、桂林璃江下りの船上にて留学仲間と

る姿勢、精神的な豊かさと言った、我々が失ったものは何だったのか、考えさせられたものでした。

学校行事で一番楽しかったのは長期休暇中の旅行でした。学校がアレンジしてくれる行事、或いは当時は外国人に許された地域のみの訪問ではありましたが、シルクロードや南京、武漢、桂林などの都市をたくさん巡ることができました。中国は大きく実に多様な世界だ、EUが二つ入る地区だ、ということを身に沁みて体験できたことがその後の私の中国理解に大きな影響を及ぼしています。

そして留学時代を通じて何よりも貴重な体験だったのは日本という国を外から見てみる、違う国に暮らしてその国の人と一緒に見てみる、という機会が得られたことだったと思います。一九四九年の新中国成立以来、文革などの様々な試練を乗り越えて今の繁栄を獲得してきた中国の人達の強さを私は留学時代に肌で感じ、以後深い尊敬の念を持つに至っています。言葉は完璧に学ぶことはできませんでしたが、お互いが尊厳を持って接すれば言葉を超える相互信頼の醸成は可能だ、ということに気が付いたことが留学を通じて得た最大の経験でした。もし留学という時間を過ごさず、いきなり仕事で駐在していたのであればそういう考え方は持てなかったのではないかと思うのです。

私も含め両国の留学生が経験した交流や出会いを引き継いでいければ、日本と中国は互いに理解しあい、信頼関係を築ける筈です。両国の留学経験者はこれから新たな友好の礎になっていかなくてはならないと強く思っています。

中国留学を通して見た中国の変化と発展———宮川 咲

阿姨と小姑娘

ひとつの出会いから広がった中国への理解

わたしは高校を卒業後、上海で半年間の語学研修を経て、上海外国語大学で４年間学びました。その間、日本の友人たちに中国のことを語り、実際に来て、実際に見てもらいました。

そのきっかけは中国でのひとつの出会い。それをさらに広げていくことで、「日本の人の中国、中国の人への印象を変える」ことが、わたしの生涯の目標です。

わたし自身も再び中国を訪れ、変わりゆく中国社会と変わらない中国の人の優しさに触れ、エネルギーをもらいました。そのことをとても嬉しく思うとともに、新中国成立70周年を心よりお祝いします。

宮川 咲
（みやがわ さき）

高校卒業後、すぐに上海に渡り、半年間の語学研修を経て上海外国語大学に入学。四年間上海で学び、2013年に優秀卒業生賞を受賞して卒業。その後すぐに今の職場に就職し、外国語を学ぶ中高生や、その先生を学校の外から支援するために、交流プログラム等を運営している。

四年間通った大学の周りは、大学生が暮らしやすい街並みでした。安い食堂が立ち並び、文房具屋さんや雑貨屋さんの店員さんも、外国語大学に留学に来る私たち外国人に慣れている様でした。

大学裏門のすぐ近くにある文房具屋さんで買い物をした時のことです。お店のおばさんがニコニコして話しかけてきました。「どこの人？　日本？」私もニコニコしながら「そうです」と。それが私とおばさんの初めての会話でした。ニコニコしてくれたことが私も嬉しくて、それからは何か必要なものがあると、おばさんの所に行くようになっていました。文房具屋さんだけど、ひとまず売っているかどうか聞いてみると、いつも奥から私の欲しいものが出てくるのです。不思議なお店でした。私がお店に行くと、「啊，你呀！　你最近忙不忙？　饭吃了吗？　又瘦了？　不行啊，多吃点！」（あ、あなたね！　最近は忙しいの？　ご飯食べた？　また痩せた？　だめよ、たくさん食べないと！）などといつも気にかけてくれて、栄養素を含んだ牛乳ドリンクや甘い紅茶、りんごやみかんを持たせてくれました。

ある日、おばさんのお店で買い物をしていたら、おばさんの友達が来ました。おばさんは嬉しそうにその友達に、「哎，她是日本人呢！　她对我很好！」（ねぇ、彼女、日本人なのよ！

わたしにとっても良くしてくれるの！）と話し、その友達はニコニコしながら私を見ました。おばさんの中の日本の人のイメージや日本の人に対する気持ちを、今まで接してきた中で私が少しでも良くすることができたのなら嬉しいなとも思いました。

おばさんのことは、日本に住む私の母によく電話で話していました。「よくしてくれる優しいおばさんがいる」と。卒業式にでるために上海に来ていた母をおばさんのところに連れていき、母に「上海の母」を紹介しました。「上海の母」の優しさと温かさが、私が一人で生活する日々に元気と癒しをくれていたことを母も知っていたので、母は「娘をいつもありがとう」と告げました。

卒業して東京で就職してからは、上海に行く機会はあまりなく、出張で上海に行っても学校のそばに行く時間はありませんでした。二〇一六年十一月、中国大使館の招待で中国留学経験者の社会人を連れて縁の地を回るプログラムがあり、参加させていただきました。母校訪問の時間では、約三年ぶりの母校に緊張しつつ、学校の先生に挨拶し、終わってすぐにおばさんのお店に行きました。

三年も会っていなく、留学生は他にたくさんいるし、私のことはもう覚えていないかなと不安な気持ちを抱えつつお店の前に着くと、「啊！　你回来了！」（あ！　おかえり！）とおばさんはすぐに気づいてくれました。私がうれしかったのは、覚えていてくれたこともちろんですが、「你回来了」の言葉です。「你来了」（来たの）や、「是你」（あなたね）をもっと越えた言葉のように思えたのです。その時も、おばさんはニコニコして私の今の様子を聞いてくれました。私の母のこと、東京で働くことにどんな苦労があるのか。また、娘さんが婚約したことや、私に早く結婚しなさいと催促したり、お店の中に通してくれて楽しいお喋りができました。そしてその時、はじめておばさんの名前を聞いたのです。それまでは、阿姨と小姑娘の仲でしたが、七年の月日を経ての自己紹介となりました。微信も交換して、連絡を取るようになったのです。この日も案の定、沢山の飲み物とフルーツを持たさ

2013年6月、卒業式で母が撮ってくれた1枚

れ、短期間で滞在していた私が困るほどでしたが、なにより、想ってくれる気持ちが本当に嬉しかったです。

普段、学校などで友達を作る時、仲良くなる時、まずは名前を教えあって連絡先を交換することがほとんどだと思いますが、私とおばさんの間には、そんなものは必要がない、しかし確かな繋がりがあったのだと、この時気づきました。

私は高校から中国語の勉強を始め、「日本の人が持つ中国への印象を良くしたい」と思って留学の道に踏み切りました。四年間、多くの日本の友人に私が知る中国のことを語り、中国に来てもらい、実際に見てもらってきました。少しかもしれないけれど、話した人、来た人は「印象が大きく変わった、こんなにいいところなんだね」と皆口を揃えたように言ってくれます。このおばさんとの出会いは、中国の人の日本への印象を変えることができたひとつのことでしたが、この出会いをまたさらに広げていくことで、わたしの生涯の目標である「日本の人の中国、中国の人への印象を変える」という道がより一層明るくなれば嬉しく思います。

中国留学を通して見た中国の変化と発展——宮脇紗耶

かけがえのない出会い

2016年、私は交換留学生として上海に留学しました。新中国成立から数十年間の経済成長を象徴するような大都会を前に、私はこれから始まる留学生活への不安と期待が入り混じっていました。

そこで出会ったTちゃんをはじめ、そのご家族やお知り合いに親切にしてもらい、お互いに遠慮なく頼れる関係を築くことの大切さを知りました。

全ての出会いが素晴らしく、また私自身も出会った人々にとって、かけがえのない存在だったということがわかり、この考えに至らせてくれた留学生活に、出会いの全てに、感謝の想いでいっぱいです。

宮脇紗耶
（みやわき さや）

　1994年生まれ。県立広島大学人間文化学部国際文化学科卒。大学1年から中国語を学び始める。2014年3月、西安交通大学での短期語学研修に参加するため、初めて中国に行く。2015年には、中国語の学習機会を得るため、広島市内で中国人が経営している中華料理屋でアルバイトを経験。2016年3月から2017年2月まで、上海対外経貿大学へ交換留学。大学卒業後は、日本企業に就職。

一年間の上海での留学生活を振り返った時、私のこころの中は、たちまち感謝の想いでいっぱいになります。

二〇一六年三月、交換留学生として私は一人、見知らぬ土地にやって来ました。友だち〇人、中国語もほとんど話せない私の目に、上海という大都会は、誰もが互いに無関心であるかのような冷たい世界に映りました。これから始まる留学生活への不安と、未知の世界へのワクワクとが私のこころの中で入り混じっていました。留学生活を終えた今、充実した一年だったと、私に感じさせてくれているのは、間違いなく、出会いの一つ一つです。

その中でも、特に印象に残っているのは、Tちゃんとの出会いです。私は九月から、週一回、日本語学科の中国人学生の授業に加わって勉強していました。Tちゃんとはその授業で出会いました。彼女は、唯一の日本人である私がクラスに馴染めるように声を掛け、休みの日には一緒にご飯に行こうと誘ってくれました。なかなか中国人の学生と友人になる機会が持てなかった私にとって、Tちゃんとの出会いは非常に嬉しいものでした。もちろん、彼女は日本語を学んでいる学生だったので、日本人の私と関係を築くことにメリットを少なからず求めていたのでしょうが、それでも、親切に声をかけてくれたことがとても嬉しかったのです。Tちゃんは、アニメが大好きな女の子でした。日本人の私でさえ知らない日本の漫画やアニメについて話してくれました。オシャレも大好きで、日本の化粧品や、洋服をインターネットでよく買うそうです。そんなたわいもない話から、中国の女の子の日常や考え方を知ることができました。

大学での全ての授業を終え、一月、中国国内旅行をしてから帰国しようと思い、山が好きな私は、安徽省にある黄山に行くことにしました。一人では少し心細かったので、Tちゃんを誘ってみました。すると、黄山のある町はなんと彼女の故郷だったのです。ちょうど冬休みで帰省するというので、一緒に冬の黄山に登ることにしました。黄山は中国名山の一つで、五つの山の特徴を持つといわれています。ロープウェイで途中まで昇り、下り立つとそこは別世界でした。雪で凍った石段を一段一段踏んで、頂上を目指します。石段の両脇で凍った木の枝が垂れ下がり、日の光を浴びて、キラキラと美しく揺れていました。この景色を、私は一生忘れないでしょう。

旅行中、Tちゃんだけでなく、彼女のご家族やお父さんのご友人にもお世話になりました。ちょうどTちゃんのご実家の引っ越し祝いで、親戚の方々が集まっており、その中に私もご一緒させていただきました。Tちゃんのご家族ははつらつとしたご様子で、日本人の私に笑顔で、

「私たちの中国語聞き取れるかい？」と興味津々に話しかけてくれました。その時、Tちゃんと出会った時も同様に、気さくに話しかけてくれたことを思い出し、こんなご家族の中で育ったからだったのだと、納得させられました。

2017年冬、黄山から見えた朝日

また、お父さんの友人の方も、私のために車を出し、宿を提供してくださいました。Tちゃんのお父さんは、「お互いに困ったことがあれば、いつでも遠慮せずに頼れる関係を築いているんだよ。本当にありがたいことだ」とおっしゃっていました。それを聞いた時、私の父も昔、同じように言っていたことを思い出しました。父の言葉を聞いた当時は、相手に迷惑をかけることを前提に恩を売り、且つそれを善しとしている関係を何だか嫌だなと心の中で思っていました。しかし、自分が助けられる立場になって初めて、父が言っていたことの真意を理解できたように思います。

Tちゃんとは、何時しか恋バナをするほどの仲になっていました。彼女はこの春から留学生として、広島で暮らしています。今度は私の番です。友人に迷惑をかけることは、少し気が引けることかもしれませんが、その友人が困っていればいつでも私が助けるよ、という関係が成り立っているのなら、迷惑をかけることも、かけられることも、むしろ嬉しいものだというのが、今の私の考えです。

吉野弘は『生命は』で、こう詩っています。〈生命は自分自身では完結できないようにつくられているらしい……省略〉。留学中、多くの方に親切にしていただきました。しかし、知り合って間もない私をなぜ、こんなにも優しく気にかけてくれるのだろうと、ありがたさと同時に、うとましく思うこともありました。その時には気付かなかったけれど、今ではわかります。全ての出会いが、私の欠如を満たしてくれる素晴らしい出会いだったのだということを。また、私自身、出会った人々にとって、かけがえのない存在だったということを。これは、私が人生を歩む上でこれからもずっと大切にしていきたい感覚です。この考えに至らせてくれた留学生活に、出会いの全てに、感謝の想いでいっぱいです。

中国留学を通して見た中国の変化と発展——矢部秀一

日中友好のシルクロード

経済発展期に深めた中国の人たちとの信頼関係

1986年9月、私は北京語言学院に留学しました。まだ人民服を着た人も多く、自家用車もなく、交通手段はもっぱら自転車とバスと言った時代です。大変な思いをしたこともありましたが、そこで出会った人の温もりが心に沁み渡りました。

その後中国が改革開放路線に転じ、急激に経済発展を遂げる中、私も2002年に家族で上海に赴任する事になり、中国の発展段階を体感できた事は幸運であったと思います。

こうした経験から、中国にも信頼できる友人は大勢いる事、相手を理解しようとする事、敬う心の大切さを痛感しています。

矢部秀一

（やべ ひでいち）

1962年東京生まれ。明治大学で考古学を専攻。卒業後、北京語言学院（現在の北京語言大学）に一年間語学留学。帰国後、現在の電子部材等を取り扱う商社である川竹エレクトロニクス㈱に入社。2002年から2010年まで家族を伴って上海に駐在。現在は代表取締役として中国、韓国ほか、東南アジア、欧米など多くの国の人びとと交流を行っている。

もともと歴史に興味があった私は、日本の源流である中国文化を学んでみたいと思い、一九八六年九月から北京語言学院（当時）に留学しました。まだ人民服を着た人も多く、自家用車もなく、交通手段はもっぱら自転車とバスと言った時代です。学院には多くの国の留学生が学びに来ていて、敷地内にある寮にも、我々の他にスーダン人、パキスタン人、北朝鮮人などが寄宿していました。北朝鮮の留学生は、良くギター片手に遊びに来てくれ、一緒に歌を歌ったりして楽しみました。イスラム系の人たちもいて、ラマダンの季節には、夜通し食事をしたり騒いだりしていたので、良くけんかになりました。今のようにスマホもなく、テレビも置いていなかったので、休日はもっぱらサッカーやバスケットボールなどをして過ごします。

当時、外国人は外貨兌換券を使っていたので、学校の周りにいた闇の両替商から、たびたび声をかけられました。百元の兌換券で百五十元位の人民元と交換できたでしょうか。貧乏学生にとっては少しリッチな気分になれます。又、彼らも交換した兌換券で外国製のテレビ等を買って高く売りさばいていたようでした。まだサービスと言う概念が無かったのか、買い物をする時も店員は皆とても無愛想で、本棚にある本を買おうとしても「没有」（ない）と言われる始末です。

こうして憧れていた留学生活のイメージとかけ離れた現実の異文化の環境の中で、教室と宿舎との単調な往復、食欲のわかない脂っこい学食といった生活をしてゆくうちに、体重は十キログラムも落ち、ついに夜中に急に胃が痛くなって、病院に運ばれる破目になります。病院では急患にも関わらず、先に検査費用を請求され呆気にとられました。その後暫く療養し、何日かぶりに授業に出席した際、担任の中国の先生は「矢部来了」（矢部さん、来ましたね）と何とも言えぬ優しい表情で迎えてくれ、私の事をとても心配していてくれたようで、異国の地で精神的に打ちひしがれていただけに、温もりが心に沁み渡る思いがしました。中国人は表面的には冷たい感じがしますが、親密になるととても心温かいと感じます。しかしその後も体調は優れず、二年目から吉林大学で勉強する事が決まっていましたが、残念ながら諦めざるをえませんでした。

その後、中国は改革開放路線に転じ、経済的にも大きく発展してゆきます。私も二〇〇二年に会社の中国事務所設立に伴い家族で上海に赴任する事になりました。駐在にあたり深く心に決めた事があります。それは「文化の大恩人である中国に、日本人にも信頼できる人はいると言われるような存在になろう」という事でした。

北京語言学院のクラスの仲間と担任の先生を囲んで

赴任後暫くした二〇〇三年、SARSの流行が起こります。上海でも、見えないウイルスの恐怖の中、一時駐在者を帰国させる企業も出てきましたが、私達は、同じ環境で日本人だけ避難するのでは中国人スタッフから信頼が得られないと思い、中国に留まる事にしました。

私が帰任した現在、会社は中国人スタッフのみで運営しており、大規模ではないにしろ、このような日系企業はそう多くないと自負しています。帰任する二〇一〇年までの期間は丁度中国が急激に経済発展してきた時期でもあり、その段階を体感できた事は幸運であったと思います。

私が、中国留学、駐在の経験を通して実感している事は、中国にも信頼できる友人は大勢いるという事です。相手を理解しようとする事、敬う心が大切だと思います。そうすれば、相手も自分に興味を持ってくれ理解してくれます。こうした一人とひとりの繋がりがネットワークとなり網の目のように結びついて行けば、どんなに国と国との関係が困難な状況に陥ったとしても、友情の絆で必ずそれを乗り越えて行くことができる。私はそう信じています。

中国留学を通して見た中国の変化と発展——山口真弓

北京の約束

日本の大学に入学して間もなく、大学の掲示板に掲示された中国留学希望者募集の紙がきっかけで、私は中国への憧れを胸に北京の首都師範大学へと留学しました。つらい思いをする日もありましたが、そのうち先生の言っていることがわかるようになり、厳しさの中にある先生の優しさに触れて心のわだかまりが一気に解け、涙が止まりませんでした。

新中国成立70周年にあたって、私の留学生活を振り返りつつ、この素晴らしい出会いをくれた中国に感謝します。私は先生と交わした約束を胸に、今も中国語の勉強を日々頑張っています。

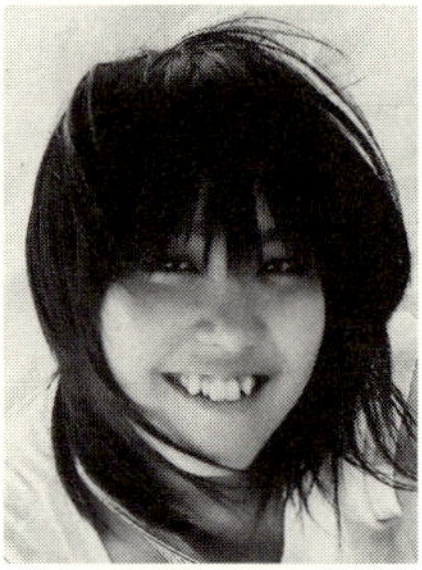

山口真弓
（やまぐち まゆみ）

1990年生まれ。大学一年生の時に初めて、北京、上海、武漢を訪問し、中国の魅力を知る。その後、中国語の学習に力をそそぎ、北京の留学のチャンスをつかむ。また、威海での窓工場のインターンシップの経験も有り。現在、中国語能力の向上と中国文化の更なる理解のため、通訳学校に通学中。将来は、中国語を使い、日中友好の使命を果たすとともに、中国全土を旅行することが夢。

「山口！」

教室中に響き渡る、先生の怒るような大きな声。「なんでまた私を指すの……。もう嫌だ……」

当時十九歳。北京の首都師範大学に留学したばかりの私は、先生から大きな声で呼ばれるたび、子供のように、いや子供以上に泣いていました。勿論私の回答は全て「不知道」（わかりません）。そんな短いフレーズさえ、小さな声でふるえながら答えるか、その簡単な言葉さえ発することができない時もありました。

そう、私は中国語が全然わからないまま、中国への憧れと期待だけで留学を決めてしまったのです。

日本の大学に入学して間もなく、大学の掲示板に中国留学希望者募集の紙が掲示されるようになりました。私は、留学なんて夢のまた夢と思い、自分には関係ないことと思いながらも、何度も何度も掲示板の前を通り、募集要項を全部覚えてしまうくらいになりました。ただその時は、結局応募締切までには応募をすることをしませんでした。自信がなかったのです。そして、何日か経ち、募集の掲示板の紙もはがされた頃、大学の先生に突然「実は今年は誰も中国に行く希望がでなかったから、もしよければ行ってみたら？」と言われたのをきっかけに、私はその言葉を待っていたかのようにその場で了承し、その瞬間から急ピッチで留学への準備を始めました。ＶＩＳＡの取得、海外保険の加入、海外送金用口座の開設……。アルバイトをしながら、大学の授業を受けながら、留学の準備は勿論大変でしたが、出発の日が近づくにつれ、中国への憧れや期待は日に日に増していきました。

そして中国へ渡り、授業が始まりました。思い描いた明るく、楽しい留学とはかけ離れ、担任になったのは、怖そうな男の先生でした。その先生によって、私の苦しく、辛い留学生活が始まったのです。

まず授業が始まり、私はすぐに先生がおっしゃっていることが一語もわからないことに気づきました。しかしながら、そんな私の気持ちなど先生は、考えもしていない様子で、私の名前を授業中に、何度も何度も大きな声で呼び、回答を求めてきました。最初は、「不知道」を大きな声でいっていましたが、先生に大きな声で指されるたび、自分が情けなく、悲しくなり、大きい声から、小さな声になり、小さな声からしまいには返事をしないこともありました。毎日、授業が終わることばかりを考え、涙が自然とあふれてきましたが、先生はとにかく、私を

首都師範大学でクラスメートと

指し続けました。私は、日がたつにつれ先生は私のことが嫌いなのだろうか、なぜこんなに嫌な気持ちにならなくてはならないのかと、考えはじめ、夢の留学生活とはかけ離れた、何もかもうまくいかない日々を悶々と過ごし、日本の製品をみるたびに帰りたいという気持ちでいっぱいになるみじめな生活を過ごし、苦しくなっていました。

そんな生活の中で、友人にも支えてもらいながら、しばらく生活していくと、だんだんと先生が何を言っているのかなんとなくわかるようになり、涙を流す回数も減り、半年後には先生にはびくびくせず、さされても答えられる回数が増えてきました。そしてだんだんと北京が冬から春、夏に季節が移り変わっていくように、私も冬を乗り越え、北京や先生のこともだんだんと好きになる余裕がでてきたのです。

そうして、月日が流れ、とうとう授業最終日になりました。先生はクラス生徒一人一人にコメントをくれ、私の順番となりました。先生は、しばらく沈黙した後、こう私に言いました。「山口は俺のことがいじわるって思ってたでしょ。でも意地悪ではなくて、なんとか山口をクラスにとけこませ、中国語の基本的な受け答えができるようにすることが俺の目標だった」と。一気にしゃべり、優しく微笑んでくれました。その瞬間私は、心の中にふっとあたたかな風が吹き、今までの先生に対する誤解の気持ちや、辛かった気持ちや、寂しい気持ち、感謝の気持ちなど言葉にできない複雑な感情がどっと流れ落ち、涙が止まらなくなりました。先生は、「日本へ帰っても頑張って、中国語の勉強をしっかりやって。約束です」といい、それが最後のお別れの言葉となりました。

そして、私は日本へ帰国しました。それからの私は先生と約束した言葉通り、大学生活の中心を中国語学習にあて、卒業するまで、自分なりに満足のいくよう努力をし続けることができました。

あれから、もう七年が経ちました。その間に仕事や旅行で何度も中国へ行く機会がありましたが、あの時の先生には、会うことはできませんでした。もう二度とあの時間には戻れないけれども、でも、中国語を頑張っていれば、いつかきっときっと先生に会えることを信じていま す。先生またいつか会いましょう。そう、またいつか必ず。

——山本勝巳

忘れられない中国留学がぁったから今がある

2007年9月、オリンピックを翌年に控えた北京で開催されたイベントに私は日本代表として参加し、中国ゴマのパフォーマンスを披露した。その後、CCTVのドラマに出演など経験した。

帰国後、大学職員として、中国人留学生の学生募集や国際交流業務に携わる。

中国への留学経験がなければ、今の自分はなかったといえる。日中関係において交流の最前線は日常生活の中にあり、情報社会の今でも、本物の「知識」を有した留学経験者達が両国の関係発展に寄与すると信じる。

山本勝巳

（やまもと　かつみ）

愛知大学現代中国学部卒。在学中の2007年3月から2008年1月の間、中国・北京にある中央戯劇学院に留学。語学だけでなく、趣味である中国雑技や武術を学びつつ、映画やドラマの撮影にも挑戦。留学後は自身の留学体験を踏まえて、日中関係に貢献できる人材を育てたいと思い、教育業界を志す。日本国内の大学職員として9年間勤務した後、国際交流基金の日本語パートナーズとして、海外で日本語教育に従事し、国際交流に励む。

二〇〇七年九月の北京はまだ茹だるような暑さが残っていたのを覚えている。翌年に控えたオリンピックに向けて、中国人と外国人が共に様々なパフォーマンスを披露するイベントが開催され、私は日本代表として参加した。

披露したのは中国ゴマ。日本の曲に合わせて、コミカルな動きを加え、観客と一緒に楽しめる工夫を凝らした。出番が近づくにつれ、その暑さを忘れるくらい、胸の鼓動が高鳴った。ステージに立った時の記憶は、残念ながらあまり覚えていない。鮮明に覚えているのは、演技終了後に観客から浴びた盛大な拍手と熱い握手だ。

拍手の雨の中、「よかった」と称賛の声が飛び、握手を求められ、揉みくちゃになりながら花道を去るのが自分であるという事が信じられなかった。待機場所に戻り、ひどく喉が渇いた事に気が付き、水を一気に飲み、照りつける太陽の暑さを思い出し、汗まみれになったカンフー服を脱いだ。

ＣＣＴＶのドラマ撮影に出演者として参加した時、その撮影で印象に残っていることがある。ロケ地となった山西省の田舎町で子供達と出会った時のことだ。彼らにとって私は初めて見る外国人で、しかも日本人。撮影現場という物珍しさもあり、子供達は好奇心いっぱいの視線を向けていた。その瞳に吸い込まれるように、私は子供達に歩み寄り話しかけた。

子供達は家の軒先に突然やってきた日本人が中国語を話した事に驚いた表情を見せた。顔を見合わせ、何かを確認したかと思うと、矢継ぎ早に質問攻めにあった。質問の多くが日本のアニメについてであり、日本に興味がある事が伝わってきた。その後も短い時間ではあるが、交流を深めた。別れ際、「謝謝」と大きな声で小さい手を大きく振りながら見送ってくれた事が嬉しかったし、意味深い「シエシエ」であると感じた。これは忘れられない思い出のひとつだ。

中国のイベントに参加したきっかけは、留学先である北京・中央戯劇学院の紹介による所が大きい。大規模大学とは異なり、アットホームな雰囲気の中、留学部の先生や本科に留学している先輩との繋がりができたこと、それに一芸に秀でた世界各国の留学生に刺激をもらえた事が多分に影響している。

何の経験も実績もない私を受け入れ、素晴らしい体験をさせてくれた中国。成功体験に味をしめ、帰国後は一時タレントを志したが、あっけなく破れた。結果的にこの時の忘れられない中国留学を通じて、私が選んだ進路は大学職員になる事であった。海外留学という、大きな決断をした日中の若者のサポートをしたいと思ったからである。

2007年、北京オリンピックイベントでの中国ゴマパフォーマンス

縁あって大学に就職し、今は中国人留学生の学生募集や国際交流業務に携わっている。具体的に入国・在留カード、市役所の手続きや履修登録から病院対応の通訳、中国での募集説明会や入試実施等、業務内容は幅広であるが、密に学生達と接する事ができ、やりがいを感じている。

先日も中国人留学生達が事務室で、「いつもありがとうございます。誕生日おめでとうございます」と言って誕生日を祝ってくれた。職務上、日本と中国・学生と教員の板挟みにあい、苦しい事も多いが、この瞬間に苦労が報われた気がして、こちらこそありがとうと言いたいところだ。互いに尊敬と感謝があり、相手を思い敬っているので、飾り気のない素直な言葉が胸に響く。

日中交流の最前線は日常生活の中にあり、その一端を見る限り、悲観すべき未来はない。情報が溢れる社会で、両国の見聞は広まったかも知れないが、本物の「知識」を有した日中の留学経験者達が両国の関係発展に寄与する事を信じ、中国留学中の思い出を胸中に、今日も学生対応に全力を尽くす。

中国留学を通して見た中国の変化と発展――吉田咲紀

国境を超えて
築き上げる友情

私は高校時代、世界に活動の幅を広げたいと思い、大学で中国語を専攻しました。そして大学二年時に一年間の中国留学のチャンスを得ました。

毎日が発見と感動でいっぱいで、武漢での一年間は本当にあっという間でした。大学卒業後も武漢で学び、新中国成立後の中国の方々の日本との友好を望まれる心を知り、自分の意識が変わりました。

今年2019年、中華人民共和国成立70周年という佳節を心よりお祝い申し上げるとともに、中国で築いた友情を大切に、これからの日中友好を今いる場所から推し進めていきたいと思います。

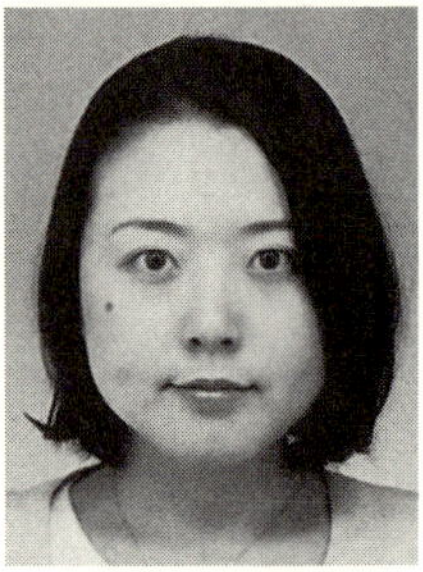

吉田咲紀
（よしだ さき）

1985年埼玉県生まれ。創価大学文学部外国語学科中国語専攻卒業。2年次に武漢大学へ1年留学。華中師範大学修士課程卒業。帰国後、外国語教材の企画販売の会社で中国語学習者のサポートに従事。

私は高校時代、世界に活動の幅を広げたいと思い、大学で中国語を専攻しました。学び始めてすぐに中国語の音の美しさに魅了され、本物の発音を身に着けたい一心で、先生のところに毎日のように通いました。また、中国語で自由に会話する先輩の姿に触発され、猛勉強。大学二年時に一年間の中国留学のチャンスを得ました。

2010年、鳳凰古城にて

私がたどり着いた場所は湖北省武漢市。三大釜戸の一つと言われ、夏は四十度近い日が続きます。最初は言葉の壁や、慣れない生活に悩みましたが、とても気さくな武漢の人々に励まされ、私の留学生活は毎日が発見と感動でいっぱいでした。タクシーに乗れば、毎回車中は中国語の発音練習会。お話し好きのおじさん、おばさんドライバーが私の発音を鍛えてくれました。以前、武漢のラジオ放送で日本語講座が放送されていたそうで、当時学んだ日本語を嬉しそうに話してくれた方も少なくありませんでした。

武漢の一年間の留学は、本当にあっという間でした。一年間で出会えた人、学べたこと、貴重な体験は数え切れません。そして、学んだ中国語を使って、もっと中国の人の中に入って、中国を理解したい、学びたいという思いを強くさせました。

大学を卒業した五日後。私は再び武漢の地に戻っていました。大学院に進んだ私が学んだのは中国近現代史。研究を通してたくさんの資料に触れ、中国の方が、日本との友好を望まれる心がどれだけすごいことなのか、また先人たちが日中友好の道を切り拓かれたことがどれだけすごいことなのか、まだまだ一端ではありますが、頭ではなく、心で学ぶことができました。この自分の意識が変わったことが、四年半にわたる中国留学での大きな財産です。

帰国後は、日中の文化交流に携わっていきたいとの思いで、外国語教材を企画販売している会社に就職。現在に至るまで、中国語学習者のサポートに従事しています。言語は相手の国を理解する第一歩。私自身が中国語を学び、中国でたくさんの友人と出会えたように、そして視野を大きく広げることができたように、今サポートしている方々にも、語学を手段とし、中国への理解、友情をより深めていただきたいと日々願っています。

中華人民共和国成立七十周年という大事な佳節を迎え、中国で築いた友情を大切に、現在、そしてこれからの日中友好を、今いる場所から推し進めていこうと決意を新たにしています。

中国留学を通して見た中国の変化と発展――吉永英未

中国で過ごした日々の愛おしい思い出

私は復旦大学大学院で過ごした３年間の日々の中で、友情は国境を越えることができるということ、心と心のコミュニケーションは国籍を問わないということを知った。中国でのボランティアやサークル活動を通して、中国の方から家族のように暖かい優しさをもらい、私自身が救われ、助けられていた。

そして卒業式を迎え、中国の人々との別れの時がやってきた。中国で過ごした日々の中に、悔しいほど愛おしい思い出がある。忘れられない思い出は自信と勇気となり、今は亡き母の言葉とともにこれからも私の背中を押してくれるのだろう。

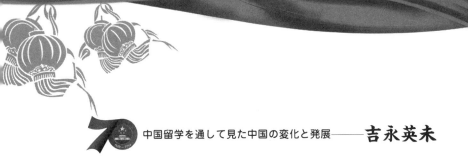

吉永英未

（よしなが えみ）

2014年3月鹿児島国際大学国際文化学部卒業。2014年9月復旦大学大学院歴史学部入学。2017年6月卒業。

二〇一四年八月二十七日、私は鹿児島空港国際線の出発口にいた。周りには、父と叔母、大学の恩師、そして友人たちがいた。これから向かう上海、復旦大学で始まる三年間の修士課程、その出発の日を、こんなにもたくさんの方々に見送られて、私の「夢」は始まろうとしていた。しかし、そこには、私が一番望んでいる人の姿はなかった。その人の姿を私が次に見るときは、その人を、見送らなければならない時だということを、私はあの夏の日、まだ、覚悟できていなかった。母を失う覚悟を、その悲しみを隠すように、私はただ前だけを向いて歩いた。

二〇一七年五月二十五日、修士論文の口頭試問が行われた。論文に向き合い、奮闘し、そして多くの友人に何度も添削を加えてもらい、やっと完成することのできた修士論文。口頭試問の合格に、嬉しさと共に、三年間の留学生活に、まもなく終止符が打たれようとしていることも悟った。

中国で過ごした三年間を、言葉にすることはとても難しい。しかし、私には確信を持って言えることがある。それは、友情は国境を越えることができるということ。心と心のコミュニケーションは国籍を問わないということ。悲しいときは涙を流し、嬉しい時は抱き合って喜ぶ、人間の心は、日本人も中国人も、そして世界中の一人ひとり皆共通して持っているということである。そんな当たり前のことを、しかし意識しづらく、対立してしまいがちな国と国との関係を、ひとりの民間人として見つめ、そして確信を持つことができた。そんな確かな「友情」の存在に気づかせてくれたのは、「中国」だった。

二〇一五年夏、私は湖南省懐化市の小さな村の小学校で二週間、ボランティアを行った。「私は、中国人ではない。だから、国語を教えることも、受験勉強について教えることもできない。でも、たったひとつ私が子供たちに伝えたいことは、ひとりの外国人も、あなたたちに関心を持ち、少しでも力になりたいと思っていること。村に住む子供たちのほとんどは、両親が出稼ぎに行き、祖父母と生活している。母を失った私は、子供たちの切なさが痛いほどに分かる。私は子供たちに、私の伝えることのできる『愛』を精一杯伝えたい。そして文化や音楽、愛は国境をも越えることができるのだということ、努力をすれば夢は必ず叶うのだということを伝えたい」。私は自らの気持ちを応募用紙に綴った。中国語で「支教」と呼ばれるこの経験を通して、私はまた一つ、新しい「中国」を見た。子供達のたわいない笑顔とその裏側にある、格差の存在。そして、子供達との間に築くことのできた絆。村を離れる前日、私は子供たち一人ひとりから手紙をもらった。「先生を一度も外国人の先生として見たことはありませんでし

湖南省懐化市での「支教」ボランティア、子供達と山登り

た。わざわざ遠くから来てくれてありがとう」「過去の歴史がどうであれ、私たちはみんな平和を願っています。私たちの最初の日本人の先生になってくれてありがとう」。子供たちの言葉に、私は胸が熱くなった。

復旦大学では、三年間、出稼ぎ労働者を支援するサークル活動に参加してきた。ボランティアで日本語の授業をしたり、囲碁や合唱などを通して、彼らが仕事を終え、宿舎に帰ってきてから就寝までの娯楽の時間を共に楽しんだ。時が経つにつれて、私と、彼ら出稼ぎ労働者の方々との距離はますます縮まっていった。私にとって、彼らは、単なる「苦しい」出稼ぎ労働者ではなく、母と同じ年代のおばさんは中国の「お母さん」であり、同じ年代の彼ら一人ひとりは、私にとってかけがえのない、友人、親友となっていた。もともと、少しでも彼らの力になれたら、と思って始めたボランティア活動であったが、留学に伴う孤独やプレッシャーにくじけそうになったとき、暖かく支えてくれる彼らに、私自身が救われ、助けられていた。

来月卒業式を迎える私は、まだ、友人や、ここで出会った仲間たちに「さよなら」を言う準備ができていない。家族のように暖かい優しさをくれた中国の方々。三年間過ごした留学生寮と大学で過ごした毎日。中国で過ごした日々の中に、悔しいほど愛おしい思い出がある。そして、忘れられない思い出は、自信と、勇気となって、これからも私の背中を押してくれるのだと思う。

「生きるということは、人のために生きるということ」。亡くなる前に母が遺してくれた言葉を私は心の中にずっと刻んでいる。私は、これからもずっと前を向いて生きていきたい。自信と勇気、そして母の遺してくれた「希望」を胸に。

出版にあたって

二〇一九年一〇月一日は、中華人民共和国の七十回目の誕生日です。心からお祝いを申し上げます。

この七十年、とくに改革開放の四十年において、中国は著しく発展し、ＧＤＰ（国内総生産）世界第二位の経済大国となりました。そして「中国の夢」を実現するため着実に前進しています。

こうした折に、隣人である日本の人々は中国の変化と発展をどう見ているのか。日本僑報社が日本の各界人士から募集した数多くの原稿の中から優れた七十本を選出し、一冊にまとめたのが本書となります。

笹川陽平日本財団会長、島田晴雄首都大学東京理事長、近藤昭一衆議院議員・日中友好議員連盟幹事長、西田実仁参議院議員・公明党参議院幹事長、伊佐進一衆議院議員・財務大臣政務官、小島康誉新疆ウイグル自治区政府文化顧問・公益社団法人日本中国友好協会参与、池谷田鶴子医師・公益財団法人日中医学協会理事、瀬野清水元重慶総領事、岩佐敬昭沖縄科学技術大学院大学准副学長、髙久保豊日本大学商学部教授をはじめ、本書に寄稿してくださった皆様に厚く御礼申し上げます。またあいにく紙幅の関係で、作品をここに収録できなかった皆様にも心より感謝申し上げます。

本書に収録した作品は、いずれも筆者たちが実際に見たり、体験したりした中国の変化と発展が丁寧に描かれた優れた作品です。七十名の皆様はそれぞれの角度から、生の中国、ありのままの中国について自らの感想や感動を率直に述べています。日本と世界の読者に新中国七十年の輝かしい歴史と素晴らしい発展成果を分かりやすく紹介しました。世界が中国を理解するために大変優れた一冊となっています。

本書が多くの皆様に愛読され、中国をまだよく知らない人々、とくに若い人たちにとって、中国への関心を呼び覚ますことのできるきっかけとなれば幸いです。

日本僑報社は今年、創立二十三周年を迎えました。これからも新時代の中国をより良く世界に紹介し、そして新しい時代に相応しい中日関係の構築、国民の交流と相互理解、親善友好を促進するために、両国にとって「正能量」（ポジティブ）なコンテンツを伝えるよう尽力してまいります。引き続きご指導ご鞭撻のほど、よろしくお願い申し上げます。

新中国成立七十周年を前に

日本僑報社代表　段　躍中

著者

笹川　陽平　日本財団会長

島田　晴雄　首都大学東京理事長

近藤　昭一　衆議院議員・日中友好議員連盟幹事長

西田　実仁　参議院議員・公明党参議院幹事長

伊佐　進一　衆議院議員・財務大臣政務官

小島　康誉　新疆ウイグル自治区政府文化顧問・
公益社団法人日本中国友好協会参与

池谷田鶴子　医師・公益財団法人日中医学協会理事

など70人

編者

段　　躍中　日本僑報社代表・日中交流研究所所長

The Duan Press

日本人70名が見た 感じた 驚いた
新中国70年の変化と発展

2019年9月26日　初版第1刷発行

著　者　笹川陽平　島田晴雄　近藤昭一　西田実仁
　　　　伊佐進一　小島康誉　池谷田鶴子 など70人

編　者　段　躍中

発行者　段　景子

発売所　日本僑報社
　　　　〒171-0021 東京都豊島区西池袋3-17-15
　　　　TEL03-5956-2808　FAX03-5956-2809
　　　　info@duan.jp
　　　　http://jp.duan.jp
　　　　中国研究書店 http://duan.jp

Printed in Japan.　ISBN 978-4-86185-283-1　C0036

日本僑報社　書籍のご案内

中国の人口変動　人口経済学の視点から　李仲生
日本華僑華人社会の変遷（第二版）　朱慧玲
近代中国における物理学者集団の形成　楊艦
日本流通企業の戦略的革新　陳海権
近代の闇を拓いた日中文学　康鴻音
早期毛沢東の教育思想と実践　鄭萍
現代中国の人口移動とジェンダー　陸小媛
中国の財政調整制度の新展開　徐一睿
現代中国農村の高齢者と福祉　劉燦
中国における医療保障制度の改革と再構築　羅小娟
中国農村における包括的医療保障体系の構築　王崢
日本における新聞連載　子ども漫画の戦前史　徐園
中国都市部における中年期男女の夫婦関係に関する質的研究　于建明

中国東南地域の民俗誌的研究　何彬
東アジアの繊維・アパレル産業研究　康上賢淑
中国工業化の歴史　―化学の視点から―　峰毅
中国はなぜ「海洋大国」を目指すのか　胡波
屠呦呦　中国初の女性ノーベル賞受賞科学者　『屠呦呦伝』編集委員会
中国政治経済史論　毛沢東時代　胡鞍鋼
中国政治経済史論　鄧小平時代　胡鞍鋼
新しい経済戦略を知るキーポイント中国の新常態　李揚　張曉晶
「一帯一路」沿線64カ国の若者の生の声　厳冰　陳振凱

若者が考える「日中の未来」シリーズ
宮本賞 学生懸賞論文集

監修　宮本雄二

①日中間の多面的な相互理解を求めて
②日中経済交流の次世代構想
③日中外交関係の改善における環境協力の役割
④日中経済とシェアリングエコノミー
⑤中国における日本文化の流行

「ことづくりの国」日本へ　関口知宏
新疆世界文化遺産図鑑〈永久保存版〉　小島康誉　王衛東
日中文化DNA解読　尚会鵬
日本語と中国語の落し穴　久佐賀義光
日本人論説委員が見つめ続けた激動中国　加藤直人
日中友好会館の歩み　村上立躬
二階俊博　―全身政治家―　石川好

日本人の中国語作文コンクール受賞作品集

① 我們永遠是朋友（日中対訳）　段躍中編
② 女児陪我去留学（日中対訳）　段躍中編
③ 寄語奧運　寄語中国（日中対訳）　段躍中編
④ 我所知道的中国人（日中対訳）　段躍中編
⑤ 中国人旅行者のみなさまへ（日中対訳）　段躍中編
⑥ Made in Chinaと日本人の生活（日中対訳）　段躍中編

中国人の日本語作文コンクール受賞作品集

① 日中友好への提言2005　段躍中編
② 壁を取り除きたい　段躍中編
③ 国という枠を越えて　段躍中編
④ 私の知っている日本人　段躍中編
⑤ 中国への日本人の貢献　段躍中編
⑥ メイドインジャパンと中国人の生活　段躍中編
⑦ 甦る日本！ 今こそ示す日本の底力　段躍中編
⑧ 中国人がいつも大声で喋るのはなんでなのか？　段躍中編
⑨ 中国人の心を動かした「日本力」　段躍中編
⑩ 「御宅（オタク）」と呼ばれても　段躍中編
⑪ なんでそうなるの？　段躍中編
⑫ 訪日中国人「爆買い」以外にできること　段躍中編
⑬ 日本人に伝えたい中国の新しい魅力　段躍中編
⑭ 中国の若者が見つけた日本の新しい魅力　段躍中編